2021 年 9 月钢管分会七届七次常务理事会议在林州召开

钢管分会八届一次会员大会代表参观钢管制造企业

中国钢结构协会钢管分会秘书处

综合管理部：0086-22-24802058
信息管理部：0086-22-24802396
科技环保部：0086-22-24801120
电 子 邮 箱：cspa_china@163.com
中国钢管网：www.cspa-cn.org.cn
地址：天津市东丽区津塘公路 396 号天管宾馆一号楼

天津钢管制造有限公司

创建全球最具竞争力专业化无缝钢管企业

天津钢管制造有限公司（简称天津钢管），又名“大无缝”，是我国“八五”期间为保障国家能源安全战略建设的重点项目，是国内领先的无缝钢管生产企业。2019 年以来，先后引入上海电气（集团）总公司、中信泰富特钢集团股份有限公司战略投资，发挥各方协同优势，共同促进企业高质量发展。

天津钢管具备年产 350 万吨无缝钢管生产能力，其中油井管年产能超过 150 万吨，工艺技术和装备水平国内先进，是品种规格齐全的石油套管生产基地，产品涵盖油气开采、化工、电力、海洋工程、军工、工程机械等多个领域，深海管线管、超深井用油井管、热采井用油井管、高抗腐蚀油井管、高强高韧油井管、钛合金油井管、特殊扣油井管等 TP 系列高端油井管产品国内先进，荣获第二届中国质量奖提名奖和国家质量管理卓越企业、国家首批创新型企业、知识产权优势企业等称号，能够为全球能源开发和工业领域所需无缝钢管提供完整的配套解决方案，与全球一百多个国家和地区的客户保持着长期稳定的贸易关系，油气开采用无缝钢管国内市场占有率始终处于领先水平。

天津钢管以振兴民族工业、服务能源行业为己任，坚持知难而进、追求卓越，以打造无缝钢管领域专业化引领型企业为目标，与国内外合作伙伴携手共创美好未来。

TPCO
国际无缝钢管综合服务商
World Class Seamless Pipe Service Provider
营销贸易网络覆盖全球
提供长期合作供应链对接
为全球客户提供一体化专业服务
100余个
国家和地区
3000余个
国内外客户
80余家
国内外油公司认证
40余家
工程公司认证
近10000个
品种规格
近300项有效专利
国家级技术中心
www.tpco.com.cn

中信泰富特钢
CITIC PACIFIC SPECIAL STEEL

大冶特殊钢有限公司
DAYE SPECIAL STEEL CO., LTD.

地址：湖北省黄石市黄石大道316号
电话：0714-6297888
网址：dytg.citicsteel.com

从中国第一炉电渣钢到第一根极薄壁高温合金旋压管，从第一个飞机用高温合金涡轮盘，到第一根轧制的飞机大梁(毛坯)，从中国第一颗人造地球卫星，到神舟系列飞船的上天，到“嫦娥”奔月，再到“天宫”“北斗”发射升空，大冶特钢均提供了关键部件的用钢。工程机械用无缝钢管已连续13年产销量全国第一、13年全球第一，石油工具及装备用中厚壁无缝钢管连续10年产销量全国第一，大口径厚壁高压锅炉用管连续5年产销量全国第一。

大冶特钢秉承“诚信、创新、融合、卓越”的理念，牢记为客户创造价值，为员工创造幸福，为股东创造效益，为社会创造财富的企业使命，致力于为客户提供多规格、多品种、高品质的特殊钢产品及整体服务方案，致力于“创建全球最具竞争力的特钢企业集团”。

从炼焦、炼铁、炼钢，到多种状态的成材长流程生产线，大冶特钢主体生产、检验、实验装备均从国外引进。拥有大、中、小三条高标准棒材生产线。拥有108mm/170mm/460mm ASSEL和219mm CPE四条专业特种无缝钢管生产线，可提供系列化、小批量、多品种、非标规格的定制化特种无缝钢管。拥有 1.2-30吨电渣炉、3-12吨真空感应炉，6吨、12吨、25吨真空自耗炉和20MN快锻机、45MN快锻机、60MN快锻机、16MN径锻机等组成的特种冶炼及锻造生产线。还有进口超声漏磁（涡流）联合探伤线、磁粉探伤线、超声/涡流探伤线、电子探针、场发射扫描电镜等大型进口检测设备。

金洲管道

KINGLAND PIPELINE

股票代码（Stock Code）：002443

公司简介

BRIEF INTRODUCTION

浙江金洲管道科技股份有限公司创建于1981年，主营高等级石油工业用管道和新一代绿色民用管道研发制造，是国内第一家以焊接钢管为主业的A股上市公司（证券代码002443），已跨入国家重点高新技术企业、国家级绿色工厂、国家工业产品绿色设计示范企业和国家创新型试点企业等行列。

公司配备有多套国内领先的自动化生产线，具有年产石油天然气等各类管道180万吨的生产能力，拥有十大系列数百个规格品种和新一代健康环保型“绿色管道”系列产品，广泛应用于石油天然气长输管线、城市管网、化工、给水排水、建筑、通讯、电力和结构用管等领域，已形成科技含量高、品种规格齐、综合性能好、应用范围广的经营格局，参与了中哈、中亚、中缅等国际长输油气管线、北京奥运场馆、上海世博会中国馆、神渭输煤管线和国家电网特高压电力铁塔等中外重点工程，是中石油、中石化、中海油、国家电网及国内各大燃气公司、自来水公司的管道优秀供应商。

公司已通过ISO 9001、ISO 14001、ISO 45001、ISO 50001、中国特种设备（压力管道元件）生产许可、API SPEC 5L/5CT、知识产权管理体系、中国环境标志产品和新华节水产品等认证，拥有国家认定企业技术中心、CNAS认可实验室、省级企业研究院、省级工程技术研究中心和省级博士后工作站等一系列科研平台，现有授权专利和软件著作权共150余件，其中发明专利52件，主持或参与了70余项国家、行业标准的制修订，发表科技论文百余篇。

公司坚定“百年金洲、实业报国”的使命，倡导“求精求实争卓越、共享共赢重担当”的核心价值观，向着战略定位更加精准、工作态度更加精进、经营管理更加精细、产品服务更加精品的“四精”战略不断迈进，致力于成为品质客户首选和受人尊敬的管道制造服务商。

股票代码：002443
◎ 四十多年的专业积累 荣膺行业领军
◎ 四十多年的管理创新 彰显企业实力
◎ 四十多年的真诚服务 铸就金洲品牌
◎ 四十多年的守信经营 获得市场认同
品质客户首选和受人尊敬的管道制造服务商
预精焊螺旋缝埋弧焊管（TWO-STEP SAWH）
螺旋缝埋弧焊管（ONE-STEP SAWH）
直缝高频电阻焊管（HFW）
直缝埋弧焊管（SAWL）
FBE/2PE/3PE石油天然气防腐钢管
双金属复合管
热浸镀锌钢管
给水衬塑、涂塑复合钢管
消防、给水、燃气用内外涂覆钢管
消防、燃气用外涂覆钢管（环氧、油漆）
大口径涂覆钢管
大口径大壁厚卷制管
不锈钢管
钢塑复合管配套管件（螺纹）
钢塑复合管配套管件（沟槽·环氧）
不锈钢管件
地址：浙江省湖州市东门十五里牌（318国道旁）
浙江省湖州市吴兴区区府南路388号
电话（Tel）：0572-2261300 2260601 邮编：313000
网址（Website）：www.chinakingland.com

φ114mm热轧管机及新型后台抱芯辊装置

轧管机长导轨出口台装置

立式锥形辊穿孔机

φ426mm新型锥形辊均整机

CPE顶管机组

具有管端削尖技术的二辊斜轧机

小锥角穿孔机

Compilation of the Steel Tube Industry
and Enterprises of China

中国钢管行业企业基本情况汇编

2020—2021

主　编　钟锡弟

副主编　张俊鹏　庄　钢　李　霞

陈洪琪　杨文晨

北　京

冶金工业出版社

2022

图书在版编目(CIP)数据

中国钢管行业企业基本情况汇编：2020—2021/钟锡弟主编．—北京：冶金工业出版社，2022.12

ISBN 978-7-5024-9346-2

Ⅰ.①中…　Ⅱ.①钟…　Ⅲ.①钢管—工业企业—概况—中国—2020—2021　Ⅳ.①F426.41

中国版本图书馆CIP数据核字(2022)第242878号

中国钢管行业企业基本情况汇编 2020—2021

出版发行 冶金工业出版社　**电　话** (010)64027926
地　址 北京市东城区嵩祝院北巷39号　**邮　编** 100009
网　址 www.mip1953.com　**电子信箱** service@mip1953.com

责任编辑 曾　媛　美术编辑 彭子赫　版式设计 郑小利
责任校对 王永欣　责任印制 禹　蕊

北京捷迅佳彩印刷有限公司印刷

2022年12月第1版，2022年12月第1次印刷

787mm×1092mm　1/16；19.5印张；8彩页；471千字；303页

定价 218.00 元

投稿电话 (010)64027932　投稿信箱 tougao@cnmip.com.cn
营销中心电话 (010)64044283
冶金工业出版社天猫旗舰店 yjgycbs.tmall.com
(本书如有印装质量问题，本社营销中心负责退换)

汇编说明

2022年是我国全面建设社会主义现代化国家、向第二个百年奋斗目标进军新征程的重要一年。钢管行业要继续坚持以供给侧结构性改革为主线，以绿色低碳转型发展为目标，改革创新，攻坚克难，进一步提升企业的发展质量和能力，在新的一年里以高质量发展的新业绩，在新的赶考路上交出优异答卷。

在这新的历史起点上，为了解和掌握我国钢管行业企业近两年来的运营基本情况，在行业会员单位的大力支持和帮助下，中国钢结构协会钢管分会组织有关人员对2020—2021年我国钢管行业企业两年来的运营基本情况进行调研、摸底，最终编辑为《中国钢管行业企业基本情况汇编2020—2021》（以下简称《汇编》）一书。

编撰《汇编》工作，是以钢管生产及装备制造、生产工具制造会员企业自愿上报资料为依据，经分会汇总编辑成册。本书较为详细的介绍了企业基本概况，生产工艺技术装备，2020—2021年产量、产品出口、企业主导产品以及新产品开发等情况。

《汇编》共分五篇：第一篇为无缝钢管生产会员企业及在行业内具有一定产品特色的非会员企业基本情况；第二篇为焊接钢管生产会员企业及在行业内具有一定产品特色的非会员企业基本情况；第三篇为与钢管制造密切相关的装备制造、制管工模具和制管辅料制造会员企业及非会员企业的基本情况；第四篇为钢管企业主要生产经济指标及主要品种产量汇总统计；第五篇对钢管企业生产经营情况进行了汇总分析。

《汇编》的印刷出版，便于我国钢管行业企业之间的信息沟通与交流，《汇编》也是全面了解我国钢管行业总体概况的一本具有一定价值的参考书。

中国钢结构协会钢管分会

目　录

第一篇　无缝钢管生产企业基本情况 …… 1

1　天津钢管制造有限公司 …… 3
2　宝钢股份钢管条钢事业部 …… 5
3　衡阳华菱钢管有限公司 …… 8
4　鞍钢股份无缝钢管厂 …… 10
5　内蒙古包钢钢管有限公司 …… 12
6　中信泰富特钢集团大冶特殊钢有限公司 …… 14
7　黑龙江建龙钢铁有限公司 …… 16
8　林州凤宝管业有限公司 …… 18
9　德新钢管（中国）有限公司 …… 21
10　山东磐金钢管制造有限公司 …… 25
11　浙江久立特材科技股份有限公司 …… 27
12　上上德盛集团股份有限公司 …… 28
13　上海天阳钢管有限公司 …… 32
14　磐石铸诚无缝钢管有限公司 …… 35
15　邯郸新兴特种管材有限公司 …… 37
16　靖江特殊钢有限公司 …… 39
17　山东汇通工业制造有限公司 …… 40
18　江苏常宝钢管股份有限公司 …… 43
19　鑫鹏源智能装备集团有限公司 …… 46
20　山东临沂金正阳管业有限公司 …… 48
21　瓦卢瑞克天大（安徽）股份有限公司 …… 50
22　江阴华润制钢有限公司 …… 53
23　山东金宝诚管业有限公司 …… 55
24　扬州诚德钢管有限公司 …… 57
25　扬州龙川钢管有限公司 …… 59
26　江苏新长江无缝钢管制造有限公司 …… 62
27　山东大洋钢管制造有限公司 …… 64
28　河北宏润核装备科技股份有限公司 …… 66
29　内蒙古北方重工业集团有限公司 …… 68
30　中国船舶武汉重工铸锻有限责任公司 …… 69

31　天长市康弘石油管材有限公司 …… 71
32　常熟市无缝钢管有限公司 …… 74
33　常州盛德鑫泰新材料股份有限公司 …… 76
34　江苏立万精密制管有限公司 …… 78
35　浙江伦宝金属管业有限公司 …… 80
36　河北金奥精工制造股份有限公司 …… 82
37　江苏宏亿钢管有限公司 …… 84
38　无锡市东群钢管有限公司 …… 86
39　天津正安无缝钢管股份有限公司 …… 88
40　天津天钢石油专用管制造有限公司 …… 89
41　浙江五洲新春集团股份有限公司 …… 90
42　湖北加恒实业有限公司 …… 93
43　无锡大金高精度冷拔钢管有限公司 …… 95
44　山东永安昊宇制管有限公司 …… 96
45　四川三洲特种钢管有限公司 …… 99
46　浙江华丰新材料股份有限公司 …… 101
47　苏州钢特威钢管有限公司 …… 104
48　江苏界达特异新材料股份有限公司 …… 105
49　浙江博盛钢业集团有限公司 …… 108
50　江苏省常熟市异型钢管有限公司 …… 110
51　无锡市振达轴承钢管制造有限公司 …… 112
52　河南豫龙管业有限公司第一分公司 …… 114
53　云南曲靖钢铁集团凤凰钢铁有限公司 …… 116

第二篇　焊接钢管生产企业基本情况 …… 119
1　天津友发钢管集团股份有限公司 …… 121
2　宝鸡石油钢管有限责任公司 …… 124
3　上海宝世威石油钢管制造有限公司 …… 127
4　中国石油集团渤海石油装备制造有限公司 …… 128
5　浙江金洲管道科技股份有限公司 …… 132
6　番禺珠江钢管（珠海）有限公司 …… 134
7　番禺珠江钢管（连云港）有限公司 …… 136
8　天津源泰德润钢管制造集团有限公司 …… 139
9　京华日钢管业有限公司 …… 142
10　邯郸市正大制管有限公司 …… 144
11　河北天创管业有限公司 …… 146
12　天津市利达钢管集团有限公司 …… 148

13　江苏玉龙钢管科技有限公司 …… 150
14　天津博爱管道科技集团有限公司 …… 153
15　河北沧州市鑫宜达管道有限公司 …… 155
16　济南迈科管道科技有限公司 …… 157
17　天津市宝来工贸有限公司 …… 159
18　江苏立万精密制管有限公司 …… 161
19　辽宁奥通钢管有限公司 …… 163
20　浙江久立特材科技股份有限公司 …… 165
21　上上德盛集团股份有限公司 …… 166
22　浙江德威不锈钢管业股份有限公司 …… 170
23　河北敬业精密制管有限公司 …… 172
24　天津市万里钢管有限公司 …… 173
25　江苏迪欧姆股份有限公司 …… 175
26　徐州光环钢管（集团）有限公司 …… 176
27　天津市联众钢管有限公司 …… 178
28　江苏宏亿钢管有限公司 …… 180
29　常州龙泉管道工程有限公司 …… 182
30　广东荣钢管道科技有限公司 …… 183
31　佛山市三水振鸿钢制品有限公司 …… 185
32　佛山市南海区松岗南骅钢制品厂 …… 187
33　佛山市顺德区汇力联机械制造有限公司 …… 188
34　佛山市顺德区首刚钢铁贸易有限公司 …… 190
35　宁夏青龙管业集团股份有限公司 …… 191
36　唐山金隅天材管业科技有限责任公司 …… 193
37　黑龙江华明管业有限公司 …… 196
38　上海中油天宝巴圣钢管有限公司 …… 198
39　山东华舜重工集团有限公司 …… 199
40　江苏乐家冷弯型钢股份有限公司 …… 201
41　江苏新澎复合材料有限公司 …… 202
42　江苏圣珀新材料科技有限公司 …… 204
43　浙江博盛钢业集团有限公司 …… 206

第三篇　非钢管生产企业基本情况 …… 209
1　上海钢联电子商务股份有限公司 …… 211
2　山东省四方技术开发集团有限公司 …… 211
3　武汉中科创新技术股份有限公司 …… 214
4　太原磬泓机电设备有限公司 …… 226

5　长葛市一鸣机械有限公司 ………………………………………… 228
6　欧亚佳汇投资有限公司 …………………………………………… 231
7　黄冈市华窑中洲窑炉有限公司 …………………………………… 233
8　江苏智蝶数字科技有限公司 ……………………………………… 235
9　陕西恒凯诚盛机械制造有限公司 ………………………………… 240
10　晋义机械设备（上海）有限公司………………………………… 242
11　南京中轻机械设备制造有限责任公司…………………………… 243
12　扬州市管件厂有限公司…………………………………………… 244
13　河南省南阳市西峡县三胜新材料有限公司……………………… 246
14　无锡中油瑞德防腐科技有限公司 ……………………………… 248

第四篇　2020—2021 年中国钢管行业生产企业产量及主要品种统计 ………… 255

第五篇　钢管企业生产经营情况汇总分析 ………………………………… 279
一、钢管企业的基本情况 …………………………………………… 281
二、钢管企业的产量及产品出口情况 ……………………………… 281
三、钢管企业盈利情况 ……………………………………………… 288
四、钢管企业的主要品种产量情况 ………………………………… 288
五、有关非钢管生产企业的情况说明 ……………………………… 296
六、有关非会员企业的情况说明 …………………………………… 299

附录 ………………………………………………………………………… 300

后记 ………………………………………………………………………… 303

第一篇

无缝钢管生产企业基本情况

1　天津钢管制造有限公司

一、企业简介

天津钢管制造有限公司（简称天津钢管），又名“大无缝”，是我国“八五”期间为保障国家能源安全战略建设的重点项目，是国内领先的无缝钢管生产企业。2019年以来，先后引入上海电气（集团）总公司、中信泰富特钢集团股份有限公司战略投资，发挥各方协同优势，共同促进企业高质量发展。

天津钢管具备年产350万吨无缝钢管生产能力，其中油井管年产能超过150万吨，工艺技术和装备水平国内先进，是品种规格齐全的石油套管生产基地。

产品涵盖油气开采、化工、电力、海洋工程、军工、工程机械等多个领域，深海管线管、超深井用油井管、热采井用油井管、高抗腐蚀油井管、高强高韧油井管、钛合金油井管、特殊扣油井管等TP系列高端油井管产品国内先进，荣获第二届中国质量奖提名奖和国家质量管理卓越企业、国家首批创新型企业、知识产权优势企业等称号，能够为全球能源开发和工业领域所需无缝钢管提供完整的配套解决方案，与全球100多个国家和地区的客户保持着长期稳定的贸易关系，油气开采用无缝钢管国内市场占有率始终处于领先水平。

天津钢管以振兴民族工业、服务能源行业为己任，坚持知难而进、追求卓越，以打造无缝钢管领域专业化引领型企业为目标，与国内外合作伙伴携手共创美好未来。

企业名称	天津钢管制造有限公司				
地址	天津市东丽区津塘公路396号			邮编	300301
法人代表	张铭杰	电话	—	电子邮箱	—
联系人	李伟	电话	022-24802625	联系人所在部门	公司办公室
传真		022-24802603 022-24360649	电子信箱	liwei@tpco. cn	
企业成立时间		2010年12月10日	企业网址	www. tpco. com. cn	
企业性质		国有企业	钢管设计能力（万吨/年）	350	
企业员工人数（人）		6642	其中：技术人员（人）	1402	
钢管产量（万吨）	2020年	2021年	钢管出口量（万吨）	2020年	2021年
	223. 78	256. 14		25. 07	37. 47

二、热轧无缝钢管生产工艺技术装备及产量情况

机组类型及型号		台套/条	产品规格范围（外径范围×壁厚范围）（mm）	设计产能（万吨）	投产时间（年）	实际产量（万吨）	
						2020 年	2021 年
热轧无缝钢管机组	φ250 MPM 机组	1	（114~284）×（4.58~41）	50	1992	52.64	57.75
	φ258 PQF 机组	1	（114~245）×（4~45）	50	2008	35.70	42.73
	φ168 PQF 机组	1	（32~168.3）×（2.5~24）	49.8	2003	35.9	45.6
	φ460 PQF 机组	1	（219~475）×（5.56~68）	50	2007	61.97	72.97
	φ720 旋扩机组	1	（508~711.2）×（8.18~40）	8	2008	1.283	3.237
	φ508 PQF 机组	1	（245~508）×（5.56~68）	50	—	—	—
	合计	5		258			223.8
热扩无缝钢管机组	EZG-ⅡB 型液压二步推管机	4	（219~1200）×（5~40）	3	2000	1.37	1.66

三、企业无缝钢管主导产品

产品名称	规格范围（外径范围×壁厚范围）（mm）	执行/采用标准	实际产量（万吨）	
			2020 年	2021 年
油井管（含油、套、钻管）	（23.7~609.6）×（4.83~32）	API Spec 5CT API Spec 5DP	66	78
管线管	（48.3~660）×（3.90~29.5）	API Spec 5L GB/T 9711 ISO 3183	15	26
流体输送管	（48~711）×（3.91~55）	GB/T 8163	64	60
气瓶管	（83~426）×（3.7~28）	GB/T 18248 GB/T 28884	9	13
高压锅炉管	（48~630）×（4~37）	GB/T 5310 ASME/ASTM	6	4
低中压锅炉管	（48~720）×（4~36）	GB/T 3087	1	1

续表

产品名称	规格范围（外径范围×壁厚范围）（mm）	执行/采用标准	实际产量（万吨）	
			2020 年	2021 年
结构管	（48.3～630）×（5.49～50）	GB/T 8162	2	2
工程机械管（含臂架管、旋挖机用管等）	（101.6～630）×（7～45）	执行双方签订的协议	1	1
支柱管	（60～475）×（5.8～65）	GB/T 17396	3	1
合金结构管	（52.3～339.7）×（6～35）	执行双方签订的协议	5	6
汽车用管（含车桥管、半轴套管等）	（127～188）×（9～21）	执行双方签订的协议 YB/T 5035	1	2
蓄能器管	（89～365）×（4.8～30.2）	GB/T 18248+技术协议	1	1
低温管	（60.3～610）×（3.91～49）	ASTM A333/A333M	2	3
油缸管	（108～284）×（10～23）	执行双方签订的协议	5	8

2　宝钢股份钢管条钢事业部

一、企业简介

宝钢是世界级钢铁联合企业，采用国际先进的质量管理体系、环境管理体系、职业卫生与健康管理体系，专业生产高技术含量、高附加值的钢铁产品，并不断增加绿色产品比例，主要产品均获得国际权威机构认可。在成为中国市场主要钢材供应商的同时，宝钢产品出口世界五大洲四十多个国家和地区。宝钢具有雄厚的研发实力，为企业发展积聚了不竭的动力。

宝钢一期工程始建于 1978 年 12 月 23 日，1985 年 9 月 15 日建成投产；二期工程 1991 年 6 月投入正式生产；三期工程 2000 年底全部建成，“十五”规划项目 2005 年 6 月全面建成投产。全部装备技术建立在当代钢铁冶炼、冷热加工、液压传感、电子控制、计算机和信息通讯等先进技术的基础上，整体技术装备具有大型化、连续化、自动化的特点。专业生产热轧板卷、冷轧板卷、热轧无缝钢管、焊接钢管、冷轧冷拔精密钢管、宽厚板、钢坯和线材。

2004 年以宝钢股份为核心企业的宝钢集团公司首次跨入世界 500 强，名列第 372 位，成为中国竞争性行业和制造业中首批跻身世界 500 强的企业，至今已连续多年入围并进入 200 位以内。世界钢铁动态公司（WSD）从企业的前瞻性管理、规模以及从原材料到下游业务的整合程度等方面，对钢铁企业发货量、规模、扩能、位于高成长市场及成熟市场上的主导地位、技术革新、环境与安全、定价能力、退休福利负担、盈利能力、资产负债表等指标进行评分，公布“世界级钢铁企业竞争力”排名，宝钢一直稳居前列。

为了便于集中化、专业化管理，实施产销研一体化战略，加大资源利用力度，缩短响应周期，于2009年成立了钢管条钢事业部，拥有电炉、初轧、高速线材、无缝钢管、HFW焊管和UOE焊管多条世界先进的现代化生产线，形成了以钢坯、钢管、线材三大系列为核心的产品体系，年生产规模为300万吨钢坯量、280万吨钢管、40万吨线材，已成为国内最先进的钢管、条钢精品生产基地。

二、企业基本概况

企业名称	宝山钢铁股份有限公司				
地址	上海市宝山区富锦路885号			邮编	—
法人代表	邹继新	电话	—	电子邮箱	—
企业成立时间		2000年2月2日	企业网址	—	
企业性质		股份有限公司（上市、国有控股）	钢管设计能力（万吨/年）	185	
企业员工人数（人）		3149	其中：技术人员（人）	634	
钢管产量（万吨）	2020年	2021年	钢管出口量（万吨）	2020年	2021年
	201.57（含焊管）	205.48（含焊管）		13.32（含焊管）	18.27（含焊管）
销售收入（万元）	2020年	2021年	利润总额（万元）	2020年	2021年
	1176437	1386795		—	—

三、热轧无缝钢管生产工艺技术装备及产量情况

机组类型及型号		台套/条	产品规格范围（外径范围×壁厚范围）（mm）	设计产能（万吨）	投产时间（年）	实际产量（万吨）	
						2020年	2021年
热轧无缝钢管机组	φ140mm限动芯棒连轧管机组	1	（21.3~194.46）×（3.5~30）	50	1985	70	70
	φ460mm PQF机组	1	（196~457）×（8~60）	50	2011	75	77
	φ76mm穿孔机组	1	（76~90）×（7~13）	5	2012	5	5
	φ114mm穿孔机组	1	（90~130）×（7~24）	10	2012	10	10
	合计	4		115		160	162
穿孔/冷拔/冷轧无缝钢管机组	500kN冷拔机组	1	（16~51）×（1.5~5.5）	1.0	2017	1.0	1.0
	900kN冷拔机组	1	（28~63.5）×（2~3.5~10）	1.5	2020		1.5
	1800kN冷拔机组	1	（38~89）×（3~10）	2	2021		
	LG50冷轧机组	4	（19~38）×（2~6）	0.6	2013	0.6	0.6
	合计	7		5.1		1.6	3.10

四、焊接钢管生产工艺技术装备及产量情况

机组类型及型号		台套/条	产品规格范围（外径范围×壁厚范围）（mm）	设计产能（万吨）	投产时间（年）	实际产量（万吨）	
						2020 年	2021 年
焊接钢管机组	ϕ610-ERW/HFW	1	（219~610）×（4~20）	30	2005	17.2	17.48
	ϕ1440-UOE 机组	1	（508~1422）×（10~40）	40	2008	30.17	43.44
	合计			70		47.37	60.92

五、企业无缝钢管主导产品

产品名称	规格范围（外径范围×壁厚范围）（mm）	执行/采用标准	实际产量（万吨）	
			2020 年	2021 年
油井管（含油、套、钻管等）	（57~406.4）×（4.83~30）	API SPEC 5CT—2018（第 10 版）	56.95	58.37
管线管	（21.3~457.2）×（3.38~48）	API SPEC 5L—2018	7.13	8.95
流体管	（16~457）×（2~50）	GB/T 8163—2018	49.24	36.79
气瓶管	（56~457）×（2.2~25）	GB/T 18248—2008	1.24	2.82
高压锅炉管	（16~457）×（2~50）	GB/T 5310、ASME 等	20.42	15.35
低中压锅炉管	（16~457）×（2~35）	GB/T 3087—2008	1.51	1.31
结构管	（14~457）×（2~60）	GB/T 8162—2018	6.95	7.85
液压支柱管	（60~114）×（8~10）	GB/T 17396—2009	0.01	0.01
汽车用管（含车桥、半轴套管等）	（19~178）×（1.6~12.5）	GB/T 3639—2009	2.58	2.16
低温管	（21.3~457.2）×（3.56~40）	ASTM A 333M	1.28	0.87
火车管	（48~205）×（5~17.5）	BEGG 011—2015	0.36	0.11
钻探管	（32~177.8）×（2.8~15）	Q/BQB 230—2018	2.82	1.66

六、企业焊接钢管主导产品

产品名称	规格范围（外径范围×壁厚范围）（mm）	执行/采用标准	实际产量（万吨）	
			2020 年	2021 年
高频直缝焊接钢管（ERW/FHW）	（219~610）×（4~20）	API 5L，5CT	17.2	17.48
直缝埋弧焊接钢管（SAWL）	（508~1422）×（10~40）	API 5L	30.17	43.44
合计			47.37	60.92

3 衡阳华菱钢管有限公司

一、企业简介

衡阳华菱钢管有限公司（简称衡钢）始建于1958年，是一家在全球具有较大影响力的专业化无缝钢管生产企业，现有在岗员工3000余人，总资产130余亿元。系国家高新技术企业、全国双A级信用企业、全国知识产权优势企业、湖南省出口十强企业、湖南省十大平安示范单位、湖南省两型创建示范企业、湖南省园林式单位。

机组及能力：具有炼铁、炼钢、轧管、钢管深加工全流程、全配套钢管生产工艺，有1080m^3高炉1座，小、大、特大3条圆管坯生产线，ϕ89mm、ϕ180mm、ϕ219mm、ϕ340mm、ϕ720mm等5条国际先进的钢管生产线以及15条钢管深加工生产线。具备年产140万吨铁、200万吨钢、180万吨管、100万吨热处理、60万吨螺纹加工的生产能力，年销售收入约120亿元。

产品规格：现能生产直径48~762mm、壁厚3.5~125mm的各类规格的无缝钢管，并能生产边长100~550mm、壁厚3.5~120mm的方矩管。

主要产品：打造了油气用管、压力容器用管、机械加工用管三大拳头产品系列和具有自主知识产权的HS产品系列，在钢管高端领域大量实现国产化。油气用管广泛应用于全球各类地质环境的陆地、海洋油气田，油套管最高钢级达HS155V，管线管最高钢级达X100。压力容器用管广泛应用于全球各火电、超临界、超超临界机组和核电行业，最高钢级达P92，耐高温600℃，耐压力30MPa，低温管Gr8抗低温可达-196℃。机械用管广泛应用于全球各类机械制造企业和工程建筑业，产品强度最高可达1000MPa，同类产品性价比优。

重要客户：产品销往全球石油、石化、锅炉、发电、机械、煤炭、化工、核电、建筑等行业中的知名企业，客户数量近千家。出口100多个国家和地区，出口比约50%。

公司发展：明确以“4321”战略思想推动企业高质量发展，即以建设“开拓进取、引领行业、智慧高效、美丽昌盛”的四个新衡钢为主要任务、以“引领行业发展方向、引领行业产品标准、引领行业市场定位”的三个引领为方向、以“务实和创新”两个文化基因为核心，成就“世界一流专业化无缝钢管企业”共同愿景。

二、企业基本概况

企业名称	衡阳华菱钢管有限公司		
地址	湖南省衡阳市大栗新村10号	邮编	421001

续表

<table>
<tr><td>法人代表</td><td>郑生斌</td><td>电话</td><td>—</td><td>电子邮箱</td><td>—</td></tr>
<tr><td>联系人</td><td>凌建军</td><td>电话</td><td>18973412968</td><td>联系人所在部门</td><td>市场投资规划部</td></tr>
<tr><td colspan="2">企业成立时间</td><td>1958 年</td><td>企业网址</td><td colspan="2">www.hysteeltube.com</td></tr>
<tr><td colspan="2">企业性质</td><td>国有</td><td>钢管设计能力（万吨/年）</td><td colspan="2">180</td></tr>
<tr><td colspan="2">企业员工人数（人）</td><td>3067</td><td>其中：技术人员（人）</td><td colspan="2">178</td></tr>
<tr><td rowspan="2">钢管产量（万吨）</td><td>2020 年</td><td>2021 年</td><td rowspan="2">钢管出口量（万吨）</td><td>2020 年</td><td>2021 年</td></tr>
<tr><td>155.8</td><td>169.4</td><td>29.8</td><td>39.7</td></tr>
<tr><td rowspan="2">销售收入（万元）</td><td>2020 年</td><td>2021 年</td><td rowspan="2">利润总额（万元）</td><td>2020 年</td><td>2021 年</td></tr>
<tr><td>913235.45</td><td>1260557.23</td><td>—</td><td>—</td></tr>
</table>

三、热轧无缝钢管生产工艺技术装备及产量情况

<table>
<tr><td colspan="2" rowspan="2">机组类型及型号</td><td rowspan="2">台套/条</td><td rowspan="2">产品规格范围（外径范围×壁厚范围）（mm）</td><td rowspan="2">设计产能（万吨）</td><td rowspan="2">投产时间（年）</td><td colspan="2">实际产量（万吨）</td></tr>
<tr><td>2020 年</td><td>2021 年</td></tr>
<tr><td rowspan="6">热轧无缝钢管机组</td><td>ϕ89mm 连轧机组</td><td>1</td><td>（51～114）×（4～10）</td><td>30</td><td>1997</td><td>26.41</td><td>30.66</td></tr>
<tr><td>ϕ219mm ASSEL 机组</td><td>1</td><td>（73～260）×（10～55）</td><td>15</td><td>2003</td><td>8.60</td><td>10.03</td></tr>
<tr><td>ϕ180mm PQF 连轧机组</td><td>1</td><td>（73～180）×（4.5～20）</td><td>50</td><td>2009</td><td>43.55</td><td>43.51</td></tr>
<tr><td>ϕ340mm MPM 连轧机组</td><td>1</td><td>（177.8～368）×（6～40）</td><td>70</td><td>2005</td><td>66.57</td><td>70.42</td></tr>
<tr><td>ϕ720mm 周期轧管机组</td><td>1</td><td>（318～765）×（30～130）</td><td>15</td><td>2009</td><td>10.69</td><td>14.79</td></tr>
<tr><td>合计</td><td>5</td><td></td><td>180</td><td></td><td>155.8</td><td>169.4</td></tr>
</table>

四、企业无缝钢管主导产品

产品名称	实际产量（万吨）	
	2020 年	2021 年
油井管（含油、套、钻管）	38.06	50.48
管线管	24.49	26.02
流体管	29.97	28.51
气瓶管	9.06	16.51
高压锅炉管	11.80	11.94
低中压锅炉管	1.76	1.97
结构管	7.94	7.68
机械管	9.05	10.48

续表

产品名称	实际产量（万吨）	
	2020 年	2021 年
液压支柱管	9.81	6.76
汽车用管（含车桥管、半轴套管等）	8.62	5.77
三化用管	1.42	1.21
低温管	1.90	1.05
其他	1.95	1.03
合计	155.80	169.41

4 鞍钢股份无缝钢管厂

一、企业简介

鞍钢股份无缝钢管厂是新中国第一座无缝钢管厂，于 1953 年 12 月 26 日正式竣工投产，是闻名全国的鞍钢“三大工程”之一，被誉为新中国无缝钢管的“摇篮”。

鞍钢股份无缝钢管厂现拥有 2 条无缝钢管生产线：ϕ159MPM 限动芯棒五机架连轧管机组及配套管加工生产线（暂停产，择机升级改造）；ϕ177PQF 限动芯棒五机架连轧管机组及配套石油管热处理、加工生产线。现鞍钢正在利用现有 ϕ177PQF 机组和原 ϕ219 机组于 2021 年 8 月 1 日起实施该机组升级改造工程。改造后鞍钢无缝产品规格范围扩大到：ϕ(60~191)mm×(4.0~27)mm，具有 50 万吨年生产能力。未来总设计生产能力将达到 70 万吨/年。

鞍钢股份无缝钢管厂主要产品包括：API 石油套管、石油钻杆、非 API 抗腐蚀油套管、热采油套管、隔热油套管、射孔枪油管、管线管；高中低压锅炉管、石油裂化管、高压化肥管、高低温用管、气瓶管；地质钻探管、非开挖钻杆管、起重机用臂架、冷拔液压油缸管、汽车车轴车桥管、耐磨输送用管、液压支柱管、造船用管、流体管、结构管等。产品应用到石油、化工、锅炉、地质、轻工、汽车、工程机械、航天、航空、航海、军工及民用等各种领域。

二、企业基本概况

企业名称	鞍钢股份无缝钢管厂				
地址	辽宁省鞍山市铁西区鞍钢厂内立耐大道旁			邮编	114000
法人代表	白喜峰	电话	0412-6726923	电子邮箱	—

续表

联系人	顾琳	电话	0412-6724209	联系人所在部门	综合管理室
企业成立时间		1953年10月	企业网址	—	
企业性质		国企	钢管设计能力（万吨/年）	70	
企业员工人数（人）		542	其中：技术人员（人）	40	
钢管产量（万吨）	2020年	2021年	钢管出口量（万吨）	2020年	2021年
	20.55	7.12		0	0
销售收入（万元）	2020年	2021年	利润总额（万元）	2020年	2021年
	81946	34015		—	—

三、热轧无缝钢管生产工艺技术装备及产量情况

机组类型及型号		台套/条	产品规格范围（外径范围×壁厚范围）（mm）	设计产能（万吨）	投产时间（年）	实际产量（万吨）	
						2020年	2021年
热轧无缝钢管机组	ϕ159MPM	1	（70～168）×（5～18）	20	2002	1.55	0
	ϕ177PQF	1	（60～191）×（4～27）	50	2007（2021年改造）	19	7.12
	合计	2		70		20.55	7.12

四、企业无缝钢管主导产品

产品名称	规格范围（外径范围×壁厚范围）（mm）	执行/采用标准	实际产量（万吨）	
			2020年	2021年
地质专用无缝钢管	（60～180）×（4～16）	GB/T 9808—2008	0.59	0.15
石油油管用无缝钢管	（60.3～177.8）×（4.83～25）	API SPEC 5CT	0.22	0.41
石油接箍坯料用无缝管	（60.3～177.8）×（4.83～25）	API SPEC 5CT	0.29	0.01
石油套管用无缝钢管	（60.3～177.8）×（4.83～25）	API SPEC 5CT	4.53	1.17
管线用无缝钢管	（60.3～177.8）×（4.83～25）	API SPEC 5L	0.09	0.03
高压锅炉用无缝钢管	（60～180）×（4～25）	GB/T 5310—2017	0.84	0.21
低中压用无缝钢管	（60～180）×（4～25）	GB/T 3087—2008	0.34	0.28
起重机臂架用管	（60～180）×（4～25）	GB 30584—2018	0.00	0.13
汽车半轴用无缝钢管	（60～180）×（4～25）	GB/T 5035—2018	0.26	0.38
输送流体用无缝钢管	（60～180）×（4～25）	GB/T 8163—2020	7.92	3.10
液压支柱用无缝钢管	（60～180）×（4～25）	GB/T 17396—2009	0.02	0.10

续表

产品名称	规格范围（外径范围×壁厚范围）（mm）	执行/采用标准	实际产量（万吨）	
			2020 年	2021 年
石油钻杆用无缝钢管	（60~180）×（4~25）	API Spec 5D	0.14	0.09
军工用无缝钢管	（60~180）×（4~25）	GJB 及协议	0.16	0.05
结构用无缝钢管	（60~180）×（4~25）	GB/T 8162—2018	0.01	0.61
高压化肥用无缝钢管	（60~180）×（4~25）	GB/T 6479—2013	4.99	0.01
石油裂化管	（60~180）×（4~25）	GB/T 9948—2013	0.16	0.04
耐磨用无缝管	（60~180）×（4~25）	GB/T 33966—2017		0.33
合计	（60~180）×（4~25）		20.55	7.12

5 内蒙古包钢钢管有限公司

一、企业简介

内蒙古包钢钢管有限公司于 1971 年 7 月 1 日投产，发展至今已成为一个集研、产、销、运、服一体化的运营体系，作为包钢（集团）公司的四大精品线之一内蒙古包钢钢管有限公司已逐步成长为具有钢种生产研发、产品功能设计与实现、检验体系完善、服务销售体系齐全的无缝钢管供应商，以专业化程度高、研发能力强、产品品质优、销售服务能力完善的一体化运营的国企，在业内具有良好的市场形象。

包钢钢管有限公司根据产品及设备特点分六条生产线：

（1）制钢生产线；（2）ϕ159mm 生产线；（3）ϕ460mm 生产线；（4）ϕ180mm 生产线；（5）ϕ100mm 机组生产线；（6）石油管生产线。

制钢生产线 1997 年投产，2013 年 1#铸机改造后方、圆坯可兼顾生产。目前铸机可生产 ϕ430mm、ϕ390mm、ϕ350mm、ϕ270mm、ϕ150mm 等 7 个断面。具备年产钢 200 万吨的生产能力，其产品供给钢管有限公司四条精品生产线。

ϕ159mm 生产线热轧区域引进了当今国际最先进 PQF 连轧机组。主体设备由 SMS INNSE 公司设计制造，产品外径 ϕ48.3~168mm，壁厚范围 4.5~25mm，机组设计年产量 40 万吨；

ϕ460mm 生产线热轧区域引进了当今国际最先进 PQF 连轧机组，产品外径 ϕ244.5~457mm，壁厚范围 6~60mm，机组设计年产量 62 万吨；

ϕ180mm 生产线热轧区域引进了意大利 INNSE 公司设计制造的五机架 MINI-MPM 连轧机，同时配套有 12 机架三辊定径机和 24 机架的三辊张力减径机，产品外径 ϕ60.3~

244.5mm，壁厚范围4.5~27mm，机组设计年产量20万吨，现年产量已达到37万吨以上。

配套建设有三条热处理生产线，核心设备均采用进口先进设备，可按照标准或用户要求对油井管、高压锅炉管、专用管等品种进行管端镦粗、调质、正火、正火+回火及退火等工序作业。

石油管生产线由三条管体生产线和一条接箍生产线组成，其中一条生产线年加工ϕ139.7~339.72mm套管6万吨，另一条年加工ϕ60.3~244.5mm油套管7万吨，新大线可加工ϕ177.8~339.72mm套管18万吨，接箍生产线年加工油套管接箍71万件。

包钢钢管有限公司经历40余年的积淀，不仅具备生产各类石油套管和油管、高中低压锅炉管、液压支架管、高压气瓶管、结构用无缝管、输送流体用管、管件用管等产品的能力，还可根据用户协议要求提供ϕ60~426mm范围内任何非标准规格的无缝管产品。

包钢钢管有限公司已逐渐成为西北地区最大、国内一流、世界领先的无缝钢管供应商。

二、企业基本概况

<table>
<tr><td>企业名称</td><td colspan="5">内蒙古包钢钢管有限公司</td></tr>
<tr><td>地址</td><td colspan="3">内蒙古自治区包头市昆都仑区河西工业园区钢管有限公司新机组办公楼</td><td>邮编</td><td>014010</td></tr>
<tr><td>法人代表</td><td>吴明宏</td><td>电话</td><td>0472-2669719</td><td>传真</td><td>0472-2665948</td></tr>
<tr><td colspan="2">企业成立时间</td><td>1971年7月1日</td><td>企业网址</td><td colspan="2">www.gsxt.gov.cn</td></tr>
<tr><td colspan="2">企业性质</td><td>有限责任公司</td><td>钢管设计能力（万吨/年）</td><td colspan="2">134</td></tr>
<tr><td colspan="2">企业员工人数（人）</td><td>3020</td><td>其中：技术人员（人）</td><td colspan="2">181</td></tr>
<tr><td rowspan="2">钢管产量（万吨）</td><td>2020年</td><td>2021年</td><td rowspan="2">钢管出口量（万吨）</td><td>2020年</td><td>2021年</td></tr>
<tr><td>133.32</td><td>156.91</td><td>1.37</td><td>2.62</td></tr>
<tr><td rowspan="2">销售收入（万元）</td><td>2020年</td><td>2021年</td><td rowspan="2">利润总额（万元）</td><td>2020年</td><td>2021年</td></tr>
<tr><td>580000</td><td>820000</td><td>—</td><td>—</td></tr>
</table>

三、热轧无缝钢管生产工艺技术装备及产量情况

<table>
<tr><td colspan="2" rowspan="2">机组类型及型号</td><td rowspan="2">台套/条</td><td rowspan="2">产品规格范围（外径范围×壁厚范围）（mm）</td><td rowspan="2">设计产能（万吨）</td><td rowspan="2">投产时间（年）</td><td colspan="2">实际产量（万吨）</td></tr>
<tr><td>2020年</td><td>2021年</td></tr>
<tr><td rowspan="5">热轧无缝钢管机组</td><td>ϕ159PQF连轧机组</td><td>1</td><td>（48.3~168.3）×（4.5~25）</td><td>40</td><td>2011</td><td>27.28</td><td>38.73</td></tr>
<tr><td>ϕ180MPM连轧机组</td><td>1</td><td>（60.3~245）×（4.5~27）</td><td>20</td><td>2001</td><td>35.72</td><td>45.16</td></tr>
<tr><td>ϕ460PQF连轧机组</td><td>1</td><td>（244.48~457）×（6~60）</td><td>62</td><td>2012</td><td>64.57</td><td>63.02</td></tr>
<tr><td>ϕ100PQF连轧机组</td><td>1</td><td>（25~114）×（3.5~16）</td><td>12</td><td>2020</td><td>6.0</td><td>11.73</td></tr>
<tr><td>合计</td><td>4</td><td></td><td>144</td><td></td><td>133.57</td><td>158.64</td></tr>
</table>

四、企业无缝钢管主导产品

产品名称	规格范围（外径范围×壁厚范围）（mm）	执行/采用标准	实际产量（万吨）	
			2020 年	2021 年
油井管（含油、套、钻管）	（60. 32～451）×（4. 5～35）	API SPEC 5CT	31. 17	41. 8
管线管	（48. 3～457. 2）×（4～40）	API SPEC 5L	8. 19	9. 06
流体管	（51～508）×（3. 5～40）	GB/T 8163	66. 23	76. 58
气瓶管	（108～406. 4）×（4～20）		2. 73	4. 25
高压锅炉管	（101. 6～457. 2）×（4～40）	GB/T 5310	2. 56	2. 82
低中压锅炉管	（101. 6～480）×（4～25）	GB/T 3087	1. 78	2. 88
结构管	（108～508）×（4～55）	GB/T 8162	8. 15	6. 86
工程机械管（含臂架管、旋挖机用管等）	（83～351）×（7. 11～30）	GB 30584	0. 2	0. 34
液压支柱管	（73～475）×（5. 5～50）	GB/T 17396	0. 49	1. 43
汽车用管（含车桥管、半轴套管等）	（77～356）×（5～25）		5. 33	3. 5
三化用管	（57～457. 2）×（4～56）		3. 89	4. 51
低温管	（88. 9～457. 2）×（5. 5～34. 93）		0. 41	0. 7
其他	（73～457. 2）×（4～53）		2. 19	2. 18

6　中信泰富特钢集团大冶特殊钢有限公司

一、企业简介

中信泰富特钢集团大冶特殊钢有限公司（以下简称大冶特钢）是中国现存最早的钢铁企业之一，坐落于湖北省黄石市西塞山区，其前身大冶钢铁厂是清末汉冶萍煤铁厂矿有限公司的重要组成部分，成立于 1913 年，具有悠久的历史，素有中国“钢铁工业的摇篮”之称。

1948 年改称华中钢铁公司，1953 年改为大冶钢厂，1993 年成立大冶特殊钢股份有限公司，1994 年成立冶钢集团有限公司，1997 年大冶特钢 A 股在深交所上市。

2004 年，中信泰富投资有限公司出资收购了冶钢集团有限公司钢铁主业资产，组建湖北新冶钢有限公司，并控股大冶特钢。

2019 年，中信泰富特钢将集团资产注入大冶特钢，实现整体上市，上市公司更名为中信特钢。

大冶特钢占地面积7000亩，现有在册员工6780人，是中国生产特钢品种和规格最全的特钢企业之一，是拥有规格最全、口径最大的中厚壁无缝钢管基地和合金钢棒材、特冶锻材基地。拥有捣固炼焦、铁水红送、炉外精炼、连铸连轧、特冶锻造、特种钢管热加工等一批国内先进的生产线和技术装备。

现已具备年产95万吨焦，270万吨铁，400万吨钢，380万吨钢材（棒材278万吨，钢管90万吨，特冶锻材12万吨）的能力。主导产品有轴承钢、齿轮钢、弹簧钢、工模具钢、易切削钢、军工钢、中厚壁无缝钢管等重点品种大类，能生产各种棒材、扁材、盘卷、锻材、锻件、无缝管等多种型材，生产品种达800多个，产品规格1800多种。

大冶特钢主导产品广泛应用于国防军工、航天航海、机械制造、汽车制造、铁路运输、石油化工、百万千瓦级电站、高压锅炉等领域。

产品出口到美国、德国、意大利、韩国、日本等欧美、东南亚三十多个国家和地区。

二、企业基本概况

企业名称	大冶特殊钢有限公司				
地址	湖北省黄石市黄石大道316号			邮编	435001
法人代表	钱刚	电话	—	电子邮箱	huxuan@citicsteel.com
联系人	胡旋	电话	13872079338	联系人所在部门	销售总公司
企业成立时间		1993年	企业网址	http://dytg.citicsteel.com/	
企业性质		国有企业	钢管设计能力（万吨/年）	90	
企业员工人数（人）		6780	其中：技术人员（人）	352	
钢管产量（万吨）	2020年	2021年	钢管出口量（万吨）	2020年	2021年
	89	90		15	18
销售收入（亿元）	2020年	2021年	利润总额（亿元）	2020年	2021年
	190	230		14	17

三、热轧无缝钢管生产工艺技术装备及产量情况

机组类型及型号		台套/条	产品规格范围（外径范围×壁厚范围）(mm)	设计产能（万吨）	投产时间（年）	实际产量（万吨）	
						2020年	2021年
热轧无缝钢管机组	ϕ108mm ASSEL	1	(51~108)×(8~25)	8	2003	8	8
	ϕ170mm ASSEL	1	(89~219)×(12~60)	22	1993	23	24
	ϕ219mm CPE	1	(89~245)×(5~25)	20	2014	16	16
	ϕ460mm ASSEL	1	(216~534)×(16~130)	40	2009	42	42
	合计	4		90		89	90

四、企业无缝钢管主导产品

产品名称	规格范围（外径范围×壁厚范围）（mm）	执行/采用标准	实际产量（万吨）	
			2020 年	2021 年
油井管（含油、套、钻管）	（89~534）×（5~70）	API，协议标准	3.5	3.4
管线管	（89~534）×（5~25）	API，国标，协议标准	1.2	1.4
流体管	（89~534）×（5~25）	国标	0.3	0.2
气瓶管	（89~534）×（5~25）	国标，协议标准	3.4	3.7
高压锅炉管	（51~534）×（5~130）	国标，协议标准	7.1	7.4
低中压锅炉管	（51~534）×（5~130）	国标	0.2	0.3
结构管	（51~534）×（5~130）	国标	16	16
工程机械管（含臂架管、旋挖机用管等）	（51~534）×（5~130）	国标，协议标准	48	48
液压支柱管	（51~534）×（5~130）	国标，协议标准	2.5	2.6
汽车用管（含车桥管、半轴套管等）	（51~534）×（5~25）	国标，协议标准	4.5	4.5
三化用管	（51~534）×（5~130）	国标，协议标准	2.1	2.2
低温管	（51~534）×（5~130）	国标，协议标准	0.2	0.3
合计			89	90

7　黑龙江建龙钢铁有限公司

一、企业简介

北京建龙重工集团有限公司（简称建龙集团）创建于 1999 年，是一家集资源、钢铁、船运、机电于一体的大型企业集团。建龙集团下属企业遍布河北、黑龙江、吉林、辽宁、山东、山西、浙江、北京、天津、四川、内蒙古、新疆、香港等地。

2021 年建龙集团位列中国企业 500 强第 137 位、2021 中国制造业企业 500 强第 50 位、2021 中国民营企业 500 强第 29 位、2021 中国民营企业制造业 500 强第 15 位。

黑龙江建龙钢铁有限公司成立于2003年8月，是北京建龙重工集团响应国家振兴东北老工业基地的号召，在黑龙江省双鸭山市投资兴建的钢铁联合企业，是黑龙江省最大的招商引资项目。目前黑龙江建龙已成为集矿业开采、钢铁冶炼、煤化工、资源综合利用及进出口贸易一体化的综合企业。截至目前，企业拥有钢铁、化工、矿业、钒业、物流运输、工程技术、国际贸易等九家子公司。

企业成立至今，已实现总资产134.5亿元，年主营收入超过120亿元，累计实现销售收入960亿元，上缴税金42亿元，就业员工6000余人，同时由于企业地处双鸭山市，为黑龙江建龙直接服务的公司共有几十家，直接或间接服务于我公司的就业人员已达两万余人。

黑龙江建龙设计生产能力为：铁200万吨/年、钢220万吨/年、材200万吨/年、焦炭180万吨/年、铁精矿100万吨/年，钢铁产品主要为棒材和无缝钢管，化产品主要为焦炭、甲醇、LNG、焦油、粗苯、硫铵等。

黑龙江建龙钢铁有限公司无缝钢管生产组距覆盖φ60~273mm，主要品种包括油井管、输送流体用管、管线管、锅炉管、气瓶管、车桥管、地质管、液压支柱管等，其中石油专用管材主要应用在中石油下属各大油田及加工厂；中石化、中海油下属各大油田及加工厂；延长石油集团等石油行业。其他产品主要供应煤矿、锅炉、气瓶、汽车、造船、机加工、城市基建、出口等领域。通过API、QEO、TSG等多项认证，荣获全国钢铁工业协会颁发的金杯奖、国家钢铁高新技术企业等奖项。

二、企业基本概况

企业名称	黑龙江建龙钢铁有限公司				
地址	黑龙江省双鸭山市岭东区双选路64号			邮编	155124
法人代表	王忠英	电话	—	电子邮箱	—
联系人	王金奎	电话	13359658859	联系人所在部门	营销处
传真		0469-4238202	电子信箱	wangjinkui@ejianlong.com	
企业成立时间		2003年8月5日	企业网址	www.ejianlong.com	
企业性质		民营	钢管设计能力（万吨/年）	80	
企业员工人数（人）		6015	其中：技术人员（人）	246	
钢管产量（万吨）	2020年	2021年	钢管出口量（万吨）	2020年	2021年
	61.78	68.76		0.94	2.13
销售收入（万元）	2020年	2021年	利润总额（万元）	2020年	2021年
	986222	1194755		—	—

三、热轧无缝钢管生产工艺技术装备及产量情况

机组类型及型号		台套/条	产品规格范围（外径范围×壁厚范围）（mm）	设计产能（万吨）	投产时间（年）	实际产量（万吨）	
						2020 年	2021 年
热轧无缝钢管机组	φ180mm PQF 机组	1	（60~180）×（3.5~25）	50	2011	42.18	47.69
	φ273 Accu-Roll 机组	1	（114~340）×（6~30）	30	2008	19.6	21.07
	合计	2	（60~340）×（6~30）	80		61.78	68.76

四、企业无缝钢管主导产品

产品名称	规格范围（外径范围×壁厚范围）（mm）	执行/采用标准	实际产量（万吨）	
			2020 年	2021 年
油井管（含油、套、钻管）	（60~273）×（3.5~40）	API SPEC 5CT（第 9 版）	27.8	41.2
结构管	（60~273）×（3.5~40）	GB/T 8163—2008	28.45	20.39
液压支柱管	（60~273）×（3.5~40）	GB/T 17396—2009	1.1	1.84
地质管	（60~273）×（3.5~40）	GB/T 9808—2008	1.964	1.58
管线管	（60~273）×（3.5~40）	API SPEC 5L（第 45 版）	0.53	0.76
气瓶管	（60~273）×（3.5~40）	GB/T 18248—2021	0.38	0.89
其他	（60~273）×（3.5~40）	—	1.56	2.1
合计			61.78	68.76

8　林州凤宝管业有限公司

一、企业简介

林州凤宝管业有限公司（简称凤宝管业）是河南凤宝特钢有限公司的下属支柱企业，也是河南省内最大的无缝管生产企业，成立于 2007 年。

公司是河南省高新技术企业，建有省级无缝钢管研发中心，具有年产高端无缝管 150 万吨的生产能力，其液压支架管国内市场占有率连续四年保持在 40%以上，产销量位居全国第一；是中石油、中石化、中海油、延长油田中国四大石油公司一级供应商。

公司占地面积 103 万平方米，现有职工近 2000 名。其中各类中高级技术人才 300 余名，整体技术装备达到国内先进水平。

公司目前拥有四条轧管生产线，其中一期 ϕ273mm 机组主体设备采用国内领先的新型精密轧管机组，具有轧制精度高、规格范围广、壁厚均匀、内外表面质量优良等优点，工艺技术先进，采用了轧辊集中变形、芯棒预旋转等多项领先工艺，并配置有高水平的在线热处理设施和专用管精整线，保证了产品质量的稳定；

二期 ϕ159mm 机组是目前最先进的三辊限动芯棒连轧装备，并配有高水平的热处理和管加工生产线，可对管材产品进行精深加工；

三期 ϕ89mm 无缝钢管连轧机组是全国第一条专业生产 ϕ25～89mm 小口径连轧无缝钢管生产线，该项目为世界首次将六机架三辊连轧机组应用于小口径无缝钢管生产，实现了高水平的自动化控制和智能制造，入选中国钢铁技术创新全球 No. 1；

四期 ϕ114mm ASSEL 热轧无缝钢管生产线，于 2020 年 7 月份建成投产，以生产汽车车轴套管、油缸用管、轴承管、高压锅炉管等品种管为主，并配套建设一条 12 万吨高钢级合金无缝钢管热处理生产线和一条接箍加工生产线。该线弥补了公司中、厚壁管生产的空缺，扩展了产品品种和产品的规格范围，高附加值产品进一步增加，适应市场能力进一步增强。

为承接现有机组无缝钢管深加工业务，提高产品附加值，增强适应市场的能力；投建运行管加工 180 线、340 线、专用管线、配套接箍线；

公司检测设备完善，配备有集测长、测厚、测径等多项功能为一体的多层次检测设备和先进的涡流探伤仪、超声波探伤仪等无损探伤设备及冲击试验拉伸试验、金相分析等检测设备，企业先后通过 ISO 9000 三体系、船级社（中国、美国、挪威）、美国石油协会 API、国家特种设备制造许可和欧洲 CE 认证等。

公司将以科学发展观为指导，进一步推动技术进步，强化企业管理，创建环保、节约、循环经济型企业，实现全面协调可持续发展，按照发展规划，公司将发展成为年产 200 万吨油井管、石油套管、结构管、高中压锅炉管、管线管等高端无缝钢管行业领域领先企业，产品档次位于行业第一方阵，全国重要的无缝钢管生产研发基地。

二、企业基本概况

企业名称	林州凤宝管业有限公司				
地址	国家红旗渠经济技术开发区（林州市）安姚路西段			邮编	456592
法人代表	李静敏	电话	0372-6587811	电子邮箱	—
联系人	郭庆亮	电话	13303725833	联系人所在部门	市场部
传真		0372-6500778	电子信箱	fengbaopipe@163. com	
企业成立时间		2007 年	企业网址	www. cfbpco. com	
企业性质		民营	钢管设计能力（万吨/年）	150	
企业员工人数（人）		2000	其中：技术人员（人）	305	

续表

钢管产量（万吨）	2020 年	2021 年	钢管出口量（万吨）	2020 年	2021 年
	118.69	121.14		2.85	3.86
销售收入（万元）	2020 年	2021 年	利润总额（万元）	2020 年	2021 年
	535819	632363		—	—

三、热轧无缝钢管生产工艺技术装备及产量情况

机组类型及型号		台套/条	产品规格范围（外径范围×壁厚范围）（mm）	设计产能（万吨）	投产时间（年．月）	实际产量（万吨）	
						2020 年	2021 年
热轧无缝钢管机组	ϕ273mm Accu-Roll 轧管机组	1	（140～339.7）×（7～56）	28	2008.08	31.17	30.36
	ϕ159mm TCM 连轧管机组	1	（73～219）×（4～18）	40	2011.11	54.73	46.81
	ϕ89mm PQF 连轧机组	1	（42～114）×（3～12）	20	2017.10	27.07	27.34
	ϕ114mm ASSEL 机组	1	（72～203）×（11～42）	20	2020.07	5.72	16.63
	合计	4	（42～339.7）×（3～56）	108		118.69	121.14

四、企业无缝钢管主导产品

产品名称	规格范围（外径范围×壁厚范围）（mm）	执行/采用标准	实际产量（万吨）	
			2020 年	2021 年
油井管（含油、套、钻管）	（48.26～339.72）×（3.68～11.99）	API 5CT 及客户技术协议	34.95	32.90
管线管	（42～325）×（3～12）	API 5L 及客户技术协议	2.97	3.53
流体管	（42～340）×（3～45）	GB/T 8163—2018	43.96	37.07
结构管	（42～340）×（3～45）	GB/T 8162—2018	7.18	12.04
低中压锅炉管	（48～219）×（3.5～35）	GB/T 3087—2008	0.13	0.49
气瓶管	（76～219）×（4～6）	GB 18248 及客户技术协议	0.12	0.56
高压锅炉管	（42～325）×（4～30）	GB/T 5310—2017	0.24	0.79
接箍原料	（88.9～298.45）×（12.5～21）	GYTZD087—2020	1.04	2.68
工程机械管（含臂架管、旋挖机用管等）	（48～245）×（4～12）	GB/T 8163—2018 FB/JSXY-038-20	0	0.005
液压支柱管	（76～325）×（6～55）	GB/T 17396—2009	18.37	20.51

续表

产品名称	规格范围（外径范围×壁厚范围）（mm）	执行/采用标准	实际产量（万吨）	
			2020 年	2021 年
汽车用管（含车桥管、半轴套管等）	（146~194）×（8~20）	T-CISA 111—2021 FB/JSXY-005-21	7.73	5.88
三化用管	（48~325）×（4~12）	GB/T 9948—2003 GB/T 6479—2013	0	0.31
低温管	（168.3~325）×（7.11~17）	ASTM A333	0	0.038
冷拔管	（60~325）×（6~30）	技术协议 FB/ZDS-01—2021	0.59	2.63
地质管	（76~114）×（4~12）	GB/T 9808—2008	0.02	0.1
钻杆	（60.3~114.3）×（7.11~9.19）	API 5DP	0.01	0.43
轴承钢	（52.6~110.95）×（4.4~11.63）	GB/T 18254—2016	0	0.004
高强度油缸管	（232~330）×（30~425）	JXZJ2021002	0	0.12
抗酸管	273.1×8.74	API 5L	0	0.01

9　德新钢管（中国）有限公司

一、企业简介

德新钢管（中国）有限公司、无锡市特钢材料有限公司“两块牌子，一套班子”，工贸结合，前者是生产企业，后者是贸易公司。

无锡市特钢材料有限公司成立于 1994 年，原为无锡市乡镇企业管理局下属的国有企业，2001 年转制。20 多年来，无锡特钢和国内外主要钢管生产企业建立了长期友好的合作关系，集世界钢管之精品，供天下用户之需要，常备钢管库存 3.5 万吨，在石油、化工、电力、煤化工等管道材料方面，形成了较强的保供能力和项目服务经验。长期以来，坚持“安全、优质、诚信、一切为用户服务”的经营理念，获得用户的青睐，取得了良好的市场业绩。

德新钢管（中国）有限公司自 2002 年成立以来，以“中频热扩+冷拔”差异化组合的生产方式，可生产直径 1320mm 以下、径壁比达 100、长度达 12m 的各种标准、材质和规格大直径无缝钢管。

公司现有 9 条中频热扩生产线，热扩芯棒 350 余支，热扩钢管年生产能力可达 10 万吨；

正在中频热扩机生产的大口径钢管

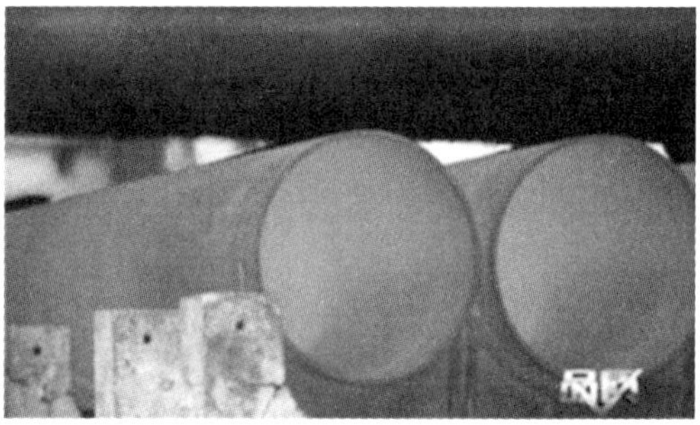

正在箱式炉中热处理的大口径钢管

有 7 条冷拔生产线，可生产 ϕ914mm 以下的高精密无缝钢管 5 万吨；

有 6 台大型车（镗）床，可加工生产各种高精度的大直径厚壁无缝钢管；

有 3 台厢式炉和 3 台辊底炉的热处理生产线，可满足各类热处理 8 万吨；多辊矫直机、点矫机、内外抛、内外磨，以及管端加工、UV 水性喷涂等设备，实现全流程的精整加工；理化分析、机械性能、无损检测和水压试验等检测检验设备为提供安全可靠的优质产品保驾护航。

对于直径>508mm，径壁比>25，连轧机组无法轧制、焊管生产不经济、大斜轧生产不方便的大直径中薄壁无缝钢管，德新采用中频热扩工艺，结合冷拔、机加工、热处理和精整能力完成生产，有效解决了 508 以上中薄壁无缝钢管生产的难点、痛点，填补了该品种规格领域的短板。

公司常年储备 ϕ380mm、ϕ450mm、ϕ500mm、ϕ600mm、ϕ700mm、ϕ800mm 等各种材质的优质管坯，委托天淮、诚德、471 等厂家穿孔、轧管，自己做热扩、冷拔、热处理、精整及无损检测等后道全部工序，充分应用国内高质量生产无缝钢管的装备资源、无缝对接自主创新发展产业链，确保大直径、中薄壁钢管质量，有效缩短交货期，实现“30 天内快速交货”的保供优势。

德新钢管的热扩工艺经历了较长时间的考验。2010 年首家取得了国家质检总局颁发的 A2（1）、A2（3）、B（3）热扩专项的压力管道元件制造许可证，并陆续取得了覆盖各种材质、标准、规格的型式试验报告。

2010 年委托中国特种设备检测研究院和哈尔滨锅炉厂材料研究所对 12Cr2MoG、10Cr9Mo1VNbN、P91 进行了十万小时高温持久试验；

2013 年 7 月，国家质检总局特种设备安全技术委员会对中频热扩无缝钢管通过了工艺技术评审；同期全国锅炉压力容器标准化技术委员会召开了中频热扩无缝钢管工艺技术和应用研讨会。

2013 年 11 月，德新钢管生产的 A335 P22、P91 大直径无缝钢管通过国家科学技术委员会的科学技术成果鉴定，鉴定结论为“达到同类产品国际先进水平”。

2017 年，中国钢铁工业协会首批团体标准颁布，德新主起草的 T/CISA 002—2017《高压锅炉用中频热扩无缝钢管》，成为工信部 2018 年重点推广的百项示范团体标准之一。

近年来，公司积极参与和推动 GB/T 5310、GB/T 28884、GB/T 8163、GB/T 3087 等国家标准的修订，致力突破中频热扩钢管工艺推广的标准瓶颈。2021 年 4 月，公司委托机械工业火电设备产品质量检测检验中心对核电用 TP316H ϕ813mm×18mm（径锻+热扩+冷拔）大直径无缝不锈钢管在 650℃、3000h 的平均断裂应力不小于 134MPa 的高温持久试验，试验结果一根试样 9162h，还有 2 根仍在试验中。事实证明中频热扩工艺是成熟稳定的，产品质量是安全可靠，毋庸置疑的。

德新钢管通过了 ISO 9001 质量管理体系认证、ISO 14001 环境管理体系认证、ISO 45001 职业健康安全管理体系认证、中石化易派客质量认证、美国石油协会 API 5L 认证、美国 ASME/ASTM 产品认证、欧盟压力设备指令 PED97/23/EC 认证、兴源认证等。

公司连续多年入围“中国石油和化工行业百佳供应商”，先后成为中石化合金钢管、碳钢管合格供应商，中国石油“能源一号网”会员单位，中国石油 A 类物资供应商，中海油一级会员供应商，中国石油化工工程研究会授予“合金钢管配送中心”。以及中煤、中化、华电、华能、中核和军队物资合格供应商，获得 ALSTOM、FLUOR、KNPC、巴西石化 CRCC、印度 BHEL、韩国三星重工、俄罗斯石油等海外石化、电力公司的资格认证。

德新钢管于 2021 年成为国家级高新技术企业，市级专精特新小巨人企业，公司先后获得 20 多项发明专利和实用新型专利，在各类专业杂志发表论文 20 余篇。长年来，公司以领先的热扩工艺和生产实践，为有关部门制定相关标准和特种设备制造许可规则提供了科学依据。

德新钢管自 2002 年成立以来，生产的大直径高端钢管在满足国内需求的基础上，先后为 32 个国家和地区 3000 多家用户提供了超百万吨热扩无缝钢管，实现了我国大直径高端钢管从过去依赖进口转变为批量出口“走出去”发展的战略格局。

2007 年为山东黄岛电厂 6 号发电机组提供的 P91 ID965×29 再热热段管道，已在役安全运行 15 年超过 10 万小时；

2008 年，德新为中海石油炼化有限责任公司惠州一期 200 万吨/年炼油项目提供的 P9、P22、P11、P5 等大直径合金无缝管满足了项目建设的需要，至今运行良好；

2017 年开始建设的浙江石化 4000 万吨炼化一体化项目，德新作为无缝钢管的主力供应商，累计为 78 台（套）炼化设备提供了各类管材 17 万余吨，其中热扩钢管近 3 万吨；

2019 年为中石化茂名石化、广州石化提供了 P5、P11、P9 牌号，1016mm×15. 88mm、914mm×14. 27mm、813mm×15. 88mm 规格的大直径中厚壁无缝钢管；

2021 年为盛虹炼化一体化项目提供了 P9 1016mm×15. 88mm，为中石油广州揭阳项目提供了 P5 牌号、914mm×12. 7mm 等大直径超薄壁无缝钢管；

德新冷拔的气瓶管产品畅销海内外，年出口创汇 2500 万美元；最近研发的 TP316H 牌号，813mm×18mm 规格的不锈钢管，进入了质量要求最高、准入门槛最严苛的军工核电行业。

“俊业修德”，修炼高品格，成就大事业，这是公司发展和企业文化的核心理念。

二十余年来，公司稳健发展，先后荣获江苏省优秀企业、中国优秀民营企业、江苏品牌大会 40 年品牌创新奖、长江品牌年度成就奖等荣誉，是无锡市中小企业副会长单位、锡商副理事长单位、无锡惠山经济技术开发区商会副会长单位、上海钢管行业协会轮值会长单位、江南大学董事会副董事长单位以及中国钢结构协会钢管分会理事单位。

公司创始人、董事长陈俊德先生2007年开始，在江南大学设立300万元“德新教育基金”，2018年又追加了1000万元，至今已累计颁发500多万元，近五百名师生受益，曾评为江南大学建校60周年优秀校友、无锡市改革开放40年优秀锡商、惠山区优秀企业家等荣誉。公司正在进行股份制改革，陈董立志带领员工早日实现“共同富裕”，承担更多的社会责任。

进入“十四五”时期，德新提出了“第三次创业”的目标：将以大直径无缝钢管的生产为基础，以高温供热管道的发展为契机，研发生产新型保温材料，生产超大直径、超远距离、超低耗损、超长寿命、智能化管理的长效保温管道，为加氢站提供储氢容器，为压缩空气储能项目提供储气容器和管道。力争经过3~5年的精耕，实现产值利润再翻番。

二、企业基本概况

企业名称	德新钢管（中国）有限公司				
地址	无锡市惠山区金惠路588号			邮编	214177
法人代表	陈俊德	电话	0510-82796601	电子邮箱	—
联系人	袁慧	电话	13814299396	联系人所在部门	商务中心
传真		0510-82796678	电子信箱	tube@dexintube. com	
企业成立时间		2002年	企业网址	www. dexintube. com	
企业性质		有限责任公司	钢管设计能力（万吨/年）	20	
企业员工人数（人）		221	其中：技术人员（人）	24	
钢管产量（万吨）	2020年	2021年	钢管出口量（万吨）	2020年	2021年
	13. 86	14. 31		1. 31	1. 54
销售收入（万元）	2020年	2021年	利润总额（万元）	2020年	2021年
	142000	150000		5500	5800

三、热轧无缝钢管生产工艺技术装备及产量情况

机组类型及型号		台套/条	产品规格范围（外径范围×壁厚范围）（mm）	设计产能（万吨）	投产时间（年）	实际产量（万吨）	
						2020年	2021年
热扩无缝钢管机组	ϕ200~1500mm液压二步推进扩管机	9	（325~1500）×（6~70）	13	2002	11. 32	11. 53
	合计	9	（325~1500）×（6~70）	13	2002	11. 32	11. 53

续表

机组类型及型号		台套/条	产品规格范围（外径范围×壁厚范围）（mm）	设计产能（万吨）	投产时间（年）	实际产量（万吨）	
						2020 年	2021 年
穿孔/冷拔/冷轧无缝钢管机组	液压式冷拔机（30t、250t、400t、500t、1000t、1600t）	6	（16.7~914）×（2.77~70）	5	2014	2.54	2.78
	合计	6	（16.7~914）×（2.77~70）	5	2014	2.54	2.78

四、企业无缝钢管主导产品

产品名称	规格范围（外径范围×壁厚范围）（mm）	执行/采用标准	实际产量（万吨）	
			2020 年	2021 年
管线管	（325~1219）×（9~25）	API 5L，GB/T 9711	0.16	0.15
流体管	（530~1219）×（9~50）	GB/T 8163	6.05	6.38
气瓶管	（200~850）×（4~40）	GB/T 28884，GB/T 18248，ASTM A519	2.10	2.21
高压锅炉管	（325~1219）×（6~65）	GB/T 5310	1.51	1.47
低中压锅炉管	（530~1219）×（9~30）	GB/T 3087，ASME A106	1.12	1.08
结构管	（530~1219）×（9~45）	GB/T 8162	0.35	0.38
三化用管	（325~1320）×（6~40）	GB/T 9948，GB/T 6479，ASME A335，ASME A106	1.73	1.86
低温管	（325~1219）×（6~30）	ASME A333	0.80	0.73
无缝不锈管	（600~1148）×（10~40）	GB/T 14976，GB/T 24512，ASME A312	0.04	0.05

10　山东磐金钢管制造有限公司

一、企业简介

山东磐金钢管制造有限公司成立于 2017 年，注册资本 6 亿元，法人代表杜文芝，现拥有员工 1800 余人。公司位于山东省寿光市侯镇，北距羊口港、潍坊港 20km，距离荣乌高速路口 5km，地理位置优越，交通运输便利。拥有从原材料、电炉炼钢、锻造加工、坯料供应到管材产品的全流程产业链优势。

公司主要装备六条现代化连轧制管生产线，其中 ϕ159mm 二辊连轧线两条，ϕ180mm

三辊连轧线两条，ϕ273mm 三辊连轧线两条，年生产热轧管能力 300 万吨。主要产品有结构钢管、输送流体管、高低压锅炉管、石油套管和管线用钢管等，可生产 ϕ(32～356)×(3.5～40)mm 范围内的高质量无缝管。

公司先后通过 ISO 9001 质量管理体系、ISO 14001 环境管理体系、ISO 45001 职业健康安全管理体系、ISO 50001 能源管理体系、GB/T 23001 两化融合管理体系认证，获得全国优质民营无缝钢管企业、十大民营优质品牌企业、全国钢管行业质量领先企业等多项荣誉称号，2018 年、2020 年分别入选潍坊市新旧动能转换及“四个城市”建设优选项目、潍坊市智能制造试点示范项目。

二、企业基本概况

企业名称	山东磐金钢管制造有限公司				
地址	寿光市侯镇政府驻地昌达路西侧			邮编	262724
法人代表	杜文芝	电话	—	电子邮箱	—
联系人	杨强	电话	15763669687	联系人所在部门	公司办公室
传真		0536-5366889	电子信箱	admin@sdpanjin. com	
企业成立时间		2017 年 3 月	企业网址	http://www. sdpanjin. com/	
企业性质		民营	钢管设计能力（万吨/年）	300	
企业员工人数（人）		1884	其中：技术人员（人）	412	
钢管产量（万吨）	2020 年	2021 年	钢管出口量（万吨）	2020 年	2021 年
	192.5	248		40.5	—
销售收入（万元）	2020 年	2021 年	利润总额（万元）	2020 年	2021 年
	825115	1420553		—	—

三、热轧无缝钢管生产工艺技术装备及产量情况

机组类型及型号		台套/条	产品规格范围（外径范围×壁厚范围）（mm）	设计产能（万吨）	投产时间（年）	实际产量（万吨）	
						2020 年	2021 年
热轧无缝钢管机组	159 线（6 机架二辊式连轧机）	2	（48～108）×（3.5～10）	60	2018	62.5	72.1
	180 线（6 机架三辊式连轧机）	2	（108～180）×（4～14）	100	2019	75.7	96.0
	273 线（5 机架三辊式连轧机）	2	（194～356）×（6～18）	140	2019	54.3	79.9
	合计	6	（48～356）×（3.5～18）	300		192.5	248.0

四、企业无缝钢管主导产品

产品名称	规格范围（外径范围×壁厚范围）（mm）	执行/采用标准	实际产量（万吨）	
			2020 年	2021 年
流体管	（48~356）×（3.5~18）	GB/T 8163—2018	192.5	248.0

11 浙江久立特材科技股份有限公司

一、企业简介

浙江久立特材科技股份有限公司（原浙江久立不锈钢管股份有限公司）创建于 1987 年，现为高新技术企业。公司既有不锈钢无缝管生产线，又有大、中、小焊接管生产线，是国内为数不多的品种齐、规格全的工业用不锈钢管专业生产企业。

可生产规格为 $\phi(6\sim219)\times(0.5\sim12)$ mm 的无缝钢管和 $\phi(8\sim2400)\times(0.5\sim25)$ mm 的焊接钢管。生产的钢号主要为：304/304L/304H，316/316L，321H，347H，317/317L，310S，铁素体-奥氏体双相不锈钢（1805，S31803/S32205，2304 等），KY704 浓硝酸用钢以及各种难变形的合金钢管及异形材等。

公司于 1997 年初获得 ISO 9002：94 质量认证，并于 2001 年成功升级为 2000 版，质保体系完善。公司检测中心拥有直读光谱仪、涡流探伤、超声探伤、低温冲击试验、水压试验机等先进的检测设备 30 余台（套），从原材料到生产工艺再到检验检测方法都进行严格、有效的控制。产品可按 GB、HG、SH、ASTM/ASME、JIS、DIN 等标准组织生产。从 1999 年以来，公司先后获得 CCS 中国船级社、GL 德国劳氏船级社、DNV 挪威船级社认证、BV 法国船级社认证、ABS 美国船级社工厂认可证书以及 PED97/23/EC 欧盟承压设备指令认证和全国特种设备制造许可证（压力管道）证书等。

依靠过硬的产品质量和优质服务，公司成为中国石油化工装备总公司定点供应单位、中国石油天然气集团总公司（北方公司）的一级供应网络成员单位，也是美国 GE（通用电气）、法国巴斯夫、拜尔、日本东洋工程公司、巴西国家石油公司（PetroBras）等世界企业的合格供应商，与国内石油、化工、造纸、电站、锅炉、造船、机械、制药等行业中的扬子石化、上海石化、仪征化纤、镇海炼化、淮南化工总厂、安徽丰原生化、秦山核电站、南化集团、吉化集团、巨化集团、华北制药、广州重型机械厂、江南造船厂、四川火炬厂、广州威达高纸业、岳阳纸业等 1000 多家大型企业建立了长期、稳定的合作关系，产品应用在南京扬子巴斯夫一体化工程（60 万吨乙烯）、上海赛科 90 万吨乙烯裂解联合装置、西气东输等上百个国家重点项目，还出口到美国、加拿大、巴西、德国、英国、瑞士、意大利、西班牙、南非、中东等海外市场。

二、企业基本概况

<table>
<tr><td>企业名称</td><td colspan="5">浙江久立特材科技股份有限公司</td></tr>
<tr><td>地址</td><td colspan="3">浙江省湖州市吴兴区中兴大道 1899 号</td><td>邮编</td><td>313028</td></tr>
<tr><td>法人代表</td><td>李郑周</td><td>电话</td><td>—</td><td>电子邮箱</td><td>—</td></tr>
<tr><td colspan="2">传真</td><td>0572-2539000</td><td>电子信箱</td><td colspan="2">info@jiuli. com</td></tr>
<tr><td colspan="2">企业成立时间</td><td>1987 年</td><td>企业网址</td><td colspan="2">www. jiuli. com</td></tr>
<tr><td colspan="2">企业性质</td><td>制造业</td><td>钢管设计能力（万吨/年）</td><td colspan="2">17</td></tr>
<tr><td colspan="2">企业员工人数（人）</td><td>3000</td><td>其中：技术人员（人）</td><td colspan="2">324</td></tr>
<tr><td rowspan="2">钢管产量（万吨）</td><td>2020 年</td><td>2021 年</td><td rowspan="2">钢管出口量（万吨）</td><td>2020 年</td><td>2021 年</td></tr>
<tr><td>4. 96+5. 93（焊管）</td><td>5. 56+6. 28（焊管）</td><td>4. 6</td><td>—</td></tr>
<tr><td rowspan="2">销售收入（亿元）</td><td>2020 年</td><td>2021 年</td><td rowspan="2">利润总额（亿元）</td><td>2020 年</td><td>2021 年</td></tr>
<tr><td>49. 55（包括焊管）</td><td>59. 74（包括焊管）</td><td>—</td><td>—</td></tr>
</table>

三、企业无缝钢管主导产品

产品名称	规格范围（外径范围×壁厚范围）（mm）	执行/采用标准
油井管（含油、套、钻管）	（73~219）×（5~16）	国标、美标、欧标、日标、企标等
管线管	（3~914）×（0. 3~65）	国标、美标、欧标、日标、企标等
流体管	（3~914）×（0. 3~65）	国标、美标、欧标、日标、企标等
高压锅炉管	（60~219）×（5~20）	国标、美标、欧标、日标、企标等
低中压锅炉管	（60~219）×（5~20）	国标、美标、欧标、日标、企标等
液压支柱管	（3~44）×（0. 3~4）	国标、美标、欧标、日标、企标等
汽车用管（含车桥管、半轴套管等）	（3~44）×（0. 3~4）	国标、美标、欧标、日标、企标等
三化用管	（3~914）×（0. 3~65）	国标、美标、欧标、日标、企标等
低温管	（3~914）×（0. 3~65）	国标、美标、欧标、日标、企标等

12　上上德盛集团股份有限公司

一、企业简介

上上德盛集团股份有限公司成立于 2001 年，是由上海上上不锈钢管有限公司发展而来，2019 年兼并吸收了上海上上不锈钢管有限公司、浙江上上不锈钢管有限公司、松阳上上德盛不锈钢有限公司。公司总占地面积 134 余亩。

公司响应国家 2025 制造强国发展战略是由传统的生产制造方式提升到智能制造，又进一步提升到网络数字工厂制造；是一家专业生产制造高品质、高合金、特殊要求的承压不锈钢无缝管、焊管及不锈钢管件的生产厂商；是一家国际首创制造生产不锈钢管并达到污水零排放的绿色环保工厂。

企业原材料主要来源太钢、永兴、华新丽华、上钢五厂等国内优秀企业，产品主要销往国内外化工、石油、核电站、航空航天、(有无）轨道车辆、承压设备制造企业等领域。

公司董事长季学文先生一生立足不锈钢管生产制造、研究、实践，他把 50 年（代）前的生产设备和生产制造方式改变成为具有超时代的网络协同（制）智造设备和生产经营方式。

公司董事长季学文先生的经营理念是："不能把一支不合格的钢管卖给客户，否则您会受到道德与良心的谴责!"

经过董事长季学文先生和全体员工的不懈努力，实现了传统制造向智能制造数字工厂的转变，2019 年成为国内首家生产制造不锈钢管零排放的绿色环保企业。

公司总裁严冬云女士是国外高端顶级企业培养出来的精英，她把公司落后的经营管理模式打造成为具有国际领先水平的不锈钢管两化融合生产示范基地，她指导的研发团队引入德国 RFID 无线射频和条形码技术，综合 MES、ERP、WMS 及 OA、QIS、CQA 多项系统与公司阿季云物联网平台链接，使办公人员通过电脑或者手机直接指挥销售、生产、质检、出库发货，使客户能通过手机参与、指导及体验制造产品全部过程。

经她开发的 EHS 安全生产系统，使重工业企业安全事故直降到零点，此项科研技术得到了工信部高度赞扬，正在向国内外制造型企业推广。

公司在各级政府的关怀下，得到了长足发展。取得了世界顶级 ABS、DNV \GL、LR、TS 等 14 家公司的工厂形式检验和产品认可；

取得了国内高级认证公司 ISO 9001、OHSAS18001、ISO 14001 等 7 家体系认证；

编制和参与制定及发布国家标准 10 个，编制和发布团体标准 2 个；

获得国家专利 81 项（发明 10 项，实用新型 71 项）；

获得计算机软件著作权 7 项；

获得国内著名商标 4 个；

获得国家高新技术企业认证、两化融合管理体系贯标试点企业认证，成立院士专家工作站；被浙江省授予两化融合管理示范企业、企业新材料研究院、企业研究开发中心、省级技术中心、数字化车间智能工厂等 20 项资质和荣誉。

公司拥有国际先进水平的生产设备和检测设备，主要配备：全自动和半自动新型一拉六的冷拔机 18 台、智能冷轧管机 16 台、全自动天然气加热电脑控制喷嘴的固溶炉 3 台、酸液密封自动循环冲洗池 10 个、最大焊接壁厚达 50mm 的离线自动焊机 8 台、最大工作壁厚达 40mm 的压力达 3600t 的折弯机 2 台、智能液压剪切机 2 台、卷管机 3 台、刨边机 7

台等，最大切割厚度 50mm 的水下等离子切割机 1 台等；并拥有德国斯派克直读光谱仪 1 台，日本岛津 PDA5500 Ⅱ 直读光谱仪 1 台，SHT60 吨微机控制液压万能材料试验机，CMT30 吨微机控制电子万能试验机，德国蔡司大型照相金相显微镜，ETS-UTL 涡流探伤、超声探伤、壁厚检测一体机 3 套，ETS-57 与 ETL-219 涡流探伤线各 3 套，ETS273-610 涡流探伤槽 1 套，UTL108 超声螺旋式探伤线 1 套，UTS168-610 超声探伤水槽 1 套，X 射线实时成像探伤线 2 套，美国 Niton 公司手提合金成像分析仪 2 台，上海光学仪器厂手提光谱分析仪 4 台，水压机 3 台，可试验最大 ϕ1219mm、20MPa 等现代化检测设备，产品严格按国家标准组织生产。

我公司主要生产奥氏体不锈钢、双相不锈钢、铁镍基合金（及非标）无缝和焊接钢管，年生产能力达到 50000t 以上，其中，高新产品、特种设备压力管道产品、轨道交通车辆制动油路用无缝管、化工管道、核电站（安全外壳）用不锈钢管占比 50%以上。

公司本着“国内领先，世界一流”的奋斗目标，追求卓越的产品质量，为客户提供最优质的服务，将完成智能制造向无人工厂转变，成为行业内领军型科技企业。

运营中心地址：上海市嘉定区叶城路 1118 号；邮编：201821；电话：021-69176628，021-69170820，021-69170033；传真：021-69176868，021-69176910；邮箱：sss@shangshang. sh. cn。

生产基地地址：浙江省丽水市松阳县叶村江南工业区松青路 6 号；邮编：323400；电话：0578-8808973，0578-8808965。

二、企业基本概况

企业名称	上上德盛集团股份有限公司				
地址	浙江省丽水市松阳县叶村江南工业区松青路 6 号			邮编	323400
法人代表	严冬云	电话	18918317317	电子邮箱	—
联系人	余炳华	电话	18268926080	联系人所在部门	技术部
企业成立时间		2001 年	电子信箱	sss@shangshang. sh. cn	
企业性质		民营	钢管设计能力（万吨/年）	10000	
企业员工人数（人）		383	其中：技术人员（人）	63	
钢管产量（万吨）	2020 年	2021 年	钢管出口量（万吨）	2020 年	2021 年
	1. 4320	1. 9000		0. 0010	0. 0057
销售收入（万元）	2020 年	2021 年	利润总额（万元）	2020 年	2021 年
	44395	59335		—	—

三、生产工艺技术装备及产量情况

机组类型及型号		台套/条	产品规格范围（外径范围×壁厚范围）（mm）	设计产能（万吨）	投产时间（年）	实际产量（万吨）	
						2020 年	2021 年
穿孔/冷拔/冷轧无缝钢管机组	LG-220H	1	（219~273）×（2~10）	0.45	2014	0.0123	0.0237
	LG-120H	1	（108~168）×（2~6）	0.25	2014	0.6253	0.8320
	LG-110H	1	（89~133）×（2~6）	0.18	2014	0.0320	0.0653
	LG-180H	1	（159~219）×（2~8）	0.38	2018	0.6376	0.9640
	LG-60H	12	（38~89）×（1~4）	1.17	2014	0.7431	0.9045
	4 寸拉床	4	（14~38）×（1~4）	0.3	2014	0.0320	0.0070
	6 寸拉床	3	（25~57）×（2~6）	0.3	2014	0.4713	0.6050
	8 寸拉床	2	（57~140）×（2~12）	0.37	2014	0.0193	0.0745
	10 寸拉床	2	（89~219）×（4~16）	0.6	2014	0.1143	0.1254
	12 寸拉床	2	（89~219）×（4~20）	0.52	2014	0.0003	0.0020
	14 寸拉床	2	（219~426）×（4~30）	0.67	2014	0.0120	0.0121
	一拉三	1	（32~38）×（2~6）	0.5	2018	0.0045	0.0050
	300t 液压拉床	1	（219~610）×（2~30）	0.4	2018	0.1243	0.1783
	600t 液压拉床	1	（325~610）×（2~30）	0.5	2018	0.0360	0.0011
	合计	34		6.59		14320	19000

四、企业无缝钢管主导产品

产品名称	规格范围（外径范围×壁厚范围）（mm）	执行/采用标准	实际产量（万吨）	
			2020 年	2021 年
管线管	（10~710）×30	GB/T 14976 GB/T 14975	0.0123	0.0237
流体管	（10~710）×30	GB/T 14976	0.6253	0.8320
气瓶管	（10~710）×30	GB 5310	0.0320	0.0653
高压锅炉管	（10~710）×30	GB 5310	0.7431	0.9045
结构管	（10~710）×30	GB/T 14976	0.0193	0.0745
022Cr19Ni10（304L）	（10~710）×30	GB/T 14976	0.6376	0.9640
06Cr25Ni20（310S）	（10~530）×20	GB 5310	0.0320	0.0070
022Cr17Ni12Mo2（316L）	（10~710）×30	GB 5310	0.4713	0.6050
022Cr19Ni13Mo3（317L）	（25~219）×12	GB/T 14976	0.0360	0.0011
06Cr18Ni11Ti（321）	（14~73）×14	GB/T 14976	0.1143	0.1254
022Cr19Ni5Mo3Si2N（2205）	（32~325）×17	ASTM A240/A240M	0.0003	0.0020
00Cr25Ni7Mo4N（2507）	（25~325）×17	ASTM A240/A240M	0.0120	0.0121

续表

产品名称	规格范围（外径范围×壁厚范围）（mm）	执行/采用标准	实际产量（万吨）	
			2020 年	2021 年
00Cr24Ni22Mo7Mn3CuN（654 SMO）	（25～325）×20	GB 5310	0. 0045	0. 0050
20Cr-25Ni-6Mo-1Cu-0. 2N（UNS No8367）	（32～325）×17	ASTM A240	0. 1243	0. 1783
00Cr20Ni25Mo4. 5Cu（904L）	25. 3×2. 5	GB/T 14976 GB 5310	0. 0007， 研发工艺	0. 0025
Ni68Cu28Fe（Monel 400）	25. 3×2. 5	GB/T 14976 GB 5310	0. 0003， 研发工艺	0. 0015

13　上海天阳钢管有限公司

一、企业简介

上海天阳钢管有限公司是专业生产 EN/ASTM/DIN 系列高精度精密钢管的现代化企业。2009 年荣获“上海市名牌产品”称号及“上海市高新技术企业”荣誉，2011 年荣获“上海市奉贤区区长质量奖”及华东四省一市“质量工作先进单位”企业，2013 年荣获“上海市著名商标”、国家级“守合同、重信用”企业荣誉。

公司总部坐落于上海奉贤的一条林荫蔽日，夏天里给人阵阵凉意的道路边。工厂内，草石上群鸽翔集，孔雀悠闲踱步；办公楼一角，恰到好处地砌着一座水池，池中锦鱼游弋；一条小河如拥，恰似柔媚围脖，飘逸婀娜。天阳钢管，就是这样一个花园工厂。

公司最大的财富是拥有一支具备良好学术修养及专业经验丰富的管理、技术队伍和富有朝气、敬业团结的员工。凭着对知识的尊重，对人才的需要，公司几年来招聘、培训、引进了各级人才。现公司员工总数 300 余人，其中管理人员 21 人，研发人员 27 人。通过新员工入职教育和多年的企业文化熏陶，我们已经形成了“必须永远保持进取和开放心态，使每个天阳人都成为公司的最佳形象代表”的员工理念；“让顾客随心挑选，让我们用心制造”的顾客与产品理念；“对自己负责、对企业负责、对社会负责”的责任理念以及“信守承诺、没有借口、绝对服从、永不言败”的天阳“海啸作风”。

公司拥有 3 个厂区，总占地面积约 8 万平方米，拥有年产 6 万吨高精度精密无缝钢管、8 万吨国际品质聚合管和复合管的生产能力。除了位于上海奉贤钱桥金钱公路的天阳钢管总部外，其他 2 个厂区分别是：2008 年正式成立的浙江天阳钢管有限公司，已于 2012 年正式投入运营。浙江天阳钢管是座具备自行供给精密碳钢管、不锈钢管并进行不锈钢复合换热管和复合管生产能力的高品质制造工厂。2009 年，收购并建设了上海天阳钢管南厂区，距公司总部2.4公里，经过一番整修后焕然一新。南厂区的精密不锈钢管生产流水线和先进的钢管深加工中心，将显著提高我们的不锈钢管供应能力和钢管延伸加工服务能力。

此外，我们为了更好地给国外客户提供本土化服务和技术支持，在德国杜塞尔多夫设立了销售分公司：德国帝艾克工业有限公司。公司拥有完整、有效的质量管理和质量保证体系，先后通过 ISO 9001：2008 质量管理体系认证、AS 91000 航空航天质量管理体系、国家特种设备制造许可证（压力管道 A2 级）、欧盟 PED97/23/EC 认证、ISO/TS 16949：2009 汽车及零部件管理体系认证，ISO 14001：2004 环境管理体系认证、OHSAS 18001：2001 职业健康安全管理体系认证以及各国船级社认证。

2011 年 8 月，在瑞士 SGS 认证公司的监督审核下，我们顺利取得了 ISO 14064-1：2006 国际标准之温室气体管理检验证书。现在的天阳钢管以“花园工厂”著称。

公司制造的无缝钢管是以欧洲 EN10305（德国 DIN2391）、美国 ASTM269 系列标准、日本 JIS 系列标准为生产的基本标准，选用上海宝钢生产的优质热轧无缝钢管 E235、E255、E355、304、316/316L 等为坯料，在此基础上再配合我公司独特的钢管制造加工工艺，精拔或精轧而成。我们生产的钢管的显著特点是高精度、高光洁度。由于采用特殊的无氧化光亮热处理工艺 NBK，钢管热处理后内外壁不产生氧化层，钢管内外壁清洁度高，钢管的机械工艺性能极佳，钢管能在多种使用环境下承受高压无泄漏，冷弯不变形，扩口、压扁无裂缝，在尺寸精度和表面光洁度指标上均超过欧洲 EN 系列标准、美国 ASTM 系列标准和日本 JIS 系列标准，产品质量可与德国、美国、日本同类产品相媲美。

2013 年我们正式向市场推出独立研发的全新产品：碳钢/不锈钢聚合无缝钢管（简称聚合管），是一种以高精度碳钢无缝钢管为基础材料，不锈钢无缝钢管作为抗腐蚀功能材料，采用 3D 冷聚合材料将两种不同材质的无缝钢管以内外管的形式聚合在一起的新型无缝钢管。聚合管同时具备碳钢的良好机械性能、韧性和不锈钢的耐腐蚀性，能满足对无缝钢管的耐压、耐用、防腐和性价比的全方位最高要求。一经推出就得到了市场的极大欢迎。

目前公司生产的各系列精密钢管完全可以替代同标准进口钢管，主要应用于液压系统配管、汽车制造及生产线配管、军工、工程机械、铁路机车、航空航天、船舶及海洋工程、注塑机、机床及锻压设备、柴油机、能源化工、造纸机械、风电、锅炉、热交换器等各行各业。

公司用户遍及中国、德国、韩国、日本、希腊、英国、埃及、南非、土耳其、新加坡、西班牙、伊朗、荷兰、芬兰、阿联酋、瑞士、立陶宛、波兰、印度、印尼、智利、意大利、美国、加拿大、香港、台湾等三十几个国家和地区。代表客户有三一集团、美国派克、中国中铁、中联重科、瑞典沃尔沃、德国奔驰、美国通用汽车、中国重汽、上海商飞、济南二机床、中国北车、大连船舶、中国海洋石油等。

目前，公司在取得一定成绩的同时，仍不断致力于提高质量管理，深入贯彻国际盛行的卓越绩效管理体系，大力倡导“一次做对”“精益生产”“日事日毕，日清日高”和 8S 现场管理方法，以及“薪资的获得源于客户的满意”和“销售人员是客户在公司内部代表”的用户服务理念，持续提高公司综合管理成熟度。

公司为科研项目、新技术、新产品和新工艺的研发制定专项预算，并投入大量资金购置进口直读光谱仪、钢管爆破压力测试机、粗糙度测量仪、金属微观组织电子显微镜等先进的检测设备，公司检测中心正积极申请国家实验室认证。

2011 年，我们在全面进行 SWOT 分析的基础上，秉持着“打造精品，创新发展，提升天阳钢管综合竞争力和公司全球行业地位”的总体战略，制定了 2011—2015 年新一轮五年发展战略规划，具体归纳为：“全球样板工厂”“创新发展”和“钢管延伸产品”。

公司自开业以来，天阳人以“一心一意做钢管，聚精会神铸精品”的竞争战略，以年均增长 75%的速度，蓬勃健康发展。如今公司将进一步立足创新，发展精品，持续提升钢管主营产品竞争力，努力推动新一轮战略规划实施，实现天阳钢管的跨越式发展。

二、企业基本概况

企业名称	上海天阳钢管有限公司				
地址	上海奉贤区金钱公路 4638 号			邮编	201400
法人代表	何建忠	电话	13524647147	电子邮箱	—
联系人	徐青	电话	13774261254	联系人所在部门	总经办
传真		021-57590221	电子信箱	1617286542@qq. com	
企业成立时间		2001 年 1 月	企业网址	www. tygg-group. com	
企业性质		民营企业	钢管设计能力（万吨/年）	8	
企业员工人数（人）		180	其中：技术人员（人）	27	
钢管产量（万吨）	2020 年	2021 年	钢管出口量（万吨）	2020 年	2021 年
	0. 9	1		0. 05	0. 05
销售收入（万元）	2020 年	2021 年	利润总额（万元）	2020 年	2021 年
	11000	13000		—	—

三、热轧无缝钢管生产工艺技术装备及产量情况

机组类型及型号		台套/条	产品规格范围（外径范围×壁厚范围）（mm）	设计产能（万吨）	投产时间（年）	实际产量（万吨）	
						2020 年	2021 年
穿孔/冷拔/冷轧无缝钢管机组	3t	3	（4～10）×（0. 5～4）	0. 8	2010	0. 9	1
	5t	10	（10～25）×（0. 5～10）	0. 6	2010		
	10t	3	（15～40）×（1～8）	0. 8	2009		
	20t	1	（20～60）×（1～8）	0. 9	2009		
	25t	3	（30～70）×（1～10）	1. 2	2009		
	60t	1	（30～100）×（1～15）	0. 8	2009		
	100t	1	（60～170）×（2～20）	1. 2	2009		
	200t	1	（130～300）×（4～20）	1. 4	2009		
	合计					0. 9	1

四、企业无缝钢管主导产品

产品名称	规格范围（外径范围×壁厚范围）（mm）	执行/采用标准	实际产量（万吨）	
			2020 年	2021 年
流体管	（4~300）×（0.5~20）	DIN2391-94/C	0.4	0.4
工程机械管（含臂架管、旋挖机用管等）	（4~168）×（11~15）	DIN2391-94/C	0.4	0.5
汽车用管（含车桥管、半轴套管等）	（4~100）×（0.5~10）	DIN2391-94/C	0.05	0.05
其他（注明产品名称）	（4~300）×（0.5~20）	DIN2391-94/C	0.05	0.05

14　磐石铸诚无缝钢管有限公司

一、企业简介

磐石铸诚无缝钢管有限公司成立于 2016 年 9 月，是全员参股有限公司。铸诚公司注册资金 5000 万元，从业人数 406 人。

公司有两条热轧无缝钢管生产线，十条（20~120t）冷拔无缝钢管生产线。有 Accu-Roll、ϕ100mm、ϕ90mm 机组各一套，产品规格包括：外径 ϕ12~219mm，壁厚 2.0~30mm，涵盖 33Mn2V、36Mn2V、35CrMo、37Mn5、08Al、45Mn2、27SiMn、16Mn、Cr5Mo、10#、20#、35#、45#等钢种，装备能力年产 25 万吨。同时，拥有自己的研发团队和现代化的检验检测手段，通过了 HSE 认证、ISO 9000 系列认证，具有完备的质量保证能力。

2017 年 8 月 16 日，成立精密钢管及冷拉型钢制造技术研发基地，为铸诚公司的永续发展提供了动力。2021 年，公司被省高新技术企业认定管理机构评定为“高新技术企业”，颁发“高新技术企业证书”。2021 年 7 月 30 日，公司通过省级绿色制造示范项目单位，被评为省级“绿色工厂”。

在同质化竞争激烈的背景下，公司通过技术提升，结构调整，品种优化，质量提高等举措，全力推进了产品技术专利的申报，产权保护开先河。2021 年“一种钢管冷拔机模具调节装置”等 14 项专利，被授予专利权。

公司生产的无缝钢管产品广泛应用于石油、煤炭、天然气、锅炉、船舶、汽车等各行业。

公司将以“员工股东和谐富足、安全质量责任永恒、健康环境创新无限”为宗旨，以“建设精品基地，做强钢管主业，跻身上市行列，感恩回馈社会”为愿景目标，与广大合作伙伴真诚携手、务实合作，谱写新篇章，铸就新辉煌。

二、企业基本概况

企业名称	磐石铸诚无缝钢管有限公司				
地址	吉林省磐石市烟筒山镇红星街			邮编	132329
法人代表	柴文军	电话	13804442997	电子邮箱	—
联系人	孔祥春	电话	13634423677	联系人所在部门	技术质量部
传真		0432-65816254	电子信箱	14743773778@163.com	
企业成立时间		1969 年 9 月 14 日	企业网址	—	
企业性质		民营企业	钢管设计能力（万吨/年）	38	
企业员工人数（人）		406	其中：技术人员（人）	40	
钢管产量（万吨）	2020 年	2021 年	钢管出口量（万吨）	2020 年	2021 年
	12.9	12.65		—	—
销售收入（万元）	2020 年	2021 年	利润总额（万元）	2020 年	2021 年
	61575	78462		—	—

三、热轧无缝钢管生产工艺技术装备及产量情况

机组类型及型号		台套/条	产品规格范围（外径范围×壁厚范围）（mm）	设计产能（万吨）	投产时间（年）	实际产量（万吨）	
						2020 年	2021 年
热轧无缝钢管机组	ϕ100 Accu-Roll 轧管机组	1	(76~219) × (4~30)	11	2006	4.94	5.27
	ϕ90 Accu-Roll 轧管机组	1	(60~133) × (4~15)	6	2009	4.16	3.16
	合计	2	(60~219) × (4~30)	17			
穿孔/冷拔/冷轧无缝钢管机组	链式拔管机	10	(12~114) × (2~15)	8	1971	2.9	4.22
	合计	10				12.9	12.65

四、企业无缝钢管主导产品

产品名称	规格范围（外径范围×壁厚范围）（mm）	执行/采用标准	实际产量（万吨）	
			2020 年	2021 年
油井管（含油、套、钻管）	(45~139.7) × (3.68~7.72)	API 5CT	4.12	0.79
管线管	(22~168) × (3~10)	GB/T 9711—2017	1.47	2.45

续表

产品名称	规格范围（外径范围×壁厚范围）（mm）	执行/采用标准	实际产量（万吨）	
			2020 年	2021 年
流体管	（14~175）×（2~20）	GB/T 8163—2018	4.27	6.45
高压锅炉管	（18~180）×（3~16）	GB/T 5310—2017	0.28	0.12
低中压锅炉管	（18~159）×（3~10）	GB/T 3087—2017	0.59	1.32
结构管	（16~168）×（1.65~20）	GB/T 8162—2018	0.16	0.36
液压支柱管	（95~114）×（7~9）	GB/T 17396—2009	0.20	0.11
汽车用管（含车桥管、半轴套管等）	25×（4~80）×（3~12）	GB/T 8162—2018	0.61	0.67
三化用管	（21~168）×（2.5~12）	GB/T 9948—2013 GB/T 6479—2013	0.1	0.17
低温管	（32~89）×（2.5~4.5）	GB/T 18984—2016	0.20	0.21

15　邯郸新兴特种管材有限公司

一、企业简介

邯郸新兴特种管材有限公司（以下简称公司）是新兴铸管股份有限公司“十三五”产品结构调整、转型升级的重点建设项目之一，位于河北省邯郸市冀南新区，2011 年建厂，注册资金 40000 万元，占地面积 554000m^2，公司建设了 6300T（63MN）卧式挤压机生产线、配套冷轧冷拔生产线及热处理生产线。

公司现有员工 500 人，其中技术人员 66 人。

公司主业为特种管材产品、特种钢异型材产品的研发、生产和销售，产品有满足欧盟、美标及国标要求的高压锅炉用不锈钢管、化工用镍基合金管、石油天然气输送用复合双金属管、汽车用异型材、核电用异型材、航空用高温合金、武器装备用异型材等。现部分产品已完全替代进口，达到国际先进水平，覆盖了大部分化工、锅炉、核电等龙头企业。

公司经过多年持续发展，已成为研发、制造、销售于一体的特种管材和异型材生产基地，现已成为中国航发、中航工业、航天科工、中船重工、中核、中广核、国电投、东锅、哈锅、上锅、中国中车、中石化、中海油、中国一重等企业的优质供应商。

公司产品销往东南亚、北美、欧洲、西亚等多个地区，与 PDO、哈里伯顿、斯伦贝谢、贝克休斯、印尼国家石油公司等国外客户也建立了合作关系。

公司具备完整的质量资质认证，从特种设备、航空航天、军工、汽车、石油机械化工、造船等多个领域，到国内外必备的产品认证，门类齐全，优势明显。公司获得了国家特种设备制造生产许可证（压力管道元件）、API Spec Q1 质量体系认证证书、AS9100 航空质量体系认证证书、质量管理体系认证证书及中国、美国、英国、挪威船级社工厂认可。

二、企业基本概况

企业名称	邯郸新兴特种管材有限公司				
地址	邯郸市冀南新区新兴大街 1 号			邮编	056046
法人代表	高玉光	电话	13333103558	电子邮箱	—
联系人	高正磊	电话	18131031932	联系人所在部门	研发中心
传真		0310-5799323	电子信箱	769082765@qq. com	
企业成立时间		2011 年	企业网址	http://www. xinxing-pipes. com	
企业性质		国有企业	钢管设计能力（万吨/年）	4	
企业员工人数（人）		500	其中：技术人员（人）	66	
钢管产量（万吨）	2020 年	2021 年	钢管出口量（万吨）	2020 年	2021 年
	0. 7	1. 2		0. 23	0. 35
销售收入（万元）	2020 年	2021 年	企业利润（万元）	2020 年	2021 年
	13491	16020		—	—

三、热轧无缝钢管生产工艺技术装备及产量情况

机组类型及型号		台套/条	产品规格范围（外径范围×壁厚范围）（mm）	设计产能（万吨）	投产时间（年）	实际产量（万吨）	
						2020 年	2021 年
热轧无缝钢管机组	63MN 挤压生产线	1	（48～325）×（4. 5～55）	2	2011	0. 4	0. 6
	合计	1	（48～325）×（4. 5～55）	2	2011	0. 4	0. 6
穿孔/冷拔/冷轧无缝钢管机组	ϕ280mm 冷轧机组	1	（133～280）×（12～40）	0. 5	2011	0. 01	0. 07
	ϕ150mm 冷轧机组	1	（70～168）×（3～28）	0. 2	2012	0. 01	0. 03
	ϕ110mm 冷轧机组	1	（51～140）×（2. 5～18）	0. 3	2013	0. 03	0. 05
	ϕ90mm 冷轧机组	1	（60～133）×（1. 5～18）	0. 3	2014	0. 05	0. 1
	ϕ60mm 冷轧机组	3	（25～60）×（1. 5～12）	0. 3	2015	0. 1	0. 15
	ϕ30mm 冷轧机组	7	（16～45）×（0. 5～8）	0. 5	2016	0. 1	0. 2
	10t 冷拔机	2	12～35		2017	—	—
	20t 冷拔机	2	20～63		2018	—	—
	45t 冷拔机	1	45～80		2019	—	—
	60t 冷拔机	1	60～114		2020	—	—
	80t 冷拔机	1	60. 3～133		2021	—	—
	200t 冷拔机	1	159～480		2022	—	—
	合计	22		2. 1		0. 3	0. 6

16　靖江特殊钢有限公司

一、企业简介

靖江特殊钢有限公司（简称靖江特钢）隶属于中信泰富特钢集团股份有限公司。位于江苏省靖江市国家级经济技术开发区，占地面积3300亩，依托长江黄金水道，拥有临江近海的长江内河码头，水陆交通便捷，地理位置优越。

靖江特钢具备年产60万吨无缝钢管和70万吨棒材的配套产能。建有超高功率电炉炼钢、连铸方坯和圆坯生产线，合金棒材热轧生产线，代表了当今无缝钢管生产工艺技术最先进水平的德国西马克米尔ϕ258mm PQF三辊连轧管热轧生产线，钢管深加工生产线（钢管热处理、螺纹加工），仓储物流中心等。

靖江特钢主要钢管品种涵盖油套管、管线管、气瓶管、工程机械用管、锅炉管、气密封特殊螺纹接头、深海管线、超深井、热采井、高抗腐蚀、高强高韧、海工结构管等。棒材产品涵盖轴承钢、管坯钢、齿轮钢、工模具钢、合金钢、优碳钢、弹簧钢、锚链钢、不锈钢、纯钛、钛合金、气阀钢及方钢等多种高附加值的特钢棒材和高钢级无缝钢管管坯等，气瓶管销量居全国第一。

靖江特钢拥有泰州市级石油天然气专用无缝钢管工程技术研究中心，并获得中国合格评定国家认可委员会（CNAS）能力认可，多次承担国家重要课题及行业标准的制定。

靖江特钢先后荣获全国质量诚信标杆企业、江苏省工业企业质量信用AA级企业、江苏省绿色企业、江苏省健康企业、泰州工业“十佳百强”企业，产品多次荣获国家银质奖、冶金部优质产品、冶金产品实物质量金杯奖、江苏省名牌产品、泰州市名牌产品荣誉称号。

二、企业基本概况

企业名称	靖江特殊钢有限公司				
地址	江苏省靖江市经济开发区新港大道21号			邮编	214500
法人代表	刘文学	电话	0523-80375552	电子邮箱	—
联系人	刘军	电话	0523-80375552	联系人所在部门	总经办
传真		0523-80375552	电子信箱	S01685@citicsteel. com	
企业成立时间		2008年	企业网址	www. citicsteel. com	
企业性质		国企	钢管设计能力（万吨/年）	50	
企业员工人数（人）		975	其中：技术人员（人）	165	

续表

钢管产量（万吨）	2020 年	2021 年	钢管出口量（万吨）	2020 年	2021 年
	56	50		8.78	6.30
销售收入（亿元）	2020 年	2021 年	利润总额（万元）	2020 年	2021 年
	43.2	55.8		—	—

三、热轧无缝钢管生产工艺技术装备及产量情况

机组类型及型号		台套/条	产品规格范围（外径范围）（mm）	设计产能（万吨）	投产时间（年）	实际产量（万吨）	
						2020 年	2021 年
热轧无缝钢管机组	ϕ258mm PQF 机组	1	114~339	50	2010	56	50
	合计	1	114~339	50	2010	56	50

四、企业无缝钢管主导产品

产品名称	规格范围（外径范围）（mm）	执行/采用标准	实际产量（万吨）	
			2020 年	2021 年
油井管（含油、套、钻管）	114.3~339.7	API SPEC 5CT 等	6.79	4.47
管线管	114.3~339.7	API SPEC 5L 等	6.24	4.20
流体管	114.3~339.7	GB/T 8163—2018	10.98	10.60
气瓶管	114.3~339.7	GB/T 18248—2008 等	14.02	14.23
高压锅炉管	114.3~339.7	GB/T 5310—2017	6.83	4.46
低中压锅炉管	114.3~339.7	GB/T 3087—2008	0.87	0.74
结构管	114.3~339.7	GB/T 8162—2018	1.63	1.21
工程机械管（含臂架管、旋挖机用管等）	114.3~339.7	QJX/CJT-115—2018	0.53	0.01
低温管	114.3~339.7	ASTM A333/A333M-18	1.25	0.74
其他（注明产品名称）	114.3~339.7		0.04	0.76
油缸管	114.3~339.7	协议标准	6.95	8.63

17　山东汇通工业制造有限公司

一、企业简介

山东汇通钢管公司位于山东聊城市，主营无缝钢管、合金钢管、石油套管、冷拔无缝

钢管、热轧无缝钢管、流体管、结构管等。

公司秉承“顾客至上，锐意进取”的经营理念，坚持“客户第一”的原则为广大客户提供优质的服务。

公司南依全国的无缝钢管集散地——大东钢管市场，北靠济邯高速公路，东邻聊城市新东环路，位置显要、交通方便，是冀、鲁、豫周边地区规模、规格较全的无缝钢管专业生产厂家。

公司资产规模 1.2 亿元，占地面积 89000m^2，在职职工 1000 人，其中外聘专业技术人员 26 人，管理人员 15 人。公司生产设备，技术力量雄厚，工艺流程合理，检测手段齐全。现拥有热轧机组 3 台（套），冷拔机组 3 台（套）。

公司 2009 年度投资 8.2 亿元，引进国内工艺先进的阿赛尔 273 无缝钢管热轧机组 1 台（套），设备已安装到位并试车成功。公司可根据客户需求，预订生产（25~325）mm×(4~70)mm 各种材质无缝钢管。为了确保产品产量，公司配备化验室并购进超声波探伤仪及静水压实验机等产品质量检验设备。

公司“齐鲁汇通”牌无缝钢管已获国家颁发的商标证书；经过行业严格评审，公司 2005 年通过 ISO 9001：2000 质量管理体系认证，2010 年通过美国石油协会 API 审核，2011 年通过特种设备生产许可证审核，2012 年通过法国国际检验局 BV 认证，2013 年被评为守合同重信用企业，荣获聊城市市长质量奖、山东产品荣誉称号，并且是中国钢贸企业百强单位、2011 年度中国管材生产企业百强榜第三名、山东省中小企业协会常务副会长单位、山东省双爱双评企业、山东省消费者满意单位、农行山东省分行 AAA 级信用企业、山东省银行业信贷诚信客户、山东省管理创新奖、山东省基层党组织、山东省民企帮村示范企业。产品被评为山东民营经济知名品牌产品，公司拥有出口经营权。

二、企业基本概况

企业名称	山东汇通工业制造有限公司				
地址	山东省聊城开发区牡丹江路东首			邮编	252000
法人代表	白刘英	电话	—	电子邮箱	—
联系人	袁仓	电话	18063500086	联系人所在部门	营销中心
企业成立时间		2003 年 5 月	企业网址	www. huitongjituan. com	
企业性质		民营	钢管设计能力（万吨/年）	85	
企业员工人数（人）		1000	其中：技术人员（人）	20	
钢管产量（万吨）	2020 年	2021 年	钢管出口量（万吨）	2020 年	2021 年
	63	66		3.1	2.05
销售收入（万元）	2020 年	2021 年	利润总额（万元）	2020 年	2021 年
	247079	343984		—	—

三、热轧无缝钢管生产工艺技术装备及产量情况

机组类型及型号		台套/条	产品规格范围（外径范围×壁厚范围）(mm)	设计产能（万吨）	投产时间（年）	实际产量（万吨）	
						2020 年	2021 年
热轧无缝钢管机组	φ100mm ASSEL 机组	1	(60~140) × (6~40)	16	2008	12. 5	13
	φ273mm ASSEL 机组	1	(133~356) × (20~100)	45	2010	34	35
	φ168mm Accu-Roll	1	(114~219) × (6~20)	16	2014	12	12
	φ50mm 穿孔机组	2	(38~80) × (3~16)	6	2018	3	3. 8
	合计	5		83		61. 5	63. 8
穿孔/冷拔/冷轧无缝钢管机组	冷轧机组	30	(20~114) × (2~12)	1. 5	2017	1. 2	1. 7
	冷拔机组	2	(20~76) × (2~20)	0. 5	2017	0. 3	0. 5
	合计	32		2		1. 5	2. 2

四、企业无缝钢管主导产品

产品名称	规格范围（外径范围×壁厚范围）(mm)	执行/采用标准	实际产量（万吨）	
			2020 年	2021 年
油井管（含油、套、钻管）	130×33/42，142×42，145×44，152×37，140×33，168×48 等	API-5CT 或技术协议	1	1. 5
流体管	(21~356) × (2. 5~100)	GB/T 8163—2018	5	6
高压锅炉管	22×6，28×6，32×6. 5，40×7. 5，54×8 等	GB/T 5310—2017	0. 1	0. 2
低中压锅炉管	(48~325) × (5~60)	GB 3087—2008	1. 5	1. 8
结构管	(22~356) × (2. 5~120)	GB/T 8162—2018	5	3
机械管	(22~356) × (5~120)	GB/T 8162—2018 或技术协议	18	20
工程机械管（含臂架管、旋挖机用管等）	(22~356) × (5~120)	GB/T 8162—2018	3	4
液压支柱管	(83~356) × (10~80)	GB/T 17396—2009	10	11
汽车用管（含车桥管、半轴套管等）	178×10，178×11、178×14 等；77×10，80×11. 5，92×12，95×12/13，96×12，102×12，108×15，114×16 等	GB/T 8162—2018 或技术协议	0. 6	1
三化用管		GB 6479—2013	1	2
低温管		技术协议	0. 5	1

续表

产品名称	规格范围（外径范围×壁厚范围）（mm）	执行/采用标准	实际产量（万吨）	
			2020 年	2021 年
其他（加重钻杆及军工产品）			6.3	11.5
合金管	（21~356）×（2.5~100）	GB/T 8162—2018	11	3

18　江苏常宝钢管股份有限公司

一、企业简介

江苏常宝钢管股份有限公司是一家专业从事各种能源管材的生产服务商，是国内油井管重点制造商和全国小口径合金高压锅炉管重点制造商之一，是中国石油销售总公司“能源一号网”会员单位和锅炉业三大龙头企业的 A 级（优秀）供应商。公司产品应用于石油、电力、核电、天然气等能源行业，并广泛出口到欧美、中东、独联体、东南亚和非洲等多个国家和地区。

公司于 2008 年 2 月 2 日整体变更设立为股份有限公司，2010 年 9 月 21 日在深圳中小板发行上市。股票代码 002478，发行后总股本 40010 万股。在未来的 3 年内，公司将借助资本市场的力量，完成布局四大能源管材行业，即石油开采业用管、大型电站用高压锅炉管、天然气输送管、核电用管。

公司地处长三角发达地区的江苏常州市，本部厂区占地 26 万平方米，毗邻沪宁高速公路和京杭大运河，有铁路专用线通往沪宁铁路，交通十分便利。公司装备了我国第一套引进 CPE 工艺的 ϕ102mm 顶管热轧钢管机组，年产能力 18 万吨；控股的常州常宝精特钢管有限公司拥有精密冷拔、冷轧管生产线，年产能力 10 万吨；控股的江苏常宝普莱森钢管有限公司装备了 ϕ177mm 热轧钢管机组，年产能力 15 万吨。生产的油井管、锅炉管、精密机械管、地质管、船用管、石化管、结构管、管线管等品种形成系列。主要产品成品油井管生产能力达 35 万吨，高压锅炉管生产能力达 10 万吨。

公司技术装备先进、工艺技术完备、检测手段齐全。通过 ISO 9001、14001、18001 管理体系认证、美国 API 会标认证、TUV 认证的欧盟 PED 及 AD W2000 认证、俄罗斯 GOST 认证，拥有中石油“能源一号网”会员证书和国内一些大油田供应商准入证书，以及我国三大动力集团锅炉厂-供应商认定、上海电气核电设备公司合格供方认定等证书。

公司为高新技术企业、江苏省名牌产品企业、常州市工业五星级企业，自行研发的多项新产品成为国家、省级科研成果。

公司将坚持“持续、和谐、共赢”和“专、精、特”的经营发展理念，以高端能源管材制造商定位，以转型升级和资本运营为重点，系统整合资源、调整产品结构、推进技术创新和管理创新。

在未来的二到三年时间内，公司将立足现有油井管、小口径高压锅炉管产品，加速发展高端品种，扩大独有和优势产品，完善形成品种系列；同时加快募投项目和高附加高压锅炉管的投资建设。从而成为国内一个技术水平先进、国际竞争能力较强、年产达 80 万吨油井管、高压锅炉管及天然气输送管线管等的专业化能源管材生产企业，并成为顺应国际钢管技术发展趋势，产品同时覆盖无缝钢管、焊管领域的现代钢管企业，实现又好又快的高质量发展。

二、企业基本概况

企业名称	江苏常宝钢管股份有限公司				
地址	江苏省常州市延陵东路 558 号			邮编	213011
法人代表	曹坚	电话	0519-88813911	电子邮箱	—
联系人	史惠娟	电话	0519-88813911	联系人所在部门	总经办
传真		0519-88812052	电子信箱	zjb@cbsteeltube. com	
企业成立时间		1989 年 7 月	企业网址	www. cbsteeltube. com	
企业性质		上市公司	钢管设计能力（万吨/年）	100	
企业员工人数（人）		1745	其中：技术人员（人）	406	
钢管产量（万吨）	2020 年	2021 年	钢管出口量（万吨）	2020 年	2021 年
	43. 45	53. 04		13. 11	15. 31
销售收入（万元）	2020 年	2021 年	利润总额（万元）	2020 年	2021 年
	342489	408323		—	—

三、热轧无缝钢管生产工艺技术装备及产量情况

机组类型及型号		台套/条	产品规格范围（外径范围）（mm）	设计产能（万吨）	投产时间（年）	实际产量（万吨）	
						2020 年	2021 年
热轧无缝钢管机组	ϕ76mm 轧管机组	1	54～100	5	2012	3. 7	4. 66
	ϕ100mm 轧管机组	1	60～130	7	2007	5. 2	6. 18
	ϕ102mm CPE 机组	1	33. 4～114. 3	18	1989	15. 8	12. 7
	ϕ114mm CPE 机组	1	25～115	15	2013	11. 6	10. 64
	ϕ159mm PQF 机组	1	51～177. 8	30	2021	0	10. 3
	ϕ177mm ASSEL 机组	1	114～245	25	2007	8. 2	9. 65
	合计	6	33. 4～245	100	—	44. 4	54. 13

续表

机组类型及型号		台套/条	产品规格范围（外径范围）（mm）	设计产能（万吨）	投产时间（年）	实际产量（万吨）	
						2020 年	2021 年
穿孔/冷拔/冷轧无缝钢管机组	15t 冷拔机组	1	16~63.5	0.7	2005	0.53	0.44
	20t 冷拔机组	2	25~76	2.5	2005	2.18	2.37
	30t 冷拔机组	1	10~42	0.72	2012	0.73	0.77
	40t 冷拔机组	5	25~95	5.3	2005	3.77	4.19
	60t 冷拔机组	1	12~32	0.9	2018	0.74	1
	80t 冷拔机组	3	31.8~100	9.5	2011	8.8	10.02
	90t 冷拔机组	1	10~42	0.9	2019	1.07	1.38
	200t 冷拔机组	1	40~130	3.5	2006	2.93	3.13
	精密冷轧机	17	19~76	1.8	2012	0.72	0.72
	合计	32		25.8		21.5	24

四、企业无缝钢管主导产品

产品名称	规格范围（外径范围×壁厚范围）（mm）	执行/采用标准	实际产量（万吨）	
			2020 年	2021 年
油井管（含油、套、钻管）	（26.67~339.7）×（3.18~22.22）	API SPEC 5CT API SPEC 5CRA ISO 11960 ISO 13680 GB/T 19830	22.35	23.38
管线管	（21.3~219.1）×（2.77~22.23）	API SPEC 5CT ISO 3183 GB/T 9711	1.49	1.61
流体管	（21.3~219.1）×（2.77~22.23）	GB/T 8163 ASTM A106	1.55	1.82
气瓶管	（51~180）×（3.8~20）	GB/T 18248	0.02	0.44
高压锅炉管	（19~219）×（2~40）	GB 5310 ASME SA 系列要求	12.95	17.4
低中压锅炉管	（19~219）×（2~40）	GB 3087	0.0337	0
结构管	（16~219）×（2~40）	GB/T 8162 JIS G3444 JIS G3441 ASTM A53 ASTM A106 EN 10210-1 ISO 2937	0.223	0.31

续表

产品名称	规格范围（外径范围×壁厚范围）（mm）	执行/采用标准	实际产量（万吨）	
			2020 年	2021 年
机械管	（22～219）×（2～40）	ASTM A519 EN 10297-1 JIS G3445 GB/T 8162 GB/T 30584	1.01	1.5
液压支柱管（油缸管）	（63.5～219.1）×（7.1～20）	BS EN 10297-1 BS EN 10305-1 GB/T 8163	0.24	0.3
汽车用管（车桥管、半轴套管）	（127～194）×（10～30）	YB/T 4203 YB/T 5035	0.52	0.75
三化用管（石油裂化、高压化肥管）	（16～219）×（2～40）	GB/T 5310 GB/T 6479	0.25	0.52
工具管（射孔枪管、钻杆）	（39.62～177.8）×（4.45～20.65）	GB/T 20489 SY/T 5562 ASTM A519 API SPEC 5DP GB/T 20657	1.648	2.07
地质管	（60.3～168.3）×（6.45～20.65）	API SPEC 5DP GB/T 29166 GB/T 16950 GB/T 16951	1.05	1.18
其他			0.133	1.77
合计			43.45	53.04

19 鑫鹏源智能装备集团有限公司

一、企业简介

鑫鹏源智能装备集团有限公司坐落于山东省聊城市，成立于 2005 年，历经 10 多年的发展，已经成为山东省新材料领域重点头部企业。可生产外径 133～530mm、壁厚 4～120mm 等上万个规格的产品，产品广泛应用于军事、国民经济各领域，综合年产能力可达 100 万吨。

公司先后通过武器装备质量管理体系认证，获得省著名商标、通过 API 5L、API 5CT 认证，A1、A2、B 级特种设备生产许可证等国内外资质认证，通过了“山东省工程实验室”和“山东省企业技术中心”“山东省级一企一技术研发中心”“数字化车间”的认定，“XPY”品牌由此迅速稳固了国内外核心市场。

公司坚持科技创新与自主研发相结合的道路，获得各类专利成果共计 600 余项（其中发明专利 340 余项），自 2016 年集团作为军工单位以来，严格提高产品研发和质量标准，2020 年初联合四家军工企业共同研发成功舰船用世界最大口径无缝钛合金产品——TA31，填补了世界空白。

在自主创新上，从核心技术的“实施者”向“领跑者”转变，主持制定了钛合金舰船用无缝管行业国标、军标双标准，奠定了行业中的优势地位。公司先后获得“院士工作站（中国工程院干勇院士、王国栋院士）”“国家高新技术企业”“国家重合同守信用企业”“国家节能减排重点示范企业”“山东省五一劳动奖状”“山东省知名品牌企业”等荣誉。公司积极寻求新的发展模式，与世界 500 强厦门建发、厦门象屿等达成合作，形成了仓储式供应区块链的管理模式，推动公司实现跨越式发展。

作为国家级重点能源装备、新型材料的生产研发基地，公司始终以发展绿色、低碳经济为己任，成为聊城市钢管行业中低碳改造的标杆企业，2021 年顺利通过“省级绿色工厂”认证；依靠自主创新，企业实现了重点领域和关键技术的突破，2021 年 10 月份，公司承担了国家“十四五”重点研发项目“苛刻环境下高性能钛合金管材研究及应用”，这是国家对企业的信任与重视，对于企业来讲，更是一种担当和责任。

随着国际金属高端材料产业的蓬勃发展，高合金材料的需求空前旺盛，鑫鹏源秉承专精特新的个性化发展理念，着力建设“智能化数字鑫鹏源”，致力于打造国内先进无缝管生产基地，以优质的产品与服务，与更多的合作伙伴携手并肩、互利共赢，为军事、国民经济腾飞作出新的更大贡献。

二、企业基本概况

企业名称	鑫鹏源智能装备集团有限公司				
地址	聊城凤凰工业园经二纬三路 29 号			邮编	252000
法人代表	王胜永	电话	0635-8577833	电子邮箱	—
联系人	李万明	电话	18263501988	联系人所在部门	生产设备动力部
传真		0635-2927666	电子信箱	xinpengyuan140@126.com	
企业成立时间		2005 年 4 月 29 日	企业网址	www.xpygroup.cn	
企业性质		有限责任公司	钢管设计能力（万吨/年）	100	
企业员工人数（人）		396	其中：技术人员（人）	65	

续表

钢管产量（万吨）	2020 年	2021 年	钢管出口量（万吨）	2020 年	2021 年
	75. 67	80. 71		3. 39	2. 19
销售收入（万元）	2020 年	2021 年	利润总额（万元）	2020 年	2021 年
	335747. 43	471274. 21		—	—

三、热轧无缝钢管生产工艺技术装备及产量情况

机组类型及型号		台套/条	产品规格范围（外径范围×壁厚范围）（mm）	实际产量（万吨）	
				2020 年	2021 年
热轧无缝钢管机组	ϕ140mm 阿克轧管机组（导盘）	1	（152~273）×（6~40）	24. 49	26. 18
	ϕ300mm 阿克轧管机组（导板）	1	（219~456）×（8~120）	50. 88	54. 53
	合计	2	（219~456）×（8~120）	75. 67	80. 71

四、企业无缝钢管主导产品

产品名称	规格范围（外径范围×壁厚范围）（mm）	执行/采用标准	实际产量（万吨）	
			2020 年	2021 年
流体管	（152~450）×（7~50）	GB/T 8163	46. 12（33. 47）	32. 37（25. 6）
结构管	（152~457）×（10~100）	GB/T 8162	28. 12（20. 41）	47. 87（37. 85）
液压支柱管	（168~426）×（12~70）	GB/T 17396	1. 43（1. 04）	0. 47（0. 37）
钛合金管	（159~426）×（12~30）	Q/3715002XPY004—2016	2926. 7	—
钛合金管	（159~426）×（12~30）	GB/T 39856—2021	—	3212. 2

20 山东临沂金正阳管业有限公司

一、企业简介

山东临沂金正阳管业有限公司，地处山东省临沭县经济开发区。西临京沪高速公路，东依青岛、日照、连云港三大港口；陇海、兖石铁路横跨南北，百公里内有临沂、连云港两座机场；327 国道、225 省道纵横城区，向西三十公里，便是全国第三大商贸批发城市——临沂。

地理环境优越，交通运输十分便捷，享有地杰人厚之美称，是我国大的天然金刚

石——“常林钻石”之乡。公司地理位置优越，交通便利。

公司成立于2005年11月份，公司总投资3.6亿元。占地面积14万平方米，企业现有职工932人，具有大专以上学历334人，其中技术人员183人。

公司年产碳钢无缝钢50万吨。销售$\phi(22\sim114)\times(2.5\sim10)$mm和$\phi(89\sim159)\times(4\sim10)$mm无缝钢管。

公司产品品种有中、低压锅炉管，输送用流体管和一般结构用无缝钢管。规格齐全，广泛应用于石油、化工、电力、锅炉、船舶、机械等行业，现已销往全国各地，部分产品已远销到东南亚、欧美等地区，深受用户好评。

公司拥有先进的生产设备和成熟的生产工艺。具备力学性能测试、工艺性能测试、涡流探伤、液压测试高精度碳硫分析等一整套的检测手段，以及一批高素质的工艺技术人员。

公司采用国际标准或国家标准组织生产，各项指标符合国家标准，质量可靠，性能稳定。

公司先后获得了ISO 9001：2000质量管理体系认证，中国船级社的工厂认可证书，国家质量监督检验检疫总局颁发的锅炉及压力容器用无缝钢管生产许可证。

公司2006年9月产品通过国家钢铁产品质量监督检验中心的产品质量鉴定。2007年3月公司产品获得国家《商品与质量》名优品牌推广中心的“中国质量过硬知名品牌”。

公司是山东省农业银行AAA级信用企业，山东省重合同守信用企业；

2007年公司被认定为市级企业技术中心；

2008年3月1日，省科技厅下达的“无缝钢管高效节能生产技术开发”项目经山东省科技厅组织专家鉴定，被中国科学院曹春晓院士、北京科技大学洪慧平教授等有关专家鉴定为“技术达到国内同行业领先水平”；

2008年3月15日，省科技厅下达的“蓄热式无缝钢管加热炉节能技术改造”项目通过省科技厅组织的技术鉴定，并评为“市重点企业技术中心”；

2008年4月7日，省科技厅下达的“多用途冷拔精密系列无缝钢管”项目通过了山东省科技厅组织的技术鉴定。

公司还可以为客户设计、研制各种特殊用途的专用管材并提供良好的售后服务。

公司注重现代企业形象的塑造和无形资产的积累，强化企业内部管理，坚持“优惠的价格、诚信经营”的理念，供货及时。迅速，热忱为客户提供优质的产品和完善的服务，客户的满意就是我们的追求，使公司质量管理与国际接轨，产品进入国外大市场，树立知名品牌的企业形象。

公司总经理携全体员工，真诚地欢迎各界朋友和同仁来公司洽商与指导，并以一流的产品、优良的服务、良好的信誉与您互利合作，携手并进，共同缔结新世纪灿烂美好的未来。

二、企业基本概况

企业名称	山东临沂金正阳管业有限公司				
地址	山东省临沂市临沭县经济开发区兴福街			邮编	276700
法人代表	胡顺珍	电话	0539-6207219	电子邮箱	—
联系人	何宏	电话	13953956481	联系人所在部门	项目部
传真		—	电子信箱	lyjinzhengyang@163. com	
企业成立时间		2005 年 11 月	企业网址	http: //www. jzygroup. net. cn/	
企业性质		民营	钢管设计能力（万吨/年）	141	
企业员工人数（人）		482	其中：技术人员（人）	90	
钢管产量（万吨）	2020 年	2021 年	钢管出口量（万吨）	2020 年	2021 年
	103. 39	101. 28		2. 58	2. 32
销售收入（万元）	2020 年	2021 年	利润总额（万元）	2020 年	2021 年
	372110. 37	418473. 02		—	—

三、热轧无缝钢管生产工艺技术装备及产量情况

机组类型及型号		台套/条	产品规格范围（外径范围）（mm）	设计产能（万吨）	投产时间（年）	实际产量（万吨）	
						2020 年	2021 年
热轧无缝钢管机组	φ180mm 三辊连轧管机组	1	76 ~ 180	50	2018	44. 39	48. 26
	φ400mm 热轧管机组	1	273 ~ 325	50	2014	37. 45	31. 32
	φ50 ~ 90mm 穿孔机组	3	48 ~ 76	41	2010	21. 55	15. 07
	合计	5	48 ~ 325	141		103. 39	101. 28

四、企业无缝钢管主导产品

产品名称	规格范围（外径范围）（mm）	执行/采用标准	实际产量（万吨）	
			2020 年	2021 年
流体管	48 ~ 325	GB/T 8163—2018	103. 39	94. 65

21 瓦卢瑞克天大（安徽）股份有限公司

一、企业简介

一直以来，瓦卢瑞克天大（安徽）股份有限公司（原安徽天大石油管材有限公司）

正式成为瓦卢瑞克集团一员。公司注册资本5.038亿元，现有员工1200余人。

公司为各个行业提供高品质无缝钢管，满足各种严苛的应用要求，涉及的行业包括石油和天然气、石化、发电及工程机械等领域。凭借自身的产品质量、品牌信誉和专业知识，瓦卢瑞克天大已成为中国无缝钢管行业的标杆企业，产品远销全球50多个国家和地区。

瓦卢瑞克天大在并入瓦卢瑞克期间，工厂建设已遵循集团的环境政策，特别重视健康、安全和环境（HSE），公司培训每位员工了解生产对环境产生的影响，并严格遵守环境标准。

多年来，公司在加强质量管理的同时，还对环境管理和职业健康管理进行了大量投资，从而着重加强了健康、安全和环境方面的管理要求。目前，瓦卢瑞克天大的环境管理体系和安全管理体系，均已通过ISO 14001环境管理体系认证和OHSAS1800职业健康与安全管理体系认证。

公司不仅成功通过ISO和API等多家国际机构的所有认证，同时也通过了ABS、BV、LR和TUV等多家权威机构的产品认证，并已获得国内外30多家大型石油公司的批准认证，例如中石化、中石油、中海油、道达尔、雪佛龙、壳牌、康菲石油、MOC、阿布扎比国家石油公司、科威特国家石油公司、EI、Pertamina EP和埃克森美孚等。

公司产品远销东南亚、中东、北美、南美、欧洲、非洲、澳洲等地区，形成了覆盖全球的市场销售网络，已被公认为是目前石油和天然气工业的重要生产基地。

凭借优秀的销售服务团队，产品远销全球50多个国家和地区。

独一无二的产品——瓦卢瑞克天大高品质无缝管享誉全球。自从被收购以来，安徽天大石油管材股份有限公司（天大）从瓦卢瑞克集团在管材制造方面百余年的经验中受益匪浅。

碳钢、合金钢和高合金钢等不同等级外径4.5~13.37英寸（114.3~339.7毫米）；

接箍管的最大外径为14.56英寸（370毫米）壁厚0.19~1.37英寸（5~35毫米）量身定制的解决方案。

出色的品质

瓦卢瑞克天大拥有全球姊妹工厂专业支持。卢瑞克天大与世界上所有其他瓦卢瑞克工厂采用相同的质量标准，由瓦卢瑞克全球处理团队进行支持，该团队确保集团所有工厂都拥有最高的质量，让所有工厂操作都实现过程统一化。

服务客户，实现共赢

多年来，瓦卢瑞克天大始终是管线管、石化管和石油专用管产品领域的最大出口商之一。

我们的理念：不仅仅要成为客户的供应商。瓦卢瑞克天大是可靠、稳定且积极的合作伙伴，可以满足用户所有严苛的要求，哪怕是最严苛的要求，高效率和地缘优势相结合加工生产过程非常灵活，售后服务也非常出色。

与瓦卢瑞克天大合作，您将获得瓦卢瑞克品牌旗下极具竞争力的各大工厂资源。

公司毗邻上海港和南京，靠近中东和亚洲其他市场，可以轻松地将产品运送到世界各地，满足短期交货的要求。

瓦卢瑞克（中国）常州无缝钢管厂

自从1904年公司第一批钢管进入中国上海市场以来，瓦卢瑞克就与中国客户建立了持久而良好的合作关系。为了支持钢管业务在中国的发展，并与客户建立更加紧密的联系，在与中国的业务伙伴紧密合作下，瓦卢瑞克已经在常州建立了多处生产基地。

瓦卢瑞克（中国）常州无缝钢管厂于 2006 年正式建成，对于来自欧洲的原材料管坯进行精加工，并于 2012 年配备了最先进的钢管锻造设备。瓦卢瑞克常州工厂擅长为您提供优质大口径锻造钢管。常州工厂可采用两种技术路线：一种为两步生产，毛坯管由欧洲进口；另一种为一步生产，在常州工厂进行热成型工瓦卢瑞克常州工厂是一家值得信赖的优质钢管企业，可以满足各行业严苛的钢管应用需求，如能源、机械工程、石化、流体运输等行业。多年的专业知识、先进的生产技术、经验丰富的管理团队和高素质的员工保证了一直以来瓦卢瑞克高品质无缝管享誉全球。

自 2016 年瓦卢瑞克集团完成交割最好的产品质量，满足客户需要和期望是我们的首要目标。

二、企业基本概况

企业名称	瓦卢瑞克（中国）有限公司-北京分公司				
地址	北京市朝阳区建国门外大街甲 24 号，东海中心 303-306			邮编	100021
法人代表	Bertrand de Rotalier	电话	010-59233099	电子邮箱	—
联系人	张春	电话	010-59233017	联系人所在部门	市场
传真		010-59233037	电子信箱	chun. zhang@vallourec. com	
企业性质		外资	钢管设计能力（万吨/年）	56	
企业员工人数（人）		1103	其中：技术人员（人）	93	
钢管产量（万吨）	2020 年	2021 年	钢管出口量（万吨）	2020 年	2021 年
	25	24		15	10
销售收入（万元）	2020 年	2021 年	利润总额（万元）	2020 年	2021 年
	186188	201717		—	—

三、热轧无缝钢管生产工艺技术装备及产量情况

机组类型及型号		台套/条	产品规格范围（外径范围）（mm）	设计产能（万吨）	投产时间（年）	实际产量（万吨）	
						2020 年	2021 年
热轧无缝钢管机组	ϕ340mm PQF 机组	1	114. 3～355. 6	50	2008	25	24
	合计	1	114. 3～355. 6	50	2008	25	24

四、企业无缝钢管主导产品

产品名称	规格范围（外径范围×壁厚范围）（mm）	执行/采用标准	实际产量（万吨）	
			2020年	2021年
油井管（含油、套、钻管）	（114.3~339.7）×（5~35）	API 5CT	13	10
管线管	（114.3~339.7）×（5~35）	API 5L GB/T 9711	4	5
流体管	（114.3~339.7）×（5~35）	ASTM A333M ASME SA333M ASTM A106/A53 GB/T 8163	5	5
锅炉管	（114.3~339.7）×（5~35）	ASTM ASME	2	2.5
其他（注明产品名称）			1	1.5
合计			25	24

22　江阴华润制钢有限公司

一、企业简介

江阴华润制钢有限公司坐落在江南水乡，有着中国民间小戏之乡美称的江阴市月城镇工业园区，月城镇地处中国经济最发达地区之一的长三角洲的集合中心，北枕长江，南临太湖，东连上海、西接南京，环境优美，水陆交通十分便利，发展环境及区位优势明显。

公司产品广泛用于机械、压力容器、汽车、电力、石油、冶金、深加工等领域的装备制造。在市场同类产品中享有很好的质量声誉。江阴华润制钢通过不断创新和发展，建设成为产品独特、工艺完善、设备配套、经济效益好、有市场竞争力的特钢企业。

公司始建于1994年，前身为江阴中加钢铁有限公司，当时被冶金部列入全国乡镇企业样板工程，2000年、2002年重组后公司更名为江阴华润制钢有限公司，注册资金155535万元，占地530亩。

公司主要经营钢铁冶炼及压延产品加工，年生产优特钢60万吨、各类优质无缝钢管40万吨。

优特钢产品主要为优质碳素结构钢、合金结构钢、低合金高强度结构钢、管坯钢、高压锅炉用钢、锻钢冷轧辊用钢、不锈钢坯等几十个品种；

无缝管产品主要有油管料、套管料、钻杆料、管线管、流体管、结构管、低中压锅炉管、高压锅炉管、液压支柱管、气瓶管、不锈钢管等几十个品种。

2008 年通过 ISO 9001：2008 质量管理体系认证；

2010 年通过 ISO 14001：2004 环境管理体系认证；

2011 年通过 OHSAS 18001：2007 职业健康安全管理体系认证；

2012 年公司取得多个国家质量监督检验检疫总局颁发的压力管道（无缝钢管、管坯）生产许可证；

2013 年通过美国 API5CT、5DP、5L、Q1、ISO 9001：

2008 年通过 GHC 管理体系认证；

2014 年通过 ISO 5001—2011 能源管理体系认证；

2014 年通过 ISO 10012：2003CMS 测量管理体系认证。

二、企业基本概况

企业名称	江阴华润制钢有限公司				
地址	江阴市月城镇北环路 58 号			邮编	214404
法人代表	张亚彬	电话	—	电子邮箱	—
联系人	徐国文	电话	13358150098	联系人所在部门	综合办
传真		0510-86981228	电子信箱	980171065@qq. com	
企业成立时间		1994 年 5 月 25 日	企业网址	www. jycrs. com. cn	
企业性质		国企	钢管设计能力（万吨/年）	40	
企业员工人数（人）		1080	其中：技术人员（人）	108	
钢管产量（万吨）	2020 年	2021 年	钢管出口量（万吨）	2020 年	2021 年
	33. 81	33. 71		1. 86	2. 61
销售收入（万元）	2020 年	2021 年	利润总额（万元）	2020 年	2021 年
	184265	185405		—	—

三、热轧无缝钢管生产工艺技术装备及产量情况

机组类型及型号		台套/条	产品规格范围（外径范围）（mm）	设计产能（万吨）	投产时间（年）	实际产量（万吨）	
						2020 年	2021 年
热轧无缝钢管机组	ϕ180mm FQM 机组	1	60～180	40	2012	33. 81	33. 71
	合计	1	60～180	40		33. 81	33. 71

四、企业无缝钢管主导产品

产品名称	规格范围（外径范围）（mm）	执行/采用标准	实际产量（万吨）	
			2020 年	2021 年
油井管（含油、套、钻管）	60～177.8	5CT/5DP	7.37	8.44
管线管	60～180	5L	1.6	1.55
流体管	60～180	GB/T 8163/8162/3087	16.6	16.05
气瓶管	102～180	GB/T 18248	2.55	2.93
高压锅炉管		GB/T 5310	0.74	0.69
低中压锅炉管			2.91	3.89
结构管			0	0
机械管			0.2	0.1
工程机械管（含臂架管、旋挖机用管等）	60～177.8	5CT/5DP	7.37	8.44
液压支柱管	60～180	5L	1.6	1.55

23　山东金宝诚管业有限公司

一、企业简介

山东金宝诚管业有限公司是一家专业生产无缝钢管的国家高新技术企业，公司成立于2003 年，注册资金 11800 万元，公司占地 500 余亩，员工 500 余人。

公司 2019 年取得高新技术企业，2021 年实现销售收入 12.6 亿元，总资产 7.5 亿元，公司连续 4 年在中国钢结构协会钢管分会无缝钢管企业中产量排名前十位。现为中国钢结构协会钢管分会会员单位，中国金属学会轧钢分会钢管学术委员会委员单位。

公司的主导产品为外径 ϕ10～273mm、壁厚 1～30mm 的低中压锅炉管、输送流体管、石油裂化管、结构用无缝钢管、液压支柱管和汽车半轴管、合金管等不同用途无缝钢管。

产品广泛应用于农田水利灌溉、建筑水暖安装、石油天然气输送、中低压锅炉及农业机械装备制造等领域。公司注重科技创新和技术引领，获得“市级企业技术中心”。

公司成立的金宝诚科协和科技工作者之家被临沂市科协授予“市级科技工作者之家”。企业先后获得发明专利 1 项，实用新型专利 24 项。企业自成立以来，秉承“诚信天下，以客户为中心”的经营理念，坚持“质量重于泰山”的质量方针，诚信合法经营，以质量求生存、以信誉求发展，通过十余年的生产经营实践，树立了良好的企业形象，被社会各界广泛认同。

公司及产品先后荣获“山东省先进民营企业”、临沂市“百强企业”“明星企业”“文明诚信民营企业”“纳税功勋企业”“知名品牌产品”“临沂市劳动关系和谐企业”“临沂市消费者满意单位”“光彩之星”“安全生产工作先进单位”“临沂市节能先进企业”等荣誉。“金宝诚”商标是山东省著名商标，产品获得了 ISO 9000 质量体系认证、特种设备制造许可证、特种设备型式试验证书等资质证书。

二、企业基本概况

企业名称	山东金宝诚管业有限公司				
地址	山东临沂郑山镇驻地			邮编	276700
法人代表	吴锋清	电话	0539-7191669	电子邮箱	—
联系人	张建	电话	13583963281	联系人所在部门	技术部
传真		0539-6261368	电子信箱	13583963281@163. com	
企业成立时间		2003 年 9 月	企业网址	http: //wwwly-tube. con	
企业性质		有限责任公司	钢管设计能力（万吨/年）	90	
企业员工人数（人）		486	其中：技术人员（人）	98	
钢管产量（万吨）	2020 年	2021 年	钢管出口量（万吨）	2020 年	2021 年
	27. 28	19. 69			
销售收入（万元）	2020 年	2021 年	利润总额（万元）	2020 年	2021 年
	138345	126047		—	—

三、热轧无缝钢管生产工艺技术装备及产量情况

机组类型及型号		台套/条	设计产能（万吨）	投产时间（年. 月）	实际产量（万吨）	
					2020 年	2021 年
热轧无缝钢管机组	ϕ100mm 机组	4	25	2004. 03	12. 2	6. 00
	ϕ180mm 机组	1	20	2019. 05	2. 00	1. 50
	ϕ273mm 机组	1	30	2019. 10	4. 08	4. 19
穿孔/冷拔/冷轧无缝钢管机组	ϕ50mm 机组	6	15	2004. 03	9	8

四、企业无缝钢管主导产品

产品名称	规格范围（外径范围×壁厚范围）（mm）	执行/采用标准	实际产量（万吨）	
			2020年	2021年
流体管	（20～168）×（2～15）	GB/T 8163—2018	16.02	10.09
低中压锅炉管	（20～168）×（2～15）	GB/T 3087—2008	4.00	3.00
结构管	（20～168）×（2～15）	GB/T 8162—2018	7.26	6.60

24　扬州诚德钢管有限公司

一、企业简介

江苏诚德钢管集团公司（以下简称诚德公司）创建于1988年，始终坚持创新、创优的发展模式，目前已形成了总资产60亿元，职工人数2200人，占地2080亩的企业规模，辖江苏诚德钢管股份有限公司、扬州诚德钢管有限公司、扬州诚德重工有限公司、泰州诚德钢管有限公司四大板块，为代表中国无缝钢管民族品牌的佼佼者。

其中，扬州诚德钢管有限公司已发展成为享誉全球的大口径无缝管生产供应商，专业从事外径 ϕ219～1750mm、壁厚8～150mm的超大无缝钢管生产，产品覆盖火电、核电、石化、油气、机械、气瓶等诸多应用领域。诚德公司以其独特的市场聚焦战略、优良的产品性价比，得到了国内国际市场的广泛青睐，迅速成长为一家“世界领先的无缝钢管供应商”。在合资合作历程中，诚德公司先后吸引了包括美国凯雷基金和美国PCC集团的投资合作，“诚德”品牌影响力日益彰显。

诚德公司已经被众多国际机构授予并认可：ASME核电证书，中国核电HAF认证，914mm大气瓶证书，API 5L/5CT会标认证，通过TUV NORD ISO 9001认证，通过国际主要船级社的认证：挪威船级社DNV，德国劳氏船级社GL，意大利船级社RINA，美国船级社ABS，英国劳氏船级社LR，法国船级社BV认证，并取得出口欧盟的PED 2014/68/EU和AD2000年证书、CPD（建筑产品指令）CE认证等，为诚德公司的国际市场开发提供了强有力支撑。

诚德公司十分注重对环境的保护和员工的健康安全，先后取得了ISO 14001及OHSAS 18001认证，并严格按照体系要求贯彻执行；公司积极为员工建立发展平台，努力培养企业所需的各层次人才，做到识人、育人、用人三位一体。先后建成“博士后流动工作站”“江苏省无缝钢管工程技术研究中心”“江苏省企业技术中心”“大口径无缝钢管联合实验室”，公司研发团队日臻成熟，技术实力日趋雄厚。

公司始终秉承“以诚为本，德利合一”的经营理念，遵循“诚实，踏实，拓实，追求全方位卓越”的企业文化，恪守“忍、磨、苦、修、精，谦、诚、拓、朴、平”的训育方针，践行“社会、企业、员工、环境全方面和谐”的企业核心价值观；心怀感恩，知行合一，努力实现企业自身发展和履行社会责任的良性循环，实现经济社会环境的可持续发展，并以此凝聚和带领诚德公司全体员工，共享企业发展成果，引领行业发展方向，勇攀新高。

二、企业基本概况

企业名称	扬州诚德钢管有限公司				
地址	江苏省扬州市江都区大桥沿江开发区三江大道 1 号			邮编	225215
法人代表	张怀德	电话	13901442928	电子邮箱	—
联系人	李进	电话	0514-86432927	联系人所在部门	质量保证部
传真		0514-86432927	电子信箱	jin. li@cdpipe. com	
企业成立时间		2006 年 10 月	企业网址	www. cdpipe. com	
企业性质		民营	钢管设计能力（万吨/年）	25	
企业员工人数（人）		952	其中：技术人员（人）	239	
钢管产量（万吨）	2020 年	2021 年	钢管出口量（万吨）	2020 年	2021 年
	8. 42	8. 54		3. 94	3. 03
销售收入（万元）	2020 年	2021 年	利润总额（万元）	2020 年	2021 年
	108861	118029		—	—

三、热轧无缝钢管生产工艺技术装备及产量情况

机组类型及型号		台套/条	产品规格范围（外径范围×壁厚范围）（mm）	设计产能（万吨）	投产时间（年）	实际产量（万吨）	
						2020 年	2021 年
热轧无缝钢管机组	ϕ600/720mm 穿轧管机组	1	（219~610）×（10~120）	10	2007	8. 42	8. 54
	ϕ800/960mm 穿轧管机组	1	（406~1422）×（12~150）	15	2009		
	合计	2		25		8. 42	8. 54

四、企业无缝钢管主导产品

产品名称	规格范围（外径范围×壁厚范围）（mm）	执行/采用标准	实际产量（万吨）	
			2020 年	2021 年
油井管（含油、套、钻管）	（219~508）×（10~40）	API 5CT	0. 058	0. 082

续表

产品名称	规格范围（外径范围×壁厚范围）(mm)	执行/采用标准	实际产量（万吨）	
			2020 年	2021 年
管线管	(219~1016) × (10~120)	API5L	0.267	0.056
流体管	—	—	—	—
气瓶管	(356~1016) × (10~27)	ASTM A519	0.761	1.463
高压锅炉管	(219~767) × (8~100)	GB/T 5310	4.529	4.978
低中压锅炉管	(219~660) × (8~100)	GB/T 3087	1.019	1.272
机械管	(219~1016) × (8~100)	ASTMA333，A106，A519；En 10210-1	0.443	0.334
三化用管	(219~660) × (8~100)	GB/T 6479	1.323	0.103
其他（核电管）	(219~1016) × (8~100)	RCCM	0.020	0.252

25　扬州龙川钢管有限公司

一、企业简介

扬州龙川钢管有限公司（以下简称龙川钢管）创立于 2003 年，公司总部位于中国扬州，固定资产总投入人民币 45 亿元，龙川钢管作为无缝钢管行业的佼 佼者，自建立以来，以不断为客户创造价值为己任，始终坚持“走精品之路，做品牌企业”的发展战略，为全球的客户提供了卓越品质的产品及高质量的服务。

我们愿意与您共同分享：

充足的产能和完美的组距。

年产无缝钢管 70 万吨，产品组距全尺寸覆盖 ϕ(19~1422) ×（2.5~150)mm。锅炉钢管（钢种至 P91/P92）、管线钢管（钢级最高达 X100）、低温钢管（-75℃）、海工钢管、油套管、气瓶钢管、三化用管（炼化、化工和化肥）、高硫环境耐腐蚀钢管、微合金高强结构钢管、铬钼铬镍高温合金钢、船用钢管、不锈钢管，广泛应用于超超临界火电、油气、海工、三化、工程机械等制造领域。

720mm 大口径无缝钢管生产线作为当今世界上装备最先进的大口径无缝管生产线，依靠自主创新技术，致力于无缝钢管生产的极限制造能力，不断突破产品在超超临界发电设备、能源输送、石油化工、油气开采、海洋工程、煤炭化工等领域应用传统，在世界无缝钢管行业独树一帜。

始终放心的质保体系：

龙川钢管一直贯彻运行国际先进的质量控制与质量保证体系，始终坚持持续改进的产品质量理念和获得 TUV ISO 9001 质量管理体系认证、ISO 14001 环境管理体系认证、OHSAS18001 健康安全体系认证；公司获得国家 TS 认证（A1、A2（1）（2）、B（1）（2）级），通过 API5CT、API5L、PED、CPD、CPR、AD2000 国际产品质量认证及 DNV-GL、LR、BV、ABS、CCS 等多国船级社的工厂认证。

值得期待的技术研发体系：

龙川钢管以产品技术创新为核心驱动力，始终坚持年技术研发投入不低于 10%的增长率，先后建立了国家级的无缝钢管理化检测中心并取得 CNAS 证书，建设了自己的腐蚀试验检测中心、新品研发中心，联合国内外知名院所建立服务企业的博士后科研工作站、企业院士工作站，坚持以推动无缝钢管行业技术革新为己任，在无缝钢管技术领域始终追求领先优势。公司研发的新型海底管线产品荣获江苏省科技进步一等奖。大口径无缝钢管多项自主知识产权获得于江苏省科技成果转化项目大力支持。

国际化的销售服务体系：

龙川钢管自创立之初就着眼国际国内市场的齐头并进，在国内市场已经作为电力锅炉的主要供应商，多年来为哈尔滨电气、上海电气、东方电气等客户提供数十万吨电站锅炉用管，同时也作为国内三大主要石油天然气公司的合格供应商；并已快速扩大在海工，煤化工等领域的市场影响力。国际市场网络建立了包括北美、南美、海湾国家、非洲、独联体和东南亚为主的市场销售格局，产品外销 60 多个国家和地区；取得大批国际知名公司如 BHEL、TOTAL、ALSTOM、SIEMENS、KOC、PDVSA、SUNCOR、L&T、巴西石油、阿曼石油、迪拜石油等客户的认可，与国内外知名 EPC 公司建立了长期稳定的合作关系。

龙川钢管紧跟市场发展趋势，依托自身优势建立的物流配套及深加工中心，加长了产业链和配套力，强化了市场优势。

龙川钢管追求的销售理念是为客户提供：一站式服务，一次性完成。

龙川钢管之梦：管行世界，物畅其流。

龙川钢管以完备的运营体系保障了产品的优越品质，以前卫的售后服务理念保障了用户的利益，确立了公司在无缝钢管行业的新领军者的地位。如今，在创建“百年龙川”的共同愿景指引下，朝气蓬勃的龙川人，积极迎接挑战，正踏着集科研、物流、制造为一体的国际著名的大型现代化钢管企业之路奋勇前进。

二、企业基本概况

企业名称	扬州龙川钢管有限公司				
地址	江苏省扬州市江都区大桥镇兴港路			邮编	225211
法人代表	马白强	电话	0514-86430222	电子邮箱	—
联系人	张圣确	电话	15895728790	联系人所在部门	市场开发部
传真		0514-86430333	电子信箱	—	
企业成立时间		2003 年 8 月 4 日	企业网址	www. lontrin. com/	

续表

企业性质		有限公司	钢管设计能力（万吨/年）	70	
企业员工人数（人）		1056	其中：技术人员（人）	252	
钢管产量（万吨）	2020 年	2021 年	钢管出口量（万吨）	2020 年	2021 年
	31	26		11	1.7
销售收入（万元）	2020 年	2021 年	利润总额（万元）	2020 年	2021 年
	286766	222895		—	—

三、热轧无缝钢管生产工艺技术装备及产量情况

机组类型及型号		台套/条	产品规格范围（外径范围×壁厚范围）（mm）	设计产能（万吨）	投产时间（年）
热轧无缝钢管机组	ϕ114mm ASSEL	1	（60~114）×（3.5~14）	12	2008
	ϕ219mm A-R	1	（89~219）×（3.5~30）	14	2005
	ϕ720mm Pilger	1	（219~720）×（15~150）	22	2011
热扩无缝钢管机组	ϕ720mm		（273~720）×（6~50）		
	ϕ965mm		（480~965）×（6~100）		
	ϕ1422mm		（914~1600）×（20~120）		
穿孔/冷拔/冷轧无缝钢管机组	ϕ50mm 机组+链式冷拔（20~150t）	10	（15.88~114）×（1.5~14）	10	
	ϕ219mm 机组液压冷拔（200~350t）	4	（89~273）×（5~30）	14	2004

四、企业无缝钢管主导产品

产品名称	规格范围（外径范围×壁厚范围）（mm）	执行/采用标准
油井管（含油、套、钻管）	（60.3~508）×（4.24~22.23）	API 5CT
管线管	（21.3~1067）×（2~70）	API 5L，GB/T 9711
流体管	（21.3~1067）×（2~150）	GB/T 9711
高压锅炉管	（19~1067）×（2~150）	GB/T 5310
低中压锅炉管	（19~1067）×（2~150）	GB/T 3087
结构管	（19~1067）×（2~150）	GB/T 8162
机械管	（19~1067）×（2~150）	EN10297
工程机械管（含臂架管、旋挖机用管等）	（19~1067）×（2~150）	EN10297
液压支柱管	（19~1067）×（2~150）	EN10210

续表

产品名称	规格范围（外径范围×壁厚范围）（mm）	执行/采用标准
低温管	（21.3～1067）×（2～80）	ASTM A333
石油裂化用管	（19～1067）×（2～150）	GB/T 9948
高压化肥用管	（19～1067）×（2～150）	GB/T 6479

26　江苏新长江无缝钢管制造有限公司

一、企业简介

江苏新长江无缝钢管制造有限公司位于长江三角洲新兴的现代化港口城市——江阴市市郊，隶属于实力雄厚的中国五百强“江苏新长江实业集团有限公司”，北滨国家级开放港口——江阴港，南临无锡市，西靠常州市，水陆交通便利，地理环境优越，发展前景十分诱人，是中外有识之士的投资热土。

本公司创建于 1984 年，占地面积达 23 万平方米，建筑面积 9 万平方米，固定资产 3.5 亿元。现有职工 850 余人，其中管理人员和技术人员 120 余人，中级职称以上人员 70 余人。

冷拔生产线：拥有 ϕ60mm 穿孔机组 1 套、ϕ50mm 穿孔机组 4 套，5～120t 冷拔机 16 台、辊底式热处理炉 3 座，能年产 ϕ10～114mm 的冷拔无缝钢管 15 万吨。

热轧生产线：拥有 ϕ159mm 和 ϕ273mm 自动精密热轧机组各 1 套，调质热处理炉 2 座，还有成品油套管后道车丝加工线 2 套，能年产 ϕ76～377mm 的热轧无缝钢管 40 万吨。

热扩生产线：拥有热扩机组 6 套，配备了自动化程度较高的液压推进热扩机、箱式热处理炉，以及内、外抛丸/磨光、液压矫直、坡口等设备，年产 ϕ356～1420mm 的大口径无缝钢管 6 万余吨。

各生产线还配套有钢管涡流探伤、超声波探伤、漏磁探伤、水压试验、管端磁粉机等多种检测设备。

理化试验中心配有直读光谱仪、金相检验、冲击试验机、液压式万能试验机、高温拉伸试验机、硬度计等多种试验设备。

同时配有 3.5 万伏中央变电所、金工车间、机电车间等辅助生产设施，完备的生产检测设施已形成了外径 ϕ10～1420mm 全组距全覆盖多品种的无缝钢管生产流水线。

本公司是华东地区较大规模的无缝钢管专业生产厂家，配套销售公司“江阴市长江钢管有限公司”拥有全国最大的 18 万平方米的室内仓库，生产销售的“QIANGYING”牌系列产品主要包括：结构管、输送流体管、低中高压锅炉管、石油裂化管、化肥设备用管、机械加工用管、船用管、油套管、美标欧标日标管等，年总产能达 60 万余吨，产品畅销于国内 20 多个省市和地区以及国外欧美、东南亚等地。

公司已获得 ISO 9001、14001、45001 质量、环境、职业安全健康体系认证，以及中国 CCS、英国 LR、挪威 DNV、美国 ABS、法国 BV、日本 NK、韩国 KR、意大利 RINA 等船级社工厂认可，产品获得美国石油协会 API 5CT、5L 的会标使用许可证，欧盟 PED、CPR 认证。以及江苏省名牌产品称号，国家免检产品称号。并多次被评为无锡市、江阴市“明星企业”。

二、企业基本概况

企业名称	江苏新长江无缝钢管制造有限公司				
地址	江阴市镇澄路 375 号			邮编	214442
法人代表	袁刚	电话	0510-86031560	电子邮箱	—
联系人	丁云峰	电话	13771261818	联系人所在部门	全质办
传真		0510-86031079	电子信箱	dyf@cjgg. cn	
企业成立时间		1984 年 8 月 8 日	企业网址	www. jywfgg. com	
企业性质		有限责任公司	钢管设计能力（万吨/年）	45~50	
企业员工人数（人）		853	其中：技术人员（人）	76	
钢管产量（万吨）	2020 年	2021 年	钢管出口量（万吨）	2020 年	2021 年
	25. 86	27. 14		1. 00	2. 30
销售收入（万元）	2020 年	2021 年	利润总额（万元）	2020 年	2021 年
	86065	139031		—	—

三、热轧无缝钢管生产工艺技术装备及产量情况

机组类型及型号		台套/条	产品规格范围（外径范围×壁厚范围）（mm）	设计产能（万吨）	投产时间	实际产量（万吨）	
						2020 年	2021 年
热轧无缝钢管机组	ϕ159mm Accu-Roll 热轧机组	1	（60~159）×（5~20）	10	2019 年 10 月	3. 98	3. 87
	ϕ273mm Accu-Roll 热轧机组	1	（159~340）×（6~45）	25	2009 年	12. 31	14. 24
	合计					16. 29	18. 11
热扩无缝钢管机组	ϕ914mm 热扩机组	3	（356~914）×（6~50）	3. 5	2019 年	1. 45	2. 07
	ϕ1400mm 热扩机组	3	（356~1420）×（6~60）	3. 8	2022 年	0	0
	合计	2+6					

续表

机组类型及型号		台套/条	产品规格范围（外径范围×壁厚范围）（mm）	设计产能（万吨）	投产时间	实际产量（万吨）	
						2020 年	2021 年
穿孔/冷拔/冷轧无缝钢管机组	ϕ60mm 穿孔机组	1	（70~90）×（4.0~13）	7.5	2013 年 10 月	10.10	8.50
	ϕ50mm 穿孔机组	4	（50~70）×（2.8~12）	6.5	2018 年 4 月		
	5~120t 冷拔机组	20	（8~114）×（1~12）	12	2004—2020 年	9.56	7.82
	合计					19.66	16.32

四、企业无缝钢管主导产品

产品名称	规格范围（外径范围×壁厚范围）（mm）	执行/采用标准	实际产量（万吨）	
			2020 年	2021 年
油井管（含油、套、钻管）	（60.33~339.72）×（4.24~22.22）	API 5CT	0.35	0.37
管线管	（10.3~339.7）×（1.7~40.00）	API 5L，GB/T 9711	0.96	1.02
流体管	（10~340）×（1~36）	GB/T 8163	17.27	16.41
气瓶管	（140~340）×（6~36）	GB/T 18248	—	0.05
高压锅炉管	（10~340）×（1~36）	GB/T 5310	0.55	0.57
低中压锅炉管	（10~340）×（1~36）	GB/T 3087	5.5	4.7
结构管	（10~340）×（1~36）	GB/T 8162	0.26	0.42
机械管	（10~340）×（1~36）	GB/T 8162	0.17	0.19
工程机械管（含臂架管、旋挖机用管等）	（57~340）×（4~36）	GB/T 8162	—	—
液压支柱管	（57~340）×（4~36）	GB/T 17396	0.15	0.23
三化用管	（57~340）×（4~36）	GB/T 6479	0.45	0.9
低温管	（10~340）×（2~36）	GB/T 18984 ASTM A333	0.19	0.2

27 山东大洋钢管制造有限公司

一、企业简介

聊城市日通钢管有限公司成立于 2010 年，坐落于美丽富饶的江北水城——聊城，本公司是省内钢管制造业龙头之一，占地面积120亩，在职员工150人，具有国内最高权威高级工程师5人，技术人员30余人，现有国内先进的热轧生产线1条，主要生产外径38~114mm，壁厚8~20mm，年产10t无缝钢管，产值达4亿余元。

山东大洋钢管制造有限公司作为日通企业二期生产线成立于2013年，占地面积200亩，在职员工200人，高级工程师数名，拥有先进的热轧生产线1条，主要生产外径140~273mm，壁厚8~50mm，长度可达12m。年生产能力达20万吨，实现年产值10亿余元。

聊城市科环新材料科技有限公司位于东阿县高集镇，成立于2019年，为公司三期钢管生产项目，聚焦新型高端建筑，制造业，新型合金材料等研发，打造以新型建筑材料、钢管深加工、汽车配件为主导产业，实现多元化产业基地。现引进国内最先进的钢管生产线，占地面积300多亩，主要对接高端行业的产品，以高品质、高质量、高要求为企业生产核心，年产能力可达20万吨。

二、企业基本概况

企业名称	山东大洋钢管制造有限公司　（三期 聊城市科环新材料科技有限公司）				
地址	聊城开发区松花江路			邮编	252000
法人代表	季茂雷	电话	13563009993	电子邮箱	—
联系人	季茂雷	电话	13563009993	联系人所在部门	销售部
传真		0635-8889300	电子信箱	462296204@qq. com	
企业成立时间		2013年	企业网址	www. ritongpipe. com	
企业性质		有限责任公司	钢管设计能力（万吨/年）	50	
企业员工人数（人）		500	其中：技术人员（人）	50	
钢管产量（万吨）	2020年	2021年	钢管出口量（万吨）	2020年	2021年
	32	58		0.3	0.2
销售收入（万元）	2020年	2021年	利润总额（万元）	2020年	2021年
	150000	220000		—	—

三、热轧无缝钢管生产工艺技术装备及产量情况

机组类型及型号		台套/条	产品规格范围（外径范围）（mm）	设计产能（万吨）	投产时间（年）	实际产量（万吨）	
						2020年	2021年
热轧无缝钢管机组	114三辊轧管机组-日通	1	48~114	10	2010	13	8
	273三辊轧管机组-大洋	1	140~273	20	2013	19	20
	219三辊轧管机组-科环	1	70~219	20	2021	—	20
	合计	3				32	58

四、企业无缝钢管主导产品

产品名称	规格范围（外径范围）（mm）	执行/采用标准	实际产量（万吨）	
			2020 年	2021 年
油井管（含油、套、钻管）	48~219	APL 5CT/5D/5L/5B	0.1	0.2
结构管	48~245	GB/T 8162—2018	20	25
机械管	48~245	GB/T 8162—2018	2	2.5
工程机械管（含臂架管、旋挖机用管等）	48~245	GB/T 8162—2018	1.5	2.1
液压支柱管	76~245	GB/T 17396—2018	0.5	0.7
汽车用管（含车桥管、半轴套管等）	76~180	YB/T 5035—2010	0.2	0.25

28 河北宏润核装备科技股份有限公司

一、企业简介

河北宏润核装备科技股份有限公司（以下简称宏润核装），成立于 1992 年，是一家专业从事锅炉及管道装备研发、设计、生产、销售于一体的企业。公司坐落于盐山县蒲洼工业园区，占地面积 38 万平方米，注册资金 13674.125 万元，建筑面积 13 万平方米，现有员工 297 人，其中技术人员 49 人，拥有 12 个大型生产车间，并设有产品研发中心、检测中心。拥有生产和试验设备 800 多台套。

主要生产制造设备：世界先进的 5 万吨垂直热挤钢管液压机组、8000t、6000t 挤压、轧制生产设备系统、4000t 挤压机、2000t 冲孔及顶伸液压机、8080 龙门铣、900 轧机等 240 台/套。

主要生产制造产品：核电、军工、石油化工、矿业、海洋工程、船工、航空航天等领域用钢管、管件、特种锻件、锅炉、风电产品。

主要的产品国内客户有：中国中原对外工程有限公司、中核龙源科技有限公司、中广核集团、国核工程公司、哈电集团、沈鼓集团、中国一重、二重等，国内各省主要电厂、核电厂、石油化工企业都有业务。

公司拥有“高新技术企业”“河北省技术创新示范企业”“河北省著名商标”“河北省科技型中小企业小巨人企业”等荣誉称号。拥有军民用和安全设备制造证、A 级特种设备制造许可证、安全生产标准化二级企业等 12 项核心资质证书，并已取得美国 ASME、欧盟 CE/CEP、GB/T 19001—2016/ISO 9001：2015 等国内/国际体系认证。

公司有省级研发中心，具有较强的技术研发能力，拥有发明专利 27 项、实用新型专利8项，正在审理的发明专利1项；被河北省国防科技工业局、省发改委、省军区认定为“河北省军民融合型企业”；被河北省工业和信息化厅认定为A级研发机构；被河北省工信厅认定为河北省“创新引领型领军企业”；建有河北省企业技术中心、河北省管道装备工程技术研究中心、武器装备动员中心等研发平台。

目前，宏润核装正以自主研发制造的5万吨垂直挤压机组为平台，与中国一重、中国二重、中国核动力院、中国科学院金属研究所、宝钢特钢等国有企业、科研院所开展战略合作与研发，积极承担国家重大课题专项，大力开发核一级钢管、核主管道、核主泵壳体、CAP1400核电超级管道、钛合金管、大型船用柴油机曲轴拐、一回路压力管道、反应堆压力容器近净成形热挤压构件、挤压阀门体等高端产品，G115高端钢管、核主泵泵壳、S90曲轴拐等新产品即将投放市场。宏润核装不断向“极端制造”迈进，走出了一条“特立独行”的自我发展、创新发展之路。

二、企业基本概况

企业名称	河北宏润核装备科技股份有限公司				
地址	河北省盐山县蒲洼城工业区			邮编	061300
法人代表	刘春海	电话	0317-6090628	电子邮箱	hbhrzjb@126. com
联系人	李大伟	电话	0317-6090609	联系人所在部门	总经办
传真		0317-6090600	电子信箱	hbhrzjb@126. com	
企业成立时间		1992年	企业网址	www. hebhongrun. com	
企业性质		股份有限公司	钢管设计能力（万吨/年）	10	
企业员工人数（人）		235	其中：技术人员（人）	51	
钢管产量（万吨）	2020年	2021年	钢管出口量（万吨）	2020年	2021年
	2. 2	2. 6		—	—
销售收入（万元）	2020年	2021年	利润总额（万元）	2020年	2021年
	3. 2亿	3. 6亿		5500	6700

三、热轧无缝钢管生产工艺技术装备及产量情况

机组类型及型号		台套/条	产品规格范围（外径范围×壁厚范围）（mm）	设计产能（万吨）	投产时间（年．月）	实际产量（万吨）	
						2020年	2021年
挤压钢管	500MN	1	（400~1320）×（30~200）	10	2012. 6	1. 8	2. 0
	60MN	1	（400~1400）×（40~100）	5	2006. 10	0. 4	0. 6
	80MN	1	（100400）×（10~50）	1	2022. 3		0. 05
	20MN	1	（50~100）×（20~30）	1	2022. 6		

29　内蒙古北方重工业集团有限公司

一、企业简介

内蒙古北方重工业集团有限公司始建于 1954 年，是国家“一五”期间的 156 个重点建设项目之一，隶属于中国兵器工业集团公司，是国家唯一的大中口径火炮动员中心和火炮毛坯供应基地，是国家常规兵器重点保军企业。

公司占地面积 320 平方公里，资产总额超过 150 亿元。公司现有各类设备 9300 多台(套)，在职员工 8000 余人，其中专业技术人员 1800 余人，主营业务收入超过 80 亿元。

公司始终坚持服务国家国防安全和国民经济发展两大使命，遵循军民融合发展，形成了军品、特种钢及延伸产品、矿用车等工程机械产品三大核心业务。

公司研发、制造的大量武器装备列装陆、海、空部队，在多次国庆阅兵仪式上接受了党和国家领导人及全国人民的检阅。以大口径厚壁无缝钢管为代表的特种钢及延伸产品，达到了世界先进水平，已应用于国内外二百多台亚临界、超临界和超超临界火电机组的四大管道，是“中国制造 2025”强基工程的中标产品，是国家能源局确定的国产化示范产品。

二、企业基本概况

企业名称	内蒙古北方重工业集团有限公司				
地址	内蒙古自治区包头市青山区兵工路			邮编	014030
法人代表	李军	电话	0472-3385509	企业性质	国有企业
联系人	李媛媛	电话	0472-3386052	联系人所在部门	特钢研究院
传真		0472-3385944	电子信箱	m15661492881@163. com	
企业成立时间		1954 年	企业网址	www. bfzg. com	
企业性质		国有企业	钢管设计能力（万吨/年）	7. 0	
企业员工人数（人）		8000	其中：技术人员（人）	1800	
钢管产量（万吨）	2020 年	2021 年	钢管出口量（万吨）	2020 年	2021 年
	3. 04	4. 18		—	—
销售收入（万元）	2020 年	2021 年	利润总额（万元）	2020 年	2021 年
	49000	71000		—	—

三、热轧无缝钢管生产工艺技术装备及产量情况

机组类型及型号		台套/条	产品规格范围（外径范围×壁厚范围）（mm）	设计产能（万吨）	投产时间（年）	实际产量（万吨）	
						2020 年	2021 年
热轧无缝钢管机组	3.6 万吨挤压机	1	1100×180	5.0	2009	2.85	3.38
	3000t 油压机	1	1100×180	2.0	1996	0.19	0.80
	合计	2		7.0		3.04	4.18

四、企业无缝钢管主导产品

产品名称	规格范围（外径范围×壁厚范围）（mm）	执行/采用标准	实际产量（万吨）	
			2020 年	2021 年
高压锅炉管	1100×180	ASTM A 335，ASME SA 335，EN10216-2，GB/T 5310	3.04	4.18

注：以上数量依据当年实际主导产品填报。

30　中国船舶武汉重工铸锻有限责任公司

一、企业简介

中国船舶武汉重工铸锻有限责任公司（WHHI）隶属于中国船舶集团有限公司，位于九省通衢的武汉市，坐落在东湖之滨，与武汉火车站毗邻，距离长江货运码头仅 10 公里。拥有铁路专用线，交通运输十分便利。

公司始建于 1958 年，是“一五”期间国家 156 个重点建设项目之一，厂区占地面积 111 万平方米。是集炼钢，锻造、有色铸造、热处理、机械加工、成套设备制造于一体的大型国有企业，中国船舶行业唯一一家大型铸锻件专业化研发及配套企业和中南地区最大的铸锻中心。

工厂建立有完善的质量保证体系，各类理化检验试验人员、设备及配套设施齐全，通过 ISO 9001 质量体系认证，船舶产品通过国内外八家船级社认可并取得大口径厚壁无缝钢管、超高压容器、民用核承压设备、军工产品（武器装备科研）等产品制造许可证。

经过六十多年不断发展，公司已成为集炼钢、锻造、有色及黑色铸造、机械加工、热处理、成套设备制造于一体的国家大型综合机械制造企业。能为中外造船、电力（核电、火电、水电）、矿山、冶金、石油、化工、航空、航天、压力容器、机械等各行各业提供

各类大口径厚壁无缝钢管及大中型铸件锻件、成品曲轴及成套设备产品。

公司拥有两条钢管生产线：冲孔—顶伸生产线和 820mm 斜轧生产线，是国内最早生产大口径厚壁无缝钢管的厂家。

自 1995 年建成投产以来，已形成年产成品钢管 80000 吨的生产能力。钢管外径 219～1100mm、壁厚 20～200mm、长度≤12000mm。能按 GB 5310、ASME、DIN、RCC－M、EN10216-2 或用户指定国内外标准生产钢管，长期为国内各大锅炉厂、火电厂、电力公司、核电工程公司服务。

公司始终坚持以“打造精品、创新超越”的质量方针，期待着与您的真诚合作，竭诚为您提供所需的优质产品及良好的售后服务。

二、企业基本概况

企业名称	武汉重工铸锻有限责任公司				
地址	湖北省青山区武东路 1 号			邮编	430084
法人代表	刘志勇	电话	027-68861901	企业性质	国有企业
联系人	张德龙	电话	027-68861610	联系人所在部门	钢管公司
传真		027-68861917	电子信箱	zhangdelong10.21@163.com	
企业成立时间		1958 年	企业网址	http://www.whzg.com/	
企业性质		国有企业	钢管设计能力（万吨/年）	8～11	
企业员工人数（人）		1427	其中：技术人员（人）	367	
钢管产量（万吨）	2020 年	2021 年	钢管出口量（万吨）	2020 年	2021 年
	2.2	2.6		0.70	0.13
销售收入（万元）	2020 年	2021 年	利润总额（万元）	2020 年	2021 年
	35000	41300		1700	2300

三、热轧无缝钢管生产工艺技术装备及产量情况

机组类型及型号		台套/条	产品规格范围（外径范围×壁厚范围）（mm）	设计产能（万吨）	投产时间（年）	实际产量（万吨）	
						2020 年	2021 年
锻造无缝钢管生产线	冲孔-顶伸锻造钢管生产线	1	（219～1100）×（20～200）	3	1995	0.9	1.1
热轧无缝钢管机组	ϕ820mm 精密斜轧制机组	1	（355～820）×（16～160）	5～8	2014	1.3	1.5

四、企业无缝钢管主导产品

产品名称	规格范围（外径范围×壁厚范围）（mm）	执行/采用标准	实际产量（万吨）	
			2020年	2021年
管线管	（219~1100）×（20~200）	APL 5L标准	0	—
流体管	（219~1100）×（20~200）	GB/T 8163等	0	—
气瓶管	（406~725）×（16~50）	GB 18248，GB 28884	0	—
高压锅炉管	（219~1100）×（20~200）	GB 5310	0.8	1
低中压锅炉管	（219~1100）×（20~200）	GB/T 3087	0	—
结构管	（219~1100）×（20~200）	GB/T 8162等	0	—
机械管	（219~1100）×（20~200）	DIN标准	0.2	0.1
液压支柱管	（219~1100）×（20~200）	GB/T 17396	0	—
其他	—	—	0.1	0.1
核电用钢管	（219~1100）×（20~200）	RCC-MM1144	0.2	0.3
石化用钢管	（219~1100）×（20~200）	ASME/ASTM，EN10216标准	0.4	0.4
电站四大管道	（219~1100）×（20~200）	ASME/ASTM，EN10216标准	0.5	0.7

31　天长市康弘石油管材有限公司

一、企业简介

天长市康弘石油管材有限公司位于安徽省天长市铜城镇，由原安徽天大石油管材股份有限公司天长市铜城工厂重组而来。工厂始建于1993年，新公司成立于2018年，注册资本5100万元，现有员工420人，其中技术人员48人。

公司主营产品有：碳钢、合金钢无缝管、无氧化高精密钢管、抗硫化氢腐蚀专用管、耐硫酸低温露点腐蚀（ND钢）、低温作业用无缝管等特殊用途专用管。产品生产经营范围涵盖10~1400mm无缝、焊接钢管以及螺纹、沟槽等多种机加工钢管。

公司拥有特种设备制造许可证，ISO 9001、ISO 45001、ISO 14001、IATF16949、API、欧盟PED、CPR体系认证，中核集团合格供应商以及CCS、BV、LR、DNV-GL、ABS、NK、KR、RINA、RS船级认证等多家权威机构的产品认证。公司拥有完备的质量控制体系，多种先进的生产设备、检测手段和检测方法，包括三线冷拔机、步进管坯加热炉、微氧化热处理生产线、无氧化热处理生产线等生产设备，直读光谱仪、高温拉伸试验机、冲击试验机、金相检测仪、硬度试验机等成分和性能检测仪器，多套涡流超声一体探伤机、水压试验机等产品检测设备，为客户提供稳定、优质的产品。

公司拥有完善的科技创新体系和一流的科技人才队伍，拥有 CNAS 国家认可实验室，并与合肥通用研究所、钢铁研究总院等行业知名科研机构进行紧密学研合作。

公司与合作单位共同研发的抗酸管线、超低温管道、高强度结构管、耐腐蚀专用管获得了客户的高度认可并拥有 30 多项发明和新型专利。

公司目前为安徽省企业技术中心、安徽省专精特新冠军企业，获得石化行业百佳供应商、天长市十强企业荣誉称号。

公司在多年的市场开阔中，凭借优秀的产品和服务，公司建立了遍布全球的销售网络，产品广泛应用于石油、天然气、化工、机械、能源、造船、基础设施建设等多个领域。在石油石化行业中，公司通过了中石油、中石化、中化供应商认证，成为中石油、中石化、中化的战略供应商。在造船行业中，公司成为中船重工、招商重工，中远集团等合格供应商。在锅炉压力容器行业中，与中国一重，南化机、兰石重型等建立长期良好合作关系。

公司积极响应国家提出的中小企业发展战略，走符合自身发展的“专精特新”之路。公司秉承产品符合标准要求为基本前提，按用户要求定制并满足客户专业化特殊需求为终极目标，努力追求产品和技术服务让客户满意，使得用户从采购、制作到产品服役使用的全生命周期成本最低。未来，公司将紧跟国际钢管技术的发展趋势，提高工艺技术，推进精细化管理，坚持持续改进，着力成为无缝钢管一揽子方案的解决者。

二、企业基本概况

企业名称	天长市康弘石油管材有限公司				
地址	安徽省天长市铜城镇振兴路			邮编	239311
法人代表	张胡明	电话	0550-7518599	电子邮箱	kh001@kanghongpipe.com
联系人	徐联	电话	0550-7518599	联系人所在部门	办公室
传真		0550-7511101	电子信箱	lian. xu@kanghongpipe. com	
企业成立时间		2018 年 1 月	企业网址	www. kanghongpipe. com	
企业性质		有限责任公司	钢管设计能力（万吨/年）	20	
企业员工人数（人）		420	其中：技术人员（人）	48	
钢管产量（万吨）	2020 年	2021 年	钢管出口量（万吨）	2020 年	2021 年
	10. 78	11. 23		0. 51	0. 70
销售收入（万元）	2020 年	2021 年	利润总额（万元）	2020 年	2021 年
	75380	86873		—	—

三、热轧无缝钢管生产工艺技术装备及产量情况

机组类型及型号		台套/条	产品规格范围（外径范围）（mm）	设计产能（万吨）	投产时间（年）	实际产量（万吨）	
						2020 年	2021 年
热扩无缝钢管机组	ϕ820mm 热扩机组	1	219～820	3	2020	0.06	0.32
	合计	1					
穿孔/冷拔/冷轧无缝钢管机组	ϕ50mm 穿孔机组	1	10～42	2	2018	2.03	1.92
	ϕ60mm 穿孔机组	1	38～57	4	2018	1.08	1.03
	ϕ70mm 穿孔机组	1	48～64	5	2018	2.58	2.54
	ϕ80mm 穿孔机组	1	57～140	6	2018	4.39	4.33
	300t 冷拔机组	1	114～325	3	2016	1.5	1.2
	30t 冷轧机组	2	19～38	0.5	2018	0.18	0.16
	60t 冷轧机组	1	38～89	0.5	2018	0.25	0.24
	冷拔机组	20	10～219	10	2018	9.13	8.89
	合计	27					

四、企业无缝钢管主导产品

产品名称	规格范围（外径范围）（mm）	执行/采用标准	实际产量（万吨）	
			2020 年	2021 年
油井管（含油、套、钻管）	10～219	API 5CT	0.22	0.47
管线管	10～820	API 5L，GB/T 9711	1.52	1.34
流体管	10～820	GB/T 8163，ASME	1.56	1.47
气瓶管	10～820	GB/T 18248		
高压锅炉管	10～820	GB/T 5310，ASME	0.94	0.92
低中压锅炉管	10～820	GB/T 3087，ASME	1.33	1.49
结构管	10～820	GB/T 8162	0.24	0.28
机械管	10～820	GB/T 8162	0.39	0.32
汽车用管（含车桥管、半轴套管等）	10～820	GB/T 8162 SAE	0.58	0.21
三化用管	10～820	GB/T 6479，GB/T 9948	1.42	1.94
低温管	10～820	GB/T 18984，ASME	0.45	0.49
其他（注明产品名称）	10～820	国标、美标、欧标	0.51	0.45
船舶用管	10～820	GB/T 5312	1.62	1.85

32　常熟市无缝钢管有限公司

一、企业简介

常熟市无缝钢管有限公司成立于1975年。地处江苏省常熟市董浜工业园华烨大道25号 公司注册资本5000万元。公司现有职工350人，其中技术人员60人。

公司是生产常峰牌小口径冷拔特种无缝钢管的专业公司，为国内外客户提供锅炉、换热器用无缝钢管、柴油机用高压油管、化肥设备用高压无缝钢管、石油裂化用无缝钢管、轴承钢管、结构和流体用碳结无缝钢管。产品主要用于锅炉、压力容器、机车船舶、航天航空、兵工器械等领域，产品除满足国内客户外，还分别销往东南亚、西亚、中东、欧洲、美洲等地区，年销量达7万多吨。

公司拥有SRM-275十二机架减径机等三条热轧穿孔生产线和四条冷拔（冷轧）生产线，配置了无氧（光亮）退火等六条热处理炉。

公司以诚实信用作为经营宗旨，连续多年来具有AAA级资信等级，自1995年至今年年被江苏省人民政府授予“重合同、守信用企业”荣誉称号。

公司集四十多年的无缝钢管生产经验，拥有经验丰富的产品研发人员和训练有素的技术工人，具有独立的产品开发能力和自主知识产权。公司严格控制采购渠道，选择上钢五厂、兴澄钢厂等大型著名企业的优质管坯作为原材料，不断改进加工方法，优选各种加工参数，使产品性能达到最佳，满足不同品种和标准的需要。公司管理制度健全，严格贯彻产品质量检测预防措施和产品工序质量监督措施，完备的检测设备确保产品质量。

公司按中国标准GB、美国标准ASME、ASIM、日本标准JIS、德国标准DIN以及和客户协商的工厂标准组织生产，满足国内外不同用户的需求。

公司自1997年通过中国方圆标志认证委员会的ISO 9000质量体系认证，并经多年来验审合格，使企业管理措施和管理手段不断完善，积累了丰富的产品质量管理经验。

二、企业基本概况

企业名称	常熟市无缝钢管有限公司				
地址	常熟市董浜镇华烨大道25号			邮编	215134
法人代表	陈国强	电话	13328028011	电子邮箱	—
联系人	严兴根	电话	13962358712	联系人所在部门	财务核算部
传真		0512-52837172	电子信箱	csstp@public1. com	
企业成立时间		2000年	企业网址	http://www. csstp. com	

续表

企业性质		其他有限责任公司	钢管设计能力（万吨/年）	4.2	
企业员工人数（人）		300	其中：技术人员（人）	42	
钢管产量（万吨）	2020 年	2021 年	钢管出口量（万吨）	2020 年	2021 年
	3.3132	3.8583		0.4932	0.4061
销售收入（万元）	2020 年	2021 年	利润总额（万元）	2020 年	2021 年
	26015	33464		—	—

三、热轧无缝钢管生产工艺技术装备及产量情况

机组类型及型号		台套/条	产品规格范围（外径范围×壁厚范围）（mm）	设计产能（万吨）	投产时间（年）	实际产量（万吨）	
						2020 年	2021 年
热轧无缝钢管机组	ϕ40mm 机组	1	ϕ40~65	1.3	2020	0.8418	1.1931
	ϕ50mm 机组	1	ϕ50~89	1.8	2000	1.1238	1.3278
	ϕ60mm 机组	1	ϕ55~89	2.5	2000	1.5908	1.6810
	合计	3	ϕ40~89	5.6		3.3132	3.8583
穿孔/冷拔/冷轧无缝钢管机组	冷拔机及配套	15	（5~89）×（0.5~15）	4.2	2000	3.3132	3.8583
	合计					3.3132	3.8583

四、企业无缝钢管主导产品

产品名称	规格范围（外径范围×壁厚范围）（mm）	执行/采用标准	实际产量（万吨）	
			2020 年	2021 年
流体管	（5~89）×（0.5~15）	GB/T 9948，GB/T 6479，GB/T 8163，美标	2.5031	2.9387
高压锅炉管	（5~89）×（0.5~15）	GB/T 5310	0.0727	0.1285
低中压锅炉管	（5~89）×（0.5~15）	GB/T 3087	0.0127	0.0082
结构管	（5~89）×（0.5~15）	GB/T 8162	0.3430	0.2492
机械管	（5~89）×（0.5~15）	SGG 280—2004	0.1068	0.1406
工程机械管（含臂架管、旋挖机用管等）	（5~89）×（0.5~15）	GB/T 8162	0.0549	0.0846
汽车用管（含车桥管、半轴套管等）	（5~89）×（0.5~15）	GB/T 8162	0.1602	0.1860
低温管	（5~89）×（0.5~15）	GB/T 150.2	0.0598	0.1059
内螺纹管	（5~89）×（0.5~15）	GJB 5501		0.0166

33 常州盛德鑫泰新材料股份有限公司

一、企业简介

盛德鑫泰新材料股份有限公司主要从事各类工业用能源设备专用无缝钢管的生产、研发和销售的一体化专业公司。

公司产品主要应用于电站锅炉设备制造、石油炼化等行业。

公司客户包括上海锅炉厂、哈尔滨锅炉厂、东方锅炉等国内大型电站锅炉制造企业和中石化、中海油等大型石油炼化企业以及 BHEL 公司等海外大型电力设备公司。

公司所生产的无缝钢管按照材质分主要包括合金钢、不锈钢以及碳钢三大类，其中合金钢是公司目前的主要导产品，主要应用于能源设备制造行业；不锈钢主要应用于能源设备制造及石油炼化行业；碳钢主要应用于石油炼化行业。

目前，公司拥有碳钢、合金钢无缝钢管产能 9 万吨，不锈钢无缝钢管产能 1 万吨。

根据中国钢结构协会钢管分会的统计数据表明，我公司生产的电站锅炉用小口径无缝钢管，在高压锅炉用合金钢领域拥有很强的竞争力，在国内已经拥有一定的知名度。

公司经过十余年的发展及技术积累，拥有 3 项发明专利，65 项实用新型专利，此外，公司拥有常州市科技局认定的“江苏省高性能耐热合金无缝管工程技术研究中心”，并承接了多项江苏省科技计划项目。

公司全资子公司盛德钢格板公司主要生产和销售压焊钢格板及球接栏杆等产品，主要客户也为大型电站锅炉企业。盛德钢格板在现有条件下的实际产能约为 15000t。

多年来，公司依靠科技进步，不断进行技术改造，优化产品结构，加大科技投入，扩大生产规模，创新制造技术含量高的尖端产品。

先后引进和改造了 ϕ50mm、ϕ60mm、ϕ76mm、ϕ130mm 热轧穿孔机组四台套；

LG60S、LG60-H、LG120、LG30-H、LG325 等精轧机组 17 台套；

10t、20t、40t、45t、65t、100t 链式冷拔机组 17 台套；

液压高精度大口径冷拔管机组 150t、250t 各 1 台套；

ϕ6～219mm 矫直管机组 9 台套和配套辅助的正火炉、煤气发生炉、连续辊底式加长固溶处理炉和其他辅助设备 55 台套，形成了碳钢、合金钢、不锈钢无缝钢管三条生产线，年产碳钢、合金钢无缝钢管 100000t，不锈钢无缝钢管 6000t。

其中，碳钢生产组距为外径 6～159mm、壁厚 1～25mm，材质包括 10 号钢、20 号钢、35 号钢、30CrMo、45 号钢、20G、16Mn、37Mn5、36Mn2V、SA334-1、SA334-6 等；

合金管生产组距为外径 12 ~ 114mm，壁厚 1.5 ~ 25mm，材质包括 15CrMoG、12Cr1MoVG、T/P 1、T/P 2、T/P 5、T/P 9、T11、T/P 12、T19、T/P 22、T23、T/P 91、T/P 92、0Cr13、1Cr13、2Cr13 等；

不锈钢生产组距为外径 6~325mm，壁厚 1~35mm，材质包括 304、304L、316、316L、321 等。

同时公司还生产各类碳钢、合金钢无缝内螺纹管，主要材质包括 SA-210A、SA-210C、15CrMoG、T12、T2 等。

公司在开发和扩大产品规模的同时，为满足产品标准和质量要求，在质量检测设备上先后配置了 CTS-8006 型（ϕ16~159mm）、CTS-46 型（ϕ18~159mm）、UTD-90R（ϕ16~133mm）超声波探测仪 5 台套；

EEC-22 型（ϕ18~76mm）、钢研-7 型（ϕ16~133mm）、钢研-6 型（ϕ16~133mm）涡流探测仪 5 台套；

QL-CS2D 高速碳硫分析仪、QL-BS3 微机三元素分析仪、TC5288 型阻尼分析天平、TC328A 型分析天平、WF-600、WEW1000D 材料力学液压万能试验机、SPECTRO TEST 直读光谱仪等质量检测设备，公司专门成立了质量检测中心，从而保证了产品质量的提高，赢得了顾客的信任。

二、企业基本概况

企业名称	常州盛德鑫泰新材料股份有限公司				
地址	江苏省常州市西郊邹区镇工业大道 48-1 号			邮编	213144
法人代表	周文庆	电话	13809072953	电子邮箱	—
联系人	范琪	电话	13401600766	联系人所在部门	技术部
传真		0519-83632723	电子信箱	fq771227@126.com	
企业成立时间		2001 年	企业网址	www.shengdechina.com	
企业性质		股份制	钢管设计能力（万吨/年）	15	
企业员工人数（人）		480	其中：技术人员（人）	60	
钢管产量（万吨）	2020 年	2021 年	钢管出口量（万吨）	2020 年	2021 年
	9.11	10.08		0.3	0.4
销售收入（万元）	2020 年	2021 年	利润总额（万元）	2020 年	2021 年
	81800	10360		—	—

三、热轧无缝钢管生产工艺技术装备及产量情况

机组类型及型号		台套/条	产品规格范围（外径范围×壁厚范围）（mm）	设计产能（万吨）	投产时间（年．月）	实际产量（万吨）	
						2020 年	2021 年
穿孔/冷拔/冷轧无缝钢管机组	φ130mm 穿孔机组	1	（51~159）×（2~16）	10	2012. 1	8. 2	8. 6
	φ76mm 穿孔机组	1	（38~89）×（2~16）	4	2007. 6	3. 2	3. 6
	φ60mm 穿孔机组（不锈钢）	1	（16~57）×（2~16）	1	2016. 5	0. 6	0. 8
	合计			15		12	13

四、企业无缝钢管主导产品

产品名称	规格范围（外径范围×壁厚范围）（mm）	执行/采用标准	实际产量（万吨）	
			2020 年	2021 年
流体管	（16~89）×（2~16）	GB/T 8163	0. 7	0. 8
高压锅炉管	（16~159）×（2~16）	GB/T 5310	8. 2	9. 1
低中压锅炉管	（16~89）×（2~16）	GB/T 3087	0. 2	0. 2

34 江苏立万精密制管有限公司

一、企业简介

江苏立万精密制管有限公司坐落于风景秀丽的长江下游经济带，位于全国文明城市江苏省张家港市，地处沪苏通铁路、南沿江城际铁路和通苏嘉甬铁路的三线交汇地，地理位置优越。公司是国内较早专业生产精密焊管、焊拔管以及精密无缝管的企业，公司占地 13 万平方米，建标准厂房 4 万平方米，生产能力 10 万吨，其中电焊精密钢管 6 万吨，焊拔管 3 万吨，精密无缝管 2 万吨，各种类型的管型零部件 5000 万支。目前公司拥有分条、精密焊管、三线冷拔、热处理、切断加工等多条国内外先进生产线。公司产品用途广泛，主要应用于减震器、转向柱、传动轴、凸轮轴、安全气囊、座椅杆等车用管型部件，同时也为高端精密仪器、大型机械设备、高铁、制冷设备、组合器材等提供优质产品，年销售额超过 5 亿元。公司通过 IATF16949 认证，拥有完善的质量控制体系。公司自 2014 年起一直获评国家高新技术企业，是标准 GB/T 3639—2021、GB/T 31315—2014、YB/T

4675—2018 起草人，2017 年获评江苏省企业技术中心，2018 年获评江苏省研究生工作站（合作单位：江苏科技大学），2019 年获评省级二级安全标准化单位、两化融合单位，2020 年获评张家港小巨人企业、张家港市金港镇社会责任企业。

二、企业基本概况

企业名称	江苏立万精密制管有限公司				
地址	江苏省张家港市金港镇江海中路 1 号			邮编	215633
法人代表	倪志红	电话	0512-56939098	电子邮箱	—
联系人	孙凯	电话	13921967894	联系人所在部门	企管部
传真		0512-58310238	电子信箱	jmgsk@jsliwan. com	
企业成立时间		1981 年	企业网址	www. baidu. com	
企业性质		私营	钢管设计能力（万吨/年）	13	
企业员工人数（人）		400	其中：技术人员（人）	60	
钢管产量（万吨）	2020 年	2021 年	钢管出口量（万吨）	2020 年	2021 年
	8	9		1	1
销售收入（万元）	2020 年	2021 年	利润总额（万元）	2020 年	2021 年
	42000	54200		—	—

三、热轧无缝钢管生产工艺技术装备及产量情况

机组类型及型号		台套/条	产品规格范围（外径范围×壁厚范围）（mm）	设计产能（万吨）
穿孔/冷拔/冷轧无缝钢管机组	30 机组	6	（12~45）×（0.5~3）	0.5
	40 机组	16	（15~45）×（0.5~4）	0.5
	60 机组	18	（20~65）×（0.8~8）	1

四、企业无缝钢管主导产品

产品名称	规格范围（壁厚）（mm）	执行/采用标准	实际产量（万吨）	
			2020 年	2021 年
结构管	0.5	GB/T 3639—2021	0.5	0.5
机械管	0.5	GB/T 3639—2021	0.5	0.5
工程机械管（含臂架管、旋挖机用管等）	0.5	GB/T 3639—2021	0.5	0.5
汽车用管（含车桥管、半轴套管等）	0.5	GB/T 3639—2021	0.5	0.5

35 浙江伦宝金属管业有限公司

一、企业简介

浙江伦宝金属管业有限公司创建于 1992 年 3 月，是一家集研发、生产、销售为一体的专业精密钢管民营企业。

公司拥有年产 5 万吨穿孔、冷拔、精轧精密钢管生产线，主要生产结构用钢管、输送流体用无缝钢管、低中高压锅炉用无缝钢管、光亮热处理钢管、冷拔或冷轧精密无缝钢管等，产品广泛应用于汽车零部件、压力管道、液压机械、工程机械等行业。公司配备较完备的检测设施：物理性能检测、化学成分分析、硬度、涡流+超声一体探伤等，公司建有完善的环保处理设施，实现废酸、废水循环化回用。

公司为国家高新技术企业，建有省级高新技术企业研究开发中心，拥有国家 A2（1）、B（1）（2）级特种设备生产许可证，通过 ISO 9001：2015 国际质量体系认证和汽车用管 IATF16949：2016 国际质量管理体系认证，先后荣获“浙江省诚信民营企业”“浙江省守合同重信用 AAA 级企业”“浙江省纳税信用 AAA 级企业”“浙江省劳动关系和谐示范引领企业”“浙江省成长型中小企业”“浙江省名牌产品”“衢州市专利示范企业”“江山市工业企业综合绩效评价 B 类企业”“江山市首批单打冠军企业”“江山市首批环保诚信企业”等荣誉称号，公司同时参与金融业的投资，成为江山市建信村镇银行十大发起人之一。

公司重视科技创新和自主知识产权建设，常年与多家科研院校建有稳定的产学研合作关系，公司承担的科技计划项目荣获科技部火炬计划和创新基金项目立项。公司在新产品和环保治理技术研发方面取得了优良实效，目前拥有授权发明专利 4 项（受理发明专利 3 项）、实用新型专利 30 项，软件著作权 3 项。参与国家标准制定 4 项，行业标准 1 项，企业标准 3 项。

2022 年公司将在市莲华山工业园区年产 5 万吨精密钢管智能化节能技改项目，工程用地 56 亩，投资 1.4 亿元。

公司上下齐心协力，聚集人才，优化管理，不断开拓创新，打造伦宝百年企业。

二、企业基本概况

企业名称	浙江伦宝金属管业有限公司				
地址	浙江省衢州市江山市贺村镇十里牌 19 号			邮编	324109
法人代表	王超仙	电话	0570-4550789	电子邮箱	—
联系人	童仁森	电话	0570-4550189	联系人所在部门	财务

续表

传真		0570-4554076	电子信箱	305199764@163. com	
企业成立时间		1992 年 3 月 6 日	企业网址	www. zjlbsteel. com	
企业性质		私营	钢管设计能力（万吨/年）	5	
企业员工人数（人）		230	其中：技术人员（人）	54	
钢管产量（万吨）	2020 年	2021 年	钢管出口量（万吨）	2020 年	2021 年
	4. 7	5. 4		0	0
销售收入（万元）	2020 年	2021 年	利润总额（万元）	2020 年	2021 年
	25695	34033		—	—

三、热轧无缝钢管生产工艺技术装备及产量情况

机组类型及型号		台套/条	产品规格范围（外径范围×壁厚范围）（mm）	设计产能（万吨）	投产时间（年）	实际产量（万吨）	
						2020 年	2021 年
穿孔/冷拔/冷轧无缝钢管机组	ϕ40mm 穿孔机组	1	（40~60）×（2. 8~7. 5）	1. 5	2017	1. 3	1. 3
	ϕ50mm 穿孔机组	2	（50~85）×（2. 8~15）	4	2020	3. 4	3. 9
	冷拔机组	11	（4~80）×（0. 5~12）	3. 5	2005	3	2. 8
	冷轧机组	13	（19~79）×（1. 5~12. 5）	1. 5	2018	1. 1	1. 2
	合计	3+24	（4~79）×（1. 5~12. 5）	10. 5		8. 8	9. 2

四、企业无缝钢管主导产品

产品名称	规格范围（外径范围×壁厚范围）（mm）	执行/采用标准	实际产量（万吨）	
			2020 年	2021 年
流体管	（6~76）×（0. 5~12）	GB/T 8163—2018	0. 88	0. 71
低中压锅炉管	（6~76）×（0. 5~12）	GB/T 3087—2008	0. 10	0. 10
结构管	（4~80）×（0. 5~12）	GB/T 8162—2018	1. 23	1. 39
工程机械管（含臂架管、旋挖机用管等）	（4~80）×（0. 5~12）	GB/T 8162—2018 GB/T 8163—2018	0. 70	0. 75
汽车用管（含车桥管、半轴套管等）	（6~76）×（0. 5~12）	GB/T 3639—2021	1. 10	1. 00
小计			4. 01	3. 95
其他无缝钢管			4. 79	5. 25
合计			8. 8	9. 2

36　河北金奥精工制造股份有限公司

一、企业简介

河北金奥精工制造股份有限公司，位于保定市高阳县庞口镇汽车农机配件产业园区，附近交通便利，工业发达。

公司占地近 8 万平方米，员工 350 人，注册资金 3610 万元，总资产 2.8 亿元。公司下设钢管事业部、减振器事业部、精工事业部及国际事业部。

钢管事业部

原河北金奥管业有限公司，专业生产各种无缝钢管，产品规格包括外径 12～80mm，壁厚 1.5～14mm 之间的一般无缝钢管、精拉管、精轧管、合金管、异型管。

产品主要用于汽车制造业、摩托车制造业、农业装备制造业、电力铁路工程、高低压锅炉管、船舶制造业、石油等各种高标准、高要求的加工、制造产业。

目前产品主要用于长城汽车、长安汽车、北京现代汽车、长春一汽、湖北二汽、天津丰田、广州本田、北汽福田、济南重汽、宇通客车、中国石油等百余家企业。

公司配备有先进的生产设备，现有穿孔生产线两条，精轧机三十二台，冷拔机十三台，采用德国技术的热处理生产线两条，韩国和美国的精整和检测设备五台。

公司聘请了多位国内钢管行业优秀的技术专家和管理人才，培养了一批专业的管理团队，有效提升了产品的工艺水平和管理水平，并具备了很强的产品研发能力。

减振器事业部

始建于 1995 年的保定江辉减振器有限公司，专业生产各种机动车、非机动车减振器。

目前产品畅销全国二十多个省、自治区、直辖市，且销售的产品 90%以上为专利产品，先后为雷沃重工、五征集团、江苏宗申、河南隆鑫、重庆万虎等厂家配套。公司具备专业的研发团队，并于 2002 年起同清华大学、北京航空航天大学专家合作研制开发低速汽车减振器，已获得国家多项发明专利，产品技术已达到同行业领先水平。

精工事业部

主要从事无缝钢管的精密加工，依托丰田汽车、德系、美系汽车零部件企业用管的需求，本着为客户提供更多服务价值，满足市场对高端精密无缝钢管的需求，精工事业部致力于打造一支自动化、智能化的精密制造管理研发团队，公司配备有钻、铣、车、磨及焊接等自动化设备以及自动切割、六工位以上加工中心。为满足丰田汽车、大众汽车和美系零部件企业的订单要求，精工事业部将于 2021 年完成引进六工位以上加工中心 26 台，自动喷丸设备、自动热处理线、自动磷化线各一条。同时精工事业部将打造一支专业的工艺研发和工装模具制作团队，保证加工技能水平及加工精度处于世界领先水平。

国际事业部

负责国际市场的产品开发和技术引进，下设国际贸易部和天津普若米尔贸易进出口有限公司。

国际贸易部主要负责本公司产品的国际市场的开发，未来三年将在美国、德国、日本建立公司的办事处。

天津普若米尔贸易进出口有限公司主要以进出口钢铁结构部件，冷轧/冷拔无缝钢管，高铁设备和配件，飞机零部件，汽车零部件，建筑工程用机械零部件，汽车、摩托车和电动车减振器。客户覆盖东南亚，中东，南美、北美和欧洲大部分地区。

公司目前拥有金属材料、热处理、热轧、冷拔、精轧、精加工等专业技术团队。设置工程技术中心，下设产品研发部、工艺科、机械性能实验室、金相组织检测实验室、化验室等科研部门。

配备有60吨拉力试验机、金相显微镜、直读光谱仪、布氏硬度计、洛氏硬度计、维氏硬度计、粗糙度仪、轮廓仪、陶瓷纤维马弗炉、阻尼示功机、弹簧拉压双向试验机、麦考特磁阻测绘仪、双动双频疲劳试验机等先进试验设备。

在产品质量管理方面，严格按照IATF16949：2016质量管理体系的标准运行，严把产品质量关，做到从原材料进厂到产品出厂每道工序都严格控制，确保产品质量达到顾客满意。

金奥精工于2022年3月28日取得IATF16949；

2016取得质量管理体系证书；

2021年11月1日取得GB/T 24001—2016/ISO 14001；

2015取得环境管理体系认证证书及GB/T 45001—2020/ISO 45001；

2018取得职业健康安全管理体系认证证书。

2020年12月获得“2020年度保定市质量典型标杆示范单位”；

2021年2月获得高阳县2021年民营经济创新发展大会“政府质量奖”及“高阳县优秀民营企业”称号。

金奥精工始终秉持“做最好的企业，为员工造福”的愿景目标，打造质量、信誉、科技的品牌内涵，一如既往地为市场提供最受客户信赖、最受客户依赖的产品。

二、企业基本概况

<table>
<tr><td>企业名称</td><td colspan="5">河北金奥精工制造股份有限公司</td></tr>
<tr><td>地址</td><td colspan="3">河北省保定市高阳县庞口镇高庞路1号</td><td>邮编</td><td>071504</td></tr>
<tr><td>法人代表</td><td>李亚辉</td><td>电话</td><td>18331011672</td><td>电子邮箱</td><td>—</td></tr>
<tr><td>联系人</td><td>田伟</td><td>电话</td><td>0312-6858222</td><td>联系人所在部门</td><td>综合管理部</td></tr>
<tr><td colspan="2">传真</td><td>0312-6858999</td><td>电子信箱</td><td colspan="2">zhb@jinaoguanye. com</td></tr>
<tr><td colspan="2">企业成立时间</td><td>2020年4月8日</td><td>企业网址</td><td colspan="2">www. jinaoguanye. com</td></tr>
<tr><td colspan="2">企业性质</td><td>民营</td><td>钢管设计能力
（万吨/年）</td><td colspan="2">5</td></tr>
</table>

续表

企业员工人数（人）		350	其中：技术人员（人）	39	
钢管产量（万吨）	2020 年	2021 年	钢管出口量（万吨）	2020 年	2021 年
	2.22	2.1		0.35	0.46
销售收入（万元）	2020 年	2021 年	利润总额（万元）	2020 年	2021 年
	14308.6	15744		—	—

三、热轧无缝钢管生产工艺技术装备及产量情况

机组类型及型号		台套/条	产品规格范围（外径范围）（mm）	设计产能（吨/天）	实际产量（万吨）	
					2020 年	2021 年
穿孔/冷拔/冷轧无缝钢管机组	全自动穿孔机-PMB40 曼式	1	40~60	50		
	全自动穿孔机-PMB50 曼式	1	50~85	65		
	天然气步进底式加热炉（14×1.9M）	1	40~60	50		
	天然气步进底式加热炉（16×2.4M）	1	50~85	65		
	92m 无氧退火球化炉	1	8~85	60		
	贯通式辊底热处理炉	1	8~85	120		
	单链 45t 拔机	1	30~75	40		
	单链 65t 拔机	1	40~85	50		
	双链 10t 拔机	1	8~30	20		
	双链 20t 拔机	1	30~70	40		
	三连拔机	2	20~50	20		
	合计	2+6	8~85		2.22	2.1

四、企业无缝钢管主导产品

产品名称	规格范围（外径范围）（mm）	执行/采用标准	实际产量（万吨）	
			2020 年	2021 年
汽车用管（含车桥管、半轴套管等）	8~85	协议标准	2.22	2.1

37　江苏宏亿钢管有限公司

一、企业简介

江苏宏亿钢管有限公司始建于 2006 年。由 1999 年成立的常州市宏仁精密制管有限公

司投资而成。占地面积120000m²，其中建筑面积80000m²，企业注册资金5000万元人民币，固定资产达8000万元人民币。

目前公司拥有员工670人，其中各类技术骨干达50余人。2014年获得常州市名牌称号。经过15年的不懈耕耘，凭借现代化制造设备设施以及成熟规范的管理模式和严格的管理程序，终级产品为汽车减震器、汽车传动轴、汽车稳定杆、汽车驱动轴、汽车转向轴、汽车安全气囊、汽车转向系统等汽车专用部件用精密无缝钢管均由公司自供生产，当下公司正朝着“争创世界一流钢管生产企业”的目标不断前进，以高质量产品赢得了国外众多知名企业的认可。

二、企业基本概况

企业名称	江苏宏亿钢管有限公司				
地址	武进区遥观镇新南村工业集中区			邮编	—
法人代表	倪宋	电话	—	电子邮箱	—
联系人	吴铭	电话	18651997506	联系人所在部门	财务部
企业成立时间		2006年	企业网址	—	
企业性质		民营	钢管设计能力（万吨/年）	7	
企业员工人数（人）		650	其中：技术人员（人）	70	
钢管产量（万吨）	2020年	2021年	钢管出口量（万吨）	2020年	2021年
	4.5（含焊管）	6.5（含焊管）		—	—
销售收入（万元）	2020年	2021年	利润总额（万元）	2020年	2021年
	40000	60000		—	—

三、热轧无缝钢管生产工艺技术装备及产量情况

机组类型及型号		台套/条	投产时间（年）	实际产量（万吨）	
				2020年	2021年
穿孔/冷拔/冷轧无缝钢管机组	曼式穿孔机组	3	2006	3.5	4.5
	冷拔机组	13	2006	5	6.5
	冷轧机组	54	2006	1.5	2
	合计			6.5	8.5

四、企业无缝钢管主导产品

产品名称	规格	执行/采用标准	实际产量（万吨）	
			2020年	2021年
汽车用管（含车桥管、半轴套管等）	小口径精密无缝钢管	IATF16949，ISO 90001	1.6	2.4

38 无锡市东群钢管有限公司

一、企业简介

无锡市东群钢管有限公司前身为锡山市东群钢管厂，始建于1991年，1999年6月经过股份制改革，更名为锡山市东群钢管有限公司；2001年无锡市行政区调整后，划归无锡市滨湖区，2001年7月26日经重新核准后，登记为无锡市东群钢管有限公司，2009年7月底搬迁至滨湖区胡埭工业园，现公司占地面积66644.70平方米，建筑面积45181.90平方米；公司拥有固定资产12000多万元，流动资金5000多万元。

本公司是一家生产各类冷拔无缝钢管的专业厂家，为中国石化、中国石油、中海油、爱克森．美孚及国内较多锅炉厂家的指定供应商。

目前，我公司主要产品品种有：GB/T 8163输送流体用无缝钢管；GB/T 3087低中压锅炉用无缝钢管；GB/T 9948石油裂化用无缝钢管；GB/T 6479化肥设备用高压无缝钢管；GB/T 5310高压锅炉用无缝钢管及ASME相关标准等。

主要钢种牌号及材质包括：10、20、20G、Q345E、15CrMo、12Cr1MoVG、Gr. B、09CrCuSb、08Cr2AlMo、09MnNiD、T11、P11、T91、P91等。

自公司成立以来，始终坚持：质量开拓市场、信誉诚交朋友；遵守法规要求、满足用户需求；节能清洁生产、挖潜提高能效；营造优美环境、保障健康安全；不断改进绩效、促进和谐发展的管理方针。对内加强管理，对外积极抓住机遇，努力调整产品结构，严格按国家标准和客户要求生产，拥有完善的检测手段。1995年取得低中压锅炉用无缝钢管生产许可证；2008年3月取得高压锅炉用无缝钢管生产许可证，2007年1月取得特种设备制造许可证。

公司现有员工280余人，其中管理人员50名，技术人员28名，无损检测人员10名。

公司现下设销售部、生产技术部、质保部、管理部、设备安保部等。

公司现有穿孔机组3台，冷拔机组19台、热处理炉2台、无氧热处理炉1台等生产设备。公司现有涡流探伤机组2台，涡流超声波探伤一体机组2台，水压机组1台，直读光谱仪1台、金相显微镜1台、万能材料试验机2台、冲击试验机1台等检测设备。

目前公司产品销售遍及黑龙江、辽宁、北京、河北、山西、甘肃、山东、河南、湖北、江西、贵州、安徽、浙江、上海、江苏、广东等省市几十家单位，主要用于石油、化工、锅炉、机械及汽车等行业。

二、企业基本概况

企业名称	无锡市东群钢管有限公司				
地址	江苏省无锡市滨湖区胡埭镇金桂西路 10 号			邮编	214161
法人代表	谢根坤	电话	0510-85586798	电子邮箱	—
联系人	吴尧宇	电话	0510-85586798	联系人所在部门	管理部
传真		0510-85069233	电子信箱	wxdqgg@263. net	
企业成立时间		1992 年 8 月	企业网址	www. wxdqgg. com	
企业性质		有限责任公司	钢管设计能力（万吨/年）	10	
企业员工人数（人）		265	其中：技术人员（人）	38	
钢管产量（万吨）	2020 年	2021 年	钢管出口量（万吨）	2020 年	2021 年
	7. 0091	7. 6112		—	—
销售收入（万元）	2020 年	2021 年	利润总额（万元）	2020 年	2021 年
	48703	52700		—	—

三、热轧无缝钢管生产工艺技术装备及产量情况

机组类型及型号		台套/条	产品规格范围（外径范围×壁厚范围）（mm）	设计产能（万吨）	投产时间（年．月）	实际产量（万吨）	
						2020 年	2021 年
穿孔/冷拔/冷轧无缝钢管机组	ϕ50mm 穿孔机组	3					
	冷拔机组	19	（47~87）×（2. 7~12）	10	2009. 6	8. 6	9. 1
	合计	3+19		10		7. 0	7. 6

四、企业无缝钢管主导产品

产品名称	规格范围（外径范围×壁厚范围）（mm）	执行/采用标准	实际产量（万吨）	
			2020 年	2021 年
高压锅炉管	（32~114）×（3~10）	GB/T 5310	2. 5	2. 7
低中压锅炉管	（32~114）×（3~10）	GB/T 3087	2. 8	3. 1

39 天津正安无缝钢管股份有限公司

一、企业简介

天津正安无缝钢管股份有限公司坐落于天津市武清区河西务镇开发园区，位于京津冀结合部，公司东毗 103 国道，距京津塘高速公路和京沈高速入口为 13 公里和 20 公里，另有京哈、京九、津蓟、津围高速等国家级公路、铁路从周边通过，交通十分便利。

公司是一家专业制造冷拔无缝钢管企业，企业性质为私营，成立于 2005 年，总投资 5000 万元，公司占地面积近 3 万平方米，厂房面积近 2 万平方米。年生产冷拔无缝钢管 30000 吨，年销售额为 1.8 亿元。

公司拥有一条冷拔管生产线和一条冷轧管生产线和一套 ϕ60 穿孔机组，并具备完整先进的检测设备仪器和检测手段，员工总数为 142 人，其中大专以上 21 人，高级职称 3 人，中级职称 6 人。

公司目前生产产品的规格和品种为：$\phi(16\sim89)\times(1.5\sim14)$mm 高压锅炉用无缝钢管、石油裂化用无缝钢管、高压化肥设备用无缝钢管、低中压锅炉用无缝钢管、流体输送用无缝钢管，以及地质钻探用无缝钢管和汽车半轴用无缝钢管等。产品广泛应用于锅炉、汽车、机械制造、石油化工、矿山、地质等领域。产品的各项指标均能满足顾客的要求并符合相关标准的规定。哈尔滨锅炉厂有限公司、哈尔滨哈锅锅炉容器工程有限责任公司，哈尔滨锅炉厂平山分厂、哈尔滨鑫北源电站设备有限公司、哈尔滨红光锅炉厂、太原锅炉集团、石家庄锅炉厂、天津宝成机械集团股份公司、宣钢集团和天津日马精密锻压有限公司等一批行业龙头和知名企业一直是我们的战略合作伙伴，部分产品远销韩国、日本等国，深受好评。公司自成立以来，致力于提高企业管理水平和产品质量，具有较完善的质量管理和质量保证体系，设备完善，工艺合理，技术力量较强。

公司于 2010.11.2 取得了国家质量监督检验检疫总局审核颁发的特种设备（压力管道元件）制造许可证。许可证编号 TS2710062—2018。公司于 2006 年即取得北京国金恒信质量体系认证公司核发的 GB/T 19001—2008/ISO 9001：2008 质量管理体系认证至今。

二、企业基本概况

企业名称	天津正安无缝钢管股份有限公司				
地址	天津市武清区河西务镇南京津公路西侧			邮编	301714
法人代表	金兆东	电话	022-29437278	电子邮箱	—
联系人	金节	电话	13370355993	联系人所在部门	副总经理
传真		022-29435349	电子信箱	zagangguan@126.com	

续表

企业成立时间		2003 年 6 月	企业网址	www. zagangguan. com	
企业性质		股份制	钢管设计能力（万吨/年）	5	
企业员工人数（人）		145	其中：技术人员（人）	16	
钢管产量（万吨）	2020 年	2021 年	钢管出口量（万吨）	2020 年	2021 年
	3. 2	3. 6		—	—
销售收入（万元）	2020 年	2021 年	利润总额（万元）	2020 年	2021 年
	21000	25000		—	—

三、热轧无缝钢管生产工艺技术装备及产量情况

机组类型及型号		台套/条	产品规格范围（外径范围）（mm）	设计产能（万吨）	投产时间（年）	实际产量（万吨）	
						2020 年	2021 年
穿孔/冷拔/冷轧无缝钢管机组	φ60mm 机组	1	50～89	3	2023	3. 2	3. 6
	φ90mm 机组	1	89～114	2	2022	0	0
	合计	2	50～114	5		3. 2	3. 6

四、企业无缝钢管主导产品

产品名称	规格范围（外径范围×壁厚范围）（mm）	执行/采用标准	实际产量（万吨）	
			2020 年	2021 年
流体管	（16～89）×（16～89）	GB/T 8163—2018	0. 4	0. 6
高压锅炉管	（16～89）×（16～89）	GB/T 5310—2017	2. 2	2. 6
低中压锅炉管	（16～89）×（16～89）	GB/T 3087—2008	0. 4	0. 3
高压化肥管	（16～89）×（16～89）	GB/T 6479—2013	0. 2	0. 1

40　天津天钢石油专用管制造有限公司

一、企业简介

公司自 1997 年成立以来，依靠自身实力不断发展，目前已投资建设了天津美津钢管

有限公司、天津滨海天成石油钻采器材有限公司。

公司拥有雄厚的制造与开发能力，年产套管、油管 20 万吨。公司具备一流的试验及检测设备，拥有理化性能实验室，汇集了一批石油专用管行业的科研和生产精英，目前已成功开发出行业领先水平的 TG-QM1 气密封扣螺纹套管。

公司坚持以人为本、顾客至上的经营管理理念，以先进的设备和科学的管理作为企业发展的基础。

公司已经通过了 ISO 9001：2000 国际质量体系认证、2004 年通过了美国石油协会 API 认证，取得中国石油、中国石化两大石油公司一级网络供应商资格，公司的产品被质量与技术监督机构确认为一类出口企业，同时企业的技术中心也被评定为市级技术中心。

公司确保为客户提供最优质的产品，公司以一流的产品、一流的服务来开拓市场，产品销往国内中原、大港、延长等各大油田，海外出口到欧洲、美洲、中东和东南亚等 30 多个国家和地区，并被天津市政府评为 2008 年度天津市十佳出口民营企业。

二、企业基本概况

企业名称	天津天钢石油专用管制造有限公司				
地址	天津市津南双桥开发区			邮编	300350
法人代表	张鸿源	电话	13902014455	电子邮箱	—
联系人	范正玲	电话	15902232606	联系人所在部门	外贸部
传真		022-88828077	电子信箱	eileenfan@tg-casing. com	
企业成立时间		1997 年	企业网址	www. tg-casing. com	
企业性质		油、套管及管件的螺纹加工	钢管设计能力（万吨/年）	30	
企业员工人数（人）		130	其中：技术人员（人）	18	
管加工制造（万吨）	2020 年	2021 年	管加工制造出口（万吨）	2020 年	2021 年
	4. 6	6. 0		—	—

41　浙江五洲新春集团股份有限公司

一、企业简介

浙江五洲新春集团股份有限公司是一家集研发、制造、营销服务一体化的综合型企业集团。主营业务为轴承、精密机械零部件和汽车安全系统、热管理系统零部件的研发、生产和销售，为相关主机客户提供行业领先的解决方案和高效保障。

公司深耕精密制造技术二十余载，为国内少数涵盖精密锻造、制管、冷成形、机加工、热处理、磨加工、装配的轴承、精密零部件全产业链企业。

公司于2016年10月25日在上海证券交易所挂牌交易，股票代码：603667。目前已形成浙江、安徽、大连、四川四大生产基地，员工4000余人。

公司拥有159项专利，其中发明专利20项，为国家高新技术企业，建有国家级技术中心、国家CNAS认证实验室、航空滚动轴承浙江省工程研发中心。公司积极践行向高端精密零部件制造转型升级战略，拥有将精密制造技术和工艺经验迁移到新应用领域创新的独特能力，是国家倡导的“专精特新”典型企业。业务方向以轴承为基础，向汽车零部件、风电滚子等产业拓展，特别是近几年不断加强新产品研发和提高生产智能化程度，公司研发的高端风电轴承滚子解决了行业“卡脖子”难题，实现高端滚子进口替代；汽车安全气囊气体发生器部件填补了国内空白，已配套比亚迪、特斯拉等新能源车企；新开发的新能源汽车空调压缩机轴承、驱动电机轴承、变速箱轴承及高端电梯轴承等市场开发进展顺利。

公司生产各类精密深沟球轴承、圆锥滚子轴承、滚针轴承和调心滚子轴承等。主要为国内外汽车、工业机械、新能源领域等产业提供主机配套，其中转向管柱四点角接触轴承已经配套北美宝马汽车。

第三代球环滚针轴承已向丰田、福特等多个品牌汽车客户提供批量配套。

圆锥滚子轴承主要应用于汽车变速箱、差速器、轮毂、车桥、刹车盘以及部分农业机械、工程机械等配套，主要用户包括意大利邦飞利（Bonfiglioli）、德国BPW、美国德纳（Dana）、英国GKN、意大利卡拉罗（Carraro）、上汽集团、戴克斯车桥等。

公司掌握了世界前沿的轴承热处理技术，生产的轴承热处理套圈质量和综合竞争力达到全球领先水平，稳定供应于瑞典斯凯孚（SKF）、德国舍弗勒（Schaeffler）、日本捷太格特（JTEKT）、美国铁姆肯（TIMKEN）等全球排名前七大轴承制造商，系目前国内最大的磨前产品制造基地和出口企业之一。

公司生产的精密零部件主要涉及风电滚动体、汽车安全气囊气体发生器部件、变速箱、差速器齿轮、同步器齿套、各类精密传动件等产品。汽车和机械产品直接和间接配套客户主要包括奥托立夫、均胜电子（JSS）、特斯拉（Tesla）、比亚迪、大众、奥迪、雷勃等知名企业；风电滚子实现技术和市场突破，为蒂森克虏伯、德枫丹、斯凯孚的国内外工厂配套，并成为远景能源认证的风电滚子战略供应商，为国内风电轴承企业新强联、烟台天成、大冶轴等提供配套，最终使用的风电整机厂商为维斯塔斯、远景能源和金风科技等。

公司生产的汽车热管理系统零部件，为奔驰、宝马、大众、特斯拉、通用、日产、沃尔沃等知名品牌汽车配套。家用、商用空调产品为四川长虹、海信日立、格力、美的等国内著名空调生产企业供应零部件。

二、企业基本概况

企业名称	浙江五洲新春集团股份有限公司				
地址	浙江省绍兴市新昌县泰坦大道 199 号			邮编	—
法人代表	张峰	电话	13858573389	电子邮箱	—
联系人	张冰	电话	13858573389	联系人所在部门	集团总部
传真		—	电子信箱	zhangbing@xcc-zxz. com	
企业成立时间		2002 年	企业网址	xcc-zxz. com. cn	
企业性质		民营	钢管设计能力（万吨/年）	3	
企业员工人数（人）		4000	其中：技术人员（人）	300	
钢管产量（万吨）	2020 年	2021 年	钢管出口量（万吨）	2020 年	2021 年
	1. 6	1. 9		0	0
销售收入（万元）	2020 年	2021 年	利润总额（万元）	2020 年	2021 年
	196000	247000		—	—

三、热轧无缝钢管生产工艺技术装备及产量情况

机组类型及型号		台套/条	产品规格范围（外径范围×壁厚范围）（mm）	设计产能（万吨）	投产时间（年）	实际产量（万吨）	
						2020 年	2021 年
穿孔/冷拔/冷轧无缝钢管机组	ϕ40mm 穿孔机组	2	（42～62）×（2. 8～11）	2	2011	1. 1	1. 3
	ϕ76mm 穿孔机组	1	（62～122）×（4～22）	2	2019	0. 8	1. 1
	ϕ60mm 冷轧机组	32	（30～62）×（1～14）	4	2011	1. 9	2. 4
	合计	3+32	（30～62）×（1～14）			1. 9	2. 4

四、企业无缝钢管主导产品

产品名称	规格范围（外径范围×壁厚范围）（mm）	执行/采用标准	实际产量（万吨）	
			2020 年	2021 年
轴承钢管	（17～91）×（1～15）	客户标准	1. 6	1. 9

42　湖北加恒实业有限公司

一、企业简介

湖北加恒实业有限公司成立于2010年，隶属于加拿大艾瑞升（国际）集团。公司经过两期征地，四期建设，现厂区占地面积125亩，厂房建筑面积40000平方米，现有人员200余人。

公司主要生产直径28～530mm高精密无缝冷拔钢管、冷拔气瓶管以及珩磨管，还可以生产直径30～150mm高精密冷拔钢棒。现有产品分为四大类：工程机械油缸用管、气瓶管、汽车用管及风力螺栓用管，产品广泛应用于汽车、工程机械、石油、风力发电等领域。

公司具有齐全的机械加工设备，现拥有冷拔设备4台套，校直机7台套、电退火炉3台、天然气连续热处理炉1台、锯床12台、探伤机1台、抛光机2台、珩磨设备4台、刮滚设备1台、冷轧设备2台套、各种检测检验设备15台（套）、辅助设备45台（套）等装备，形成年产7万吨冷拔管（棒）的能力。

公司是湖北新冶钢的战略合作方，新冶钢提供技术和相关装备的支持，采购的原材料主要来自中信特钢、衡阳华菱无缝钢管厂、天津钢管集团，主导产品已为三一重工、中联重科、龙工、徐工、郑煤机、柳汽、卡特彼勒、哈利勃顿等国内外知名企业配套，并且为湖北新冶钢提供出口高精密冷拔管的生产加工，并得到了合作伙伴的认可。公司拥有自营产品进出口权，在高精密冷拔管制造领域处于国内行业领先企业，尤其是油缸用管的国内市场地位，根据近三年的统计数据分析，油缸用管已在国内高精密冷拔管细分领域市场占有率稳居前列。目前公司已通过了质量管理体系、环境管理体系、职业健康安全管理体系的认证；

于2016年3月8日取得国家质量监督检验检疫总局颁发的“压力管道元件-无缝钢管的特种设备制造许可证”；

于2019年9月11日成功通过换证审核；

于2019年11月7日获得压力管道元件-无缝钢管的特种设备型式试验证书。

公司先后荣获国家高新技术企业、省级知识产权示范企业、市级知识产权示范企业、黄石市科普示范企业、两化融合示范企业、五一劳动奖状、职工小家等荣誉，2018年被列入湖北省支柱产业细分领域隐形冠军-科技小巨人企业。2020年通过了国家级高新技术企业。

二、企业基本概况

企业名称	湖北加恒实业有限公司				
地址	湖北省黄石市西塞山区工业园河西大道 89 号			邮编	435000
法人代表	Zhang Qin	电话	—	电子邮箱	—
联系人	彭澎	电话	13597724968	联系人所在部门	销售部
传真		—	电子信箱	jack@everison. com	
企业成立时间		2010 年 8 月 4 日	企业网址	www. cahen. cn	
企业性质		中外合资	钢管设计能力（万吨/年）	7	
企业员工人数（人）		191	其中：技术人员（人）	27	
钢管产量（万吨）	2020 年	2021 年	钢管出口量（万吨）	2020 年	2021 年
	5. 65	5. 78		—	—
销售收入（万元）	2020 年	2021 年	利润总额（万元）	2020 年	2021 年
	38000	36000		—	—

三、无缝钢管生产工艺技术装备及产量情况

机组类型及型号		台套/条	产品规格范围（外径范围×壁厚范围）（mm）	设计产能（万吨）	投产时间
穿孔/冷拔/冷轧无缝钢管机组	150t 冷拔	1	（50～168）×（≤30）	0. 6	2015 年 9 月
	250t 冷拔	1	（50～325）×（≤25）	1. 8	2011 年 7 月
	400t 冷拔	1	（102～402）×（≤35）	2. 4	2011 年 7 月
	600t 冷拔	1	（300～540）×（≤40）	1. 2	2019 年 2 月
	LG75 冷轧	1	（55～120）×（≤22）	0. 24	2017 年 10 月
	LG30 冷轧	1	（25～55）×（≤7）	0. 06	2017 年 10 月

四、企业无缝钢管主导产品

产品名称	规格范围（外径范围×壁厚范围）（mm）	实际产量（万吨）	
		2020 年	2021 年
气瓶管	（114～419）×（4. 5～7. 7）	0. 12	0. 2
工程机械管（含臂架管、旋挖机用管等）	（50～320）×（40～280）	3. 9	4. 6
液压支柱管	（80～380）×（60～320）	0. 2	0. 31
汽车用管（含车桥管、半轴套管等）	70×60	0. 05	0. 05

43 无锡大金高精度冷拔钢管有限公司

一、企业简介

无锡大金高精度冷拔钢管有限公司位于太湖之滨-江苏省无锡市西侧，无锡312国道旁钱桥镇晓星段，无锡市惠山区钱胡公路508号（新厂区），锡宜高速公路无锡西出口处旁，毗邻沪宁高速公路，交通便利。

本公司拥有380t、320t、300t、160t全液压高精度冷拔机组各一套，改进的LDⅡ-90型冷轧机组一套，450kV电退火炉3台，代表世界先进水平的数控镗床（SRB）三台、珩磨机组百台等先进的生产设备和检测设备。

无锡大金高精度冷拔钢管有限公司主导产品：液压和气动缸筒用精密内径珩磨、镗滚压无缝钢管，缸筒内径40~500mm，纺织机械、玻璃机械用滚筒管，汽车传动轴、电机壳等生产制造领域。本公司还可以根据顾客的需要量身定做。目前公司生产能力达20000吨/年。

二、企业基本概况

企业名称	无锡大金高精度冷拔钢管有限公司				
地址	无锡市惠山区钱桥街道钱胡公路508号			邮编	214151
法人代表	许卫东	电话	—	电子邮箱	—
联系人	任伟江	电话	13338762871	联系人所在部门	生产部
传真		0510-83239978	电子信箱	rwj_dj@126. com	
企业成立时间		2020年1月	企业网址	—	
企业性质		民企	钢管设计能力（万吨/年）	30000	
企业员工人数（人）		156	其中：技术人员（人）	12	
钢管产量（万吨）	2020年	2021年	钢管出口量（万吨）	2020年	2021年
	2.69	2.8		0.26	0.25
销售收入（万元）	2020年	2021年	利润总额（万元）	2020年	2021年
	22000	25000		—	—

三、无缝钢管生产工艺技术装备及产量情况

机组类型及型号		台套/条	产品规格范围（外径范围）（mm）	设计产能（万吨）	投产时间（年）	实际产量（万吨）	
						2020 年	2021 年
穿孔/冷拔/冷轧无缝钢管机组	160~380t 全液压高精度冷拔机组	4	50~300	3.0	2000	2.3	2.4
	LD Ⅱ-90 型冷轧机	1	50~89	0.65	2009	0.39	0.42
	合计	5					

四、企业无缝钢管主导产品

产品名称	规格范围（外径范围×壁厚范围）（mm）	执行/采用标准	实际产量（万吨）	
			2020 年	2021 年
机械管	（50~200）×（4~30）	GB/T 3639—2021	0.3	0.45
工程机械管（含臂架管、旋挖机用管等）	（50~300）×（4~30）	GB/T 3639—2021	2.66	2.755

44　山东永安昊宇制管有限公司

一、企业简介

山东永安昊宇制管有限公司成立于 2019 年，是依托临港精品钢基地、按照高端智能、低碳环保的标准建设的年产 120 万吨精密无缝钢管项目。公司占地 330 亩，总建筑面积 17 万平方米。是国内同行业规模最大制造商、临沂市重点项目、国家高新技术企业和临沂市专精特新企业，拥有自营进出口权和临沂市企业技术中心。

公司主要生产销售应用于锅炉、石油、石化、汽车、工程机械及其他特种行业的精密无缝钢管。

公司一期项目于 2019 年开工建设，2020 年投产，年生产能力为 30 万吨精密无缝钢管，共有 11 条生产线，产品涵盖直径 ϕ8~89mm 的各种精密无缝钢管，壁厚 2~10mm，钢号包含 10、20、20G、45、Q355、15CrMOG、12Cr1MoVG、ASME 标准系列材料，产品销往国内外各大锅炉制造、船舶制造、化工、燃气、工程机械等知名企业。

公司获有三体系认证证书、PED 指令证书以及《中华人民共和国特种设备生产许可证》等多项证书，并通过 8163、3087、5310、9948、6479、ASME 等型式试验认证。

公司目前正在进行美国 API 会标认证、全球九大船级社认证。在 2022 年里将进一步加大科技投入，延长产业链，开发汽车用管、工程机械用管、超长管等深加工产品；预计实现销售收入 15 亿元；争创山东省专精特新企业、瞪羚企业、企业技术中心和省长质量奖企业。

公司位于临沂市临港区，交通便利，拥有“海铁公高飞”立体交通优势，是全国著名物流中心。紧邻岚山港、日照港、连云港、青岛港等七大港口，兖石铁路、坪岚铁路、鲁东南铁路线，日照机场、临沂机场、青岛机场等三大机场；枣岚、沈海、京沪、长深、日东、济青等六条高速。

公司持有 ISO 9001 质量认证体系、ISO 14001 环境管理体系、ISO 45001 职业健康安全管理体系认证证书、PED 指令证书以及山东省市场监管局颁发的《中华人民共和国特种设备生产许可证》等多项证书。先后通过 8163、3087、5310、9948、6479、ASME 等型式试验认证。

公司目前正在进行美国 API 会标认证、日本 NK 船级社认证、中国 CCS 船级社认证、韩国 KR 船级社认证、法国 BV 船级社认证、俄罗斯 RS 船级社认证、英国 LR 劳氏船级社认证、意大利 RINA 船级社认证、美国 ABS 船级社认证、挪威 DNV 船级社认证。

公司先后获得“推动高质量发展企业”“临沂市五一劳动奖状”“兰格钢铁网优质品牌企业”“最佳信用企业”等荣誉称号。

山东永安昊宇制管有限公司成立于 2017 年 11 月 10 日，注册资本 6000 万元，主营业务为生产销售无缝钢管。公司总用地面积 331 亩，项目符合新旧动能转换要求，依托《山东省先进钢铁制造业基地发展规划（2018—2025 年)》提出的在临沂建设国内先进钢铁制造业基地，为精钢基地配套下游精品深加工延伸产业，是“原料—冶炼—轧制—精深加工”完整产业链条上的重要环节，是拉长不锈钢产业链条，推动高质量发展的精深加工类项目，走在了精钢基地建设的前列。

项目主要有三大优势。一是工艺。制造工艺达到国内水平，采用德国连轧管机组高精度的辊缝控制技术的计算模型和数据库以及高变形抗力的穿孔技术，以及同行业先进的自动化超声波探伤和涡流一体无损探伤工艺，智能操作，产品壁厚均匀、密封性好，并具有抗挤毁、强度高、耐腐蚀等性能特点。

采用德国新型电控冷轧管技术，设备减径量大，产品一次成型，减少缩管和二次拉拔环节，提高产品成材率和精密度，壁厚精密度可控制在±0. 05mm。

全自动温控步进底式加热炉和全自动辊底式微氧温控热处理炉对原料及半成品进行加热处理，实现智能化加热，管坯受热均匀，吨钢可降煤炭消耗 30kg。采用技术成熟、运行状况稳定的双碱法脱硫技术，脱硫效率可达 90%以上，SO_2 排放浓度可达 $30mg/Nm^3$，比标准低 $20mg/Nm^3$。

采用西欧和日本广泛使用的 SCR 低温脱硝技术，脱硫效率可达 90%以上，NO_x 排放浓度可达 $80mg/Nm^3$，比标准低 $70mg/Nm^3$。

二是产品市场前景广阔。产品涵盖直径 $\phi8\sim76mm$ 的各种精密无缝钢管，产品内外无氧化层，可承受高压无泄漏、冷弯不变形、扩口压扁无裂缝，满足不同行业高精度、高端化、多样化需求。产品具有内外表面光泽度高、抗压性强、精密度高、耐腐蚀、耐高温等特性，广泛使用于石油行业、锅炉行业、汽车行业、石化行业、工程机械等领域。

三是集群发展。项目属于炼钢项目下游深加工产业，上游钢材由临沂钢投高端不锈钢公司供应，初步形成“原料—冶炼—轧制—精深加工”完整产业链条，形成联动发展、集群发展的良好态势。

另，年产 120 万吨不锈钢管项目由山东永安昊宇制管有限公司投资建设，总投资 11 亿元，位于黄海五路以南，坪南路以东，盛唐物流以西，黄海六路以北，占地 331 亩。

项目计划分三期建设，一、二期建设一条 50 万吨精品钢管及成品接箍生产线，三期建设一条 70 万吨热连轧生产线。

二、企业基本概况

企业名称	山东永安昊宇制管有限公司				
地址	山东省临沂市临港经济开发区黄海五路与坪南路交汇处南 100 米路东			邮编	276616
法人代表	张全	电话	15550911999	电子邮箱	—
联系人	高冠军	电话	15854858585	联系人所在部门	综合管理部
传真		0539-5252088	电子信箱	306608771@163. com	
企业成立时间		2017 年 11 月 10 日	企业网址	http: //www. yonganhaoyu. com/	
企业性质		有限责任公司	钢管设计能力（万吨/年）	120	
企业员工人数（人）		890	其中：技术人员（人）	35	
钢管产量（万吨）	2020 年	2021 年	钢管出口量（万吨）	2020 年	2021 年
	10	20		—	—
销售收入（亿元）	2020 年	2021 年	利润总额（万元）	2020 年	2021 年
	2. 6	10. 5		—	—

三、无缝钢管生产工艺技术装备及产量情况

机组类型及型号		台套/条	产品规格范围（外径范围×壁厚范围）（mm）	设计产能（万吨）	投产时间（年）	实际产量（万吨）	
						2020 年	2021 年
穿孔/冷拔/冷轧无缝钢管机组	冷拔机组	21	（14~89）×（1~10）	24	2020	10	20
	合计	21	（14~89）×（1~10）	24	2020	10	20

四、企业无缝钢管主导产品

产品名称	规格范围（外径范围×壁厚范围）（mm）	执行/采用标准	实际产量（万吨）	
			2020 年	2021 年
油井管（含油、套、钻管）	89×10	API，GB/T 9948—2013	—	—
管线管			0.5	1
流体管	89×10	GB/T 8163—2018	2	5
高压锅炉管	89×10	GB/T 5310—2017	2	2
低中压锅炉管	89×10	GB/T 3087—2008	2	5
结构管	89×10	GB/T 8162—2018	2.5	3
机械管			1	1
低温管	89×10	GB/T 18984—2016	—	0.5
高压化肥管	89×10	GB/T 6479—2013		1

45　四川三洲特种钢管有限公司

一、企业简介

四川三洲特种钢管有限公司（以下简称公司）成立于 2005 年 5 月 17 日，注册地址：成都市青白江大弯南路。现厂址：四川省成都市青白江区复兴大道 3 号，占地 1200 余亩，法人代表：储小晗，职工 300 余人。

公司类型：有限责任公司；经营范围：制造、销售金属制品（不含国家限制品种）；进出口业务（不含国家限制类）。公司投资 12 亿元人民币、引进德国 MEER 公司技术建设了国内领先、国际一流的 ϕ720mm 周期轧管机组，品种规格全球名列前茅。

公司拥有年产 15 万吨热轧无缝钢管生产线，产品规格直径 ϕ273～1066mm、壁厚 8～240mm；钢种包括不锈钢、合金钢及碳钢；主要产品品种为钛管、铜管、高压锅炉用无缝钢管、不锈钢无缝钢管、高压化肥用无缝钢管、高压气瓶用无缝钢管、石油裂化用无缝钢管、核电用无缝钢管、低中压锅炉用无缝钢管等。公司设计制造的机型为 ϕ720mm 周期轧管机组，机组适应于大直径、高钢级、小批量、多品种无缝钢管的生产。公司 2010 年正式投产，目前大口径高温高压锅炉钢管产品已应用到国内知名火电制造企业东方锅炉公司、哈尔滨锅炉公司、无锡华光锅炉公司、华西能源公司、杭州锅炉公司、东方日立公司以及出口印度 BHEL 等高温高压蒸汽管道上使用；在石油石化方面是中石油、中石化、中海油的合格供应商并已经形成批量供货。

公司产品主要定位于高质量、高标准的特种钢管，产品对原材料管坯钢质有较高的要求，目前公司坯料主要来源于国内冶炼技术领先的钢厂，如宝钢特钢、太钢不锈、东北特钢、兴澄特钢、长城特钢等国内知名企业，为用户提供高质量产品做出良好的保证。

四川三洲特种钢管有限公司诚邀国家钢铁研究总院为我们制定了公司中长期战略发展规划纲要，在人才战略和企业发展规划方面提出了更高的要求，今后将向由四川省级技术中心向博士后工作站、国内各大研究院校实验研发基地方向发展。

公司将以优秀的产品质量、用户满意的服务面向未来；公司的目标和愿景是成为国内一流、国际知名的大口径特种无缝钢管制造供应商。

二、企业基本概况

企业名称	四川三洲特种钢管有限公司				
地址	四川省成都市青白江区复兴大道 3 号			邮编	610300
法人代表	储小晗	电话	—	电子邮箱	—
联系人	赵静	电话	028-83604386	联系人所在部门	市场管理部
传真		028-83604930	电子信箱	zhaojing@scszssp. com	
企业成立时间		2005 年 5 月	企业网址	www. scszssp. com	
企业性质		其他有限责任公司	钢管设计能力（万吨/年）	15	
企业员工人数（人）		275	其中：技术人员（人）	45	

三、热轧无缝钢管生产工艺技术装备及产量情况

机组类型及型号		台套/条	产品规格范围（外径范围×壁厚范围）（mm）	设计产能（万吨）	投产时间（年）
热轧无缝机组	φ720mm 周期轧管机组	1	（273～720）×（8～240）	15	2010
	φ630mm 穿孔机组	1	（360～1066）×（40～360）	15	2010
	合计	2		30	

四、企业无缝钢管主导产品

产品名称	规格范围（外径范围）（mm）	执行/采用标准
油井管（含油、套、钻管）	273～720	API5CT，GB/T 19830
管线管	273～720	API5L，GB/T 9711
流体管	273～720	GB/T 8163

续表

产品名称	规格范围（外径范围）（mm）	执行/采用标准
气瓶管	273～720	GB/T 18248，GB/T 28884
高压锅炉管	273～720	GB/T 5310，ASTM A106，ASME-A335
低中压锅炉管	273～720	GB/T 3087
结构管	273～720	GB/T 8162
机械管	273～720	JB 4726，JB/T 6396
工程机械管（含臂架管、旋挖机用管等）	273～720	GB/T 30584
液压支柱管	273～720	GB/T 17396
三化用管	273～720	GB/T 6479，GB/T 79948
低温管	273～720	GB/T 18984，ASTM-A333
钛管	273～720	ASTM-B861，GB/T 3624，GB/T 16598，GJB 2218，GJB 2744A，GJB 2914，GJB 5049，GJB 9579
铜管	273～720	JISH3300，ASTMB75
镍基合金	273～720	ASTMB75，ASTMB167
军工用管	273～720	GJB 2608A，GJB 3783，GJB 5049，GJB 6483

46　浙江华丰新材料股份有限公司

一、企业简介

浙江华丰新材料股份有限公司是一家集新型管材研发、生产、销售于一体的国家级高新技术企业，公司位于杭州市富阳区，主导产品为连续缠绕玻璃钢管及各类电力管道，现拥有连续缠绕玻璃钢管道生产线5条（3条运行，2条在建）。

经过二十多年的发展，公司逐渐成长为国内特别是华东地区具有重大影响的新型管材制造商。公司建有省级高新技术企业研发中心，省级企业研究院，多项新型产品技术经专家鉴定处于国内领先水平。

公司严格按照ISO 9001：2015质量体系认证、ISO 14001：2015环境管理体系认证和ISO 45001：2018职业健康管理体系组织生产；产品均通过省、国家级检测和鉴定，符合并赶超国家、行业相关标准，地下通信管道用双轴取向聚氯乙烯（PVC-O）管、连续缠绕玻璃纤维增强塑料夹砂管获得浙江制造产品认证；

公司还获得 浙江省“专精特新”中小企业、浙江省商标品牌示范企业、浙江省AAA

级“守合同重信用”企业、杭州市专利示范企业、富阳区政府质量奖、浙江省优秀工业产品等荣誉称号。

二、产品介绍

连续缠绕玻璃钢夹砂管（简称 CWFP），是一种采用 3D 打印技术，通过连续成型工艺制成的具有三维增强结构的新型复合材料管材。

CWFP 管既具有塑料管材的水力学性能和防腐蚀性能，又具有金属管材的机械力学性能，产品广泛应用于市政给排水、海洋工程、石化工程等流体输送领域。

三、产品规格型号

公称直径 DN（mm）：300～4000；

压力等级 PN（MPa）：≤3.2；

刚度等级 SN（N/m^2）：2500、5000、7500、10000；

管节长度 L（m）：3、6、9、10、12、18。

（备注：以上为标准规格，也可按客户需求定制）

台州东部新区市政道路基础设施工程
（EPC 工程总承包）标段二
（DN300-DN 1800）-SN10000-PN0.1
建设规模：雨污水管道约 12 公里

文成县城镇管网改造工程 PPP 项目
（DN300-DN1200）SN10000-PN0.2
建设规模：改造雨污水管道约 22 公里

京杭运河浙江段三级航道整治工程杭州段
（八堡船闸段）
DN2200-SN7500-PN1.0
建设规模：架空管明管铺设污水压力管 1.1 公里

杭州富阳城市眼秦望通道项目 DN400-DN2200
建设规模：雨水污水重力流管约 10km

杭州地铁五号线雨污水管网工程 DN1200-SN8000-PN0.6

湖州污水管网改造工程 DN400-DN1500

47 苏州钢特威钢管有限公司

一、企业简介

苏州钢特威钢管有限公司系民营股份制企业，公司位于“长三角”长江之滨的江苏省常熟市董浜镇，毗邻上海、苏州和无锡，沿江高速和苏嘉杭高速交汇入口处到厂区仅 2 分钟，到上海仅需 60 分钟，交通运输便捷，地理优势突出。

苏州钢特威钢管有限公司是一家专业生产不锈钢无缝管的现代化企业，公司现年产不锈钢无缝管 6000t，生产规格从 $\phi6\sim426$mm。为确保产品质量，公司率先通过了 ISO 9001：2008 认证，并建立了一套行之有效的科学的质量管理制度，配备了较为完善的检测设施，如：涡流探伤、水压试验、光谱分析、晶腐实验、机械性能测试等设备。

公司引进具有先进水平的生产线，如采用清洁能源液化天然气作为燃料的连续式固溶化热处理炉、各种吨位的冷拔机、各种规格型号的冷轧机、矫直机、酸洗等生产设备；制造设备齐全，工艺科学先进，从而确保了本公司产品质量的优越性。采用的标准有 GB、ASTM、DIN、EN、JIS 等，本公司生产的不锈钢无缝管，现已广泛应用于仪器仪表、化工设备、锅炉、造船等行业。

如何运用现代科学结合长期积累的经验，促使产品的升级；如何抓住以出口为契机，在接受价格与品质的双重考验的环境中发展，提高企业的综合竞争力；如何吸收与容纳当今世界先进的经营理念，促使企业素质的全面提升；我们正在努力着、尝试着、实践着。

钢特威人热忱欢迎您的加盟，我们将以实力和真诚来捍卫自己的承诺和信誉。

二、企业基本概况

企业名称	苏州钢特威钢管有限公司				
地址	常熟市董浜镇华烨大道 36 号			邮编	215534
法人代表	吴振环	电话	13906230898	电子邮箱	—
联系人	刘凯	电话	18051822700	联系人所在部门	总经办
传真		0512-52331010	电子信箱	gtwgg@126. com	
企业成立时间		2006 年	企业网址	sz-goldenway. com	
企业性质		民营	钢管设计能力（万吨/年）	0. 5	
企业员工人数（人）		120	其中：技术人员（人）	20	

续表

钢管产量（万吨）	2020 年	2021 年	钢管出口量（万吨）	2020 年	2021 年
	0.6	0.7		0.06	0.07
销售收入（万元）	2020 年	2021 年	利润总额（万元）	2020 年	2021 年
	21000	30000		—	—

三、无缝钢管生产工艺技术装备及产量情况

机组类型及型号		台套/条	产品规格范围（mm）	投产时间（年）	实际产量（万吨）	
					2020 年	2021 年
穿孔/冷拔/冷轧无缝钢管机组	冷拔机	1	200t	2006		
	冷拔机组	2	45t	2006		
	冷拔机组	1	15t	2006		
	冷拔机组	2	5t	2006		
	冷拔机组	2	3t	2006		
	冷拔机组	1	20t	2006		
	冷轧机组	3	$\phi60$	2006		
	冷轧机组	1	$\phi40$	2006		
	冷轧机组	7	$\phi30$	2006		
	合计	20			0.6	0.7

四、企业无缝钢管主导产品

产品名称	实际产量（万吨）	
	2020 年	2021 年
不锈钢无缝钢管	0.6	0.7

48　江苏界达特异新材料股份有限公司

一、企业简介

江苏界达特异新材料股份有限公司创建于 1997 年 1 月，是以高性能特异新材料为主导产品，集设计、开发、制造和销售服务为一体，服务于国内外航空航天、海洋工程，轨

道交通，汽车、工程建筑机械，港口机械，电力设施，石油化工，消防云梯等制造行业的高新技术企业，是国内生产规模、规格品种、品种开发都具竞争力的特异新材料研发生产基地。

公司地处中国经济繁荣的长三角地区江苏省江阴市，东临上海、西临南京、北靠长江，京沪高速、沪宁高速、沿江高速、京沪高铁贯穿江阴，200 公里范围内有 7 个航空机场，交通十分便利。

公司拥有一批自主知识产权产品，拥有专利 40 余项制（修）订标准和行业标准 10 余项。

公司开发的高强度、耐低温、高韧性、耐疲劳、耐磨损、耐腐蚀系列特异新材料（碳钢、合金钢、不锈钢、管附件等），广泛运用于航天、航空、海洋工程、船舶修造、高速列车、轿车、客车、载重车、工程机械、建筑机械、港口机械、电力设施、钻机井架、石化、消防车、农业机械、桥梁、钢构、通讯铁塔、压力容器等多个领域。

公司是火炬计划重点高新技术企业、江苏省高新技术企业、特异型钢管标准工作组承担单位、江苏省特异制管工程技术研究中心，江苏省企业技术中心，哈尔滨工业大学、南京理工大学产学研合作单位。

“界达”产品是江苏省品牌产品，江苏省重合同守信用企业、无锡市诚信守法企业、环境保护“绿色企业”。

公司现已通过 ISO 9001 质量管理体系认证、ISO 14001 环境管理体系认证、ISO 18000 职业健康管理体系认证、TS16949 质量管理体系认证、TS 特种设备制造许可、API 认证、CE 认证（PED、CPD）、挪威 DNV 船级社认证、德国 GL 船级社认证、美国 ABS 船级社认证、英国 LR 船级社认证、法国 BV 船级社认证、意大利 RINA 船级社认证、中国 CCS 船级社认证、日本 NK 船级社认证、韩国 KR 船级社认证等。

界达致力于开发特异型轻质高性能新材料，根据不同用户、不同用途为用户设计开发不同标准（如欧标、美标、日标、国标、行标、企标和协议标准），提升用户产品的品质和附加值、降低用户的成本。

公司开发的低碳、低合金、高性能、易焊接的轻质特异型无缝钢管部分已达到国内外先进水平，如耐低温钢管（-60℃冲击韧性≥100J）、高强度钢管（屈服强度≥960MPa）、高韧性钢管（延伸率 $A_{5\%}$≥40）、耐磨钢管、耐腐蚀钢管、载重车的耐疲劳车轴管等。同时能根据不同用户、不同用途设计不同形状的异型管，在美观的同时提高产品性能。

界达致力于走向用户的前沿，和用户一起探索、一起创新、一起发展、一起壮大，为民族工业和社会作贡献。

二、企业基本概况

企业名称	江苏界达特异新材料股份有限公司				
地址	江阴市港城大道 98 号			邮编	214000
法人代表	薛建良	电话	13906169088	电子邮箱	—

续表

联系人	金怡婷	电话	18861620901	联系人所在部门	综合管理办
传真		0510-86115258	电子信箱	18861620901@jsjieda. com	
企业成立时间		1997 年 1 月 7 日	企业网址	www. jsjieda. com	
企业性质		股份制未上市	钢管设计能力（万吨/年）	10	
企业员工人数（人）		250	其中：技术人员（人）	35	
钢管产量（万吨）	2020 年	2021 年	钢管出口量（万吨）	2020 年	2021 年
	9. 5	10		0. 5	0. 5
销售收入（万元）	2020 年	2021 年	利润总额（万元）	2020 年	2021 年
	83000	95000		—	—

三、热轧无缝钢管生产工艺技术装备及产量情况

机组类型及型号		台套/条	产品规格范围（外径范围×壁厚范围）（mm）	设计产能（万吨）	投产时间（年）	实际产量（万吨）	
						2020 年	2021 年
热扩无缝钢管机组	ϕ630mm 型	1	（480~830）×35	0. 8	2012	0. 6	0. 7
	合计			0. 8		0. 6	0. 7
穿孔/冷拔/冷轧无缝钢管机组	ϕ75mm 穿孔机	1	（50~85）×10	3	2012	2	2
	10~500t	12	（25~2000）×50	10	2010	9. 5	10
	合计			13		11. 5	12

四、企业无缝钢管主导产品

产品名称	规格范围（外径范围×壁厚范围）（mm）	执行/采用标准	实际产量（万吨）	
			2020 年	2021 年
高压锅炉管	（20~133）×12	GB/T 5310	0. 2	0. 3
低中压锅炉管		GB/T 3087		
结构管		GB/T 8162		
机械管	（8~830）×50	ASTM A519 EN10210	0. 3	0. 5
工程机械管（含臂架管、旋挖机用管等）	（8~720）×30，周长（80~2000）×30	GB/T 30584 YB/T 4399	1. 5	1. 5
液压支柱管	（60~219）×25	GB/T 17396	0. 5	0. 5
汽车用管（含车桥管、半轴套管等）	（8~180）×20，周长（80~800）×22	GB/T 25822 YB/T 4400	2	2

续表

产品名称	规格范围（外径范围×壁厚范围）（mm）	执行/采用标准	实际产量（万吨）	
			2020 年	2021 年
低温管	（14~830）×35	GB/T 18984	2.5	3
海工船舶	（16~830）×35	GB/T 712	2	2
电力	（16~830）×30	YB/T 4399 GB/T 3194	0.5	0.5

49　浙江博盛钢业集团有限公司

一、企业简介

浙江博盛钢业集团有限公司创建于 80 年代，坐落于中国长寿之乡、历史文化名城丽水市松阳县余姚山海协作园，集团公司成立于 2009 年 11 月 12 日，注册资金 20088 万元，厂区占地总面积 55000 余平方米，是一家专业生产不锈钢管，不锈钢焊管，特种合金管的集团公司。

公司拥有国内先进的不锈钢管生产线（冷拔机组、冷轧机组）二十余条，可生产不锈钢无缝管：

外径（6~720mm）×壁厚（1~60mm）×长度（1000~20000mm）；

不锈钢焊管：外径（15~200mm）×壁厚（1~30mm）×长度（1000~12000mm）；年产能约 3 万吨。

主要材质有：304、304L、304H、321、321H、316、316L、316LMOD、317L、310S（2520）、347H、904L、32205、S32507、哈氏 300、哈氏 600、哈氏 800 及蒙乃尔系列等奥氏体不锈钢、双相钢、超级双相钢和镍基合金产品等。

公司可按 GB、ASTM/ASME、JIS、DIN、GOST、SH、HG、DL 等标准生产不同规格的不锈钢无缝管和不锈钢焊接钢管。

产品广泛应用于石油、化工、化纤、医药、机械、冶炼、航天航空、造纸、食品、造船、环保、锅炉、热交换器、压力容器、电力等领域，致力于打造全球不锈钢名牌产品；

公司先后通过 ISO 9001、ISO 14001、OHSAS18001、特种设备压力管道生产许可证（TS）A1/A2/B、ABS、DNV-GL、LR、BV、CCS 和 EAC 等认证，并且通过、中石油、中海油、中核集团、中国能建、中国化学集团、中建集团、赛鼎工程、东华工程、成达工程等石化、核电、水电合格供应商入网认证，现有产品畅销全球。

二、企业基本概况

企业名称	浙江博盛钢业集团有限公司				
地址	浙江省丽水市松阳县余姚山海协作园（赤寿乡赤兴路7号）			邮编	323400
法人代表	王中益	电话	021-63035777	电子邮箱	—
联系人	徐乐谐	电话	13857740792	联系人所在部门	常务副总
传真		021-5998896	电子信箱	1711038472@qq.com	
企业成立时间		2009年	企业网址	www.bosheng.group	
企业性质		民营企业	钢管设计能力（万吨/年）	2.0	
企业员工人数（人）		128	其中：技术人员（人）	26	
钢管产量（万吨）	2020年	2021年	钢管出口量（万吨）	2020年	2021年
	1.0202	0.9400		0.0266	0.08
销售收入（万元）	2020年	2021年	利润总额（万元）	2020年	2021年
	21654	26683		—	—

三、无缝钢管生产工艺技术装备及产量情况

机组类型及型号		台套/条	产品规格范围（外径范围×壁厚范围）（mm）	设计产能（万吨）	投产时间（年）	实际产量（万吨）	
						2020年	2021年
穿孔/冷拔/冷轧无缝钢管机组	60H	3	(40~89)×(1.3~8.0)	0.45	2011	0.25	0.25
	120H	1	(108~168)×(3.4~10)	0.3	2012	0.15	0.15
	4英寸	2	(8~32)×(1.24~4.55)	0.3	2011	0.15	0.15
	6英寸	1	(30~60)×(1.65~5.54)	0.15	2012	0.08	0.08
	8英寸	1	(60~141)×(1.65~9.53)	0.3	2012	0.15	0.15
	12英寸	1	(141~355)×(2.77~12.7)	0.45	2012	0.25	0.25
	合计	2+5				1.0202	0.9400

四、企业无缝钢管主导产品

产品名称	规格范围（外径范围×壁厚范围）（mm）	执行/采用标准	实际产量（万吨）	
			2020年	2021年
管线管	(57~219)×(1.3~12.7)	GB/T 3087—2019 ASTM A269-2015	0.04	0.02

续表

产品名称	规格范围（外径范围×壁厚范围）（mm）	执行/采用标准	实际产量（万吨）	
			2020 年	2021 年
流体管	（8~355）×（1.3~12.7）	GB/T 14976—2012 GB/T 21833.2—2020 ASTM A312/A312M-021 A789/A789M-2021	0.48	0.49
高压锅炉管	（14~219）×（2~9.53）	GB/T 5310—2017	0.05	0.06
低中压锅炉管	（14~219）×（2~9.53）	GB/T 3087—2019 GB/T 13296—2013 ASTM A213/A213M-2021 EN10216-5-2021	0.26	0.28
结构管	（8~355）×（2~9.53）	GB/T 14975—2012	0.08	0.04
三化用管	（8~355）×（1.3~12.7）	GB/T 21833.1—2020 GB/T 14976—2012 GB/T 21833.2—2020 ASTM A312/A312M-021 A213/A213M-2021 A789/A789M-2021 GB/T 13296—2013 ASTM A276-2019 GB/T 5310—2017	0.54	0.48

50　江苏省常熟市异型钢管有限公司

一、企业简介

常熟市异型钢管有限公司位于中国历史文化名城——中国江苏省常熟市，地处江苏虞山国家森林公园境内，南依沪宁高速和苏嘉杭高速，北临沿江高速，距国家一级港口——常熟港仅 20 公里；企业地理位置优越，交通便捷，环境优美，经济发达。

工厂建办于 1978 年，是一家专业生产各类冷拔无缝钢管的厂家。多年来，在社会各界的大力支持与关心下，企业稳步发展。目前，整个厂区占地 8 万平方米，生产车间 2.5 万平方米，拥有员工 300 多名，其中：中、技术、管理人才 50 多名。多年来，企业以生产高难度、高精度的优质异型钢管产品而驰名大江南北。

目前，企业拥有固定资产 3280 万元。各类生产、检测设备齐全，具备年产各类冷拔无缝钢管3万余吨的生产能力。主要产品有：各种规格的异型钢管、各类结构用无缝钢管、流体管、轴承钢管、中小口径薄壁无缝钢管、高压油管、汽车专用管、电热电器用管、低合金无缝钢管、中低压锅炉管等，还可以生产18~25m超长定尺管。产品品种丰富、规格齐全，广泛用于机械、医疗设备、化工、汽车、摩托车、轴承、千斤顶、电器等行业，产品畅销全国各地，部分产品还远销东南亚、北美、南美、中东、欧洲、印度、澳大利亚等地区，并受到用户的一致好评。

常熟异型钢管有限公司经过近三十年的不懈努力，在钢管生产工艺和检测方法上积累了丰富的经验，建立了一套完善的质量保证体系。已具备了力学性能测试、工艺性能测试、金相分析、元素分析、涡流探伤、超声波探伤、水压检验等一整套检验、检测手段和一批高素质的质检队伍。产品多次经国家和江苏省产品质量检测中心检测，各项指标均符合国家标准，产品质量可靠、性能稳定。企业先后取得了计量合格企业、通过了ISO 9001：2000国际质量体系认证、轴承钢管生产许可证、冷拔无缝钢管生产许可证、低中压锅炉管生产许可证。

异钢人不断注重现代企业形象的塑造和无形资产的积累，始终坚持“走精品之路、做品牌企业”的发展方针，倡导“爱厂、敬业、诚实、守信”的企业文化。以高瞻远瞩的长远目光和不断进取的发展战略，以共同繁荣、共同发展的团队精神，以诚实、守信的经营法则，从不断提高产品质量出发，进一步优化企业的人力资源结构、组织管理结构、产品品种结构和市场营销战略，形成了一个信念坚定、干劲十足、开拓创新、充满活力的现代企业实体。

二、企业基本概况

企业名称	常熟市异型钢管有限公司				
地址	江苏省常熟市梅李镇支梅路170号			邮编	215500
法人代表	何建刚	电话	13901579357	电子邮箱	—
联系人	张根明	电话	13913650189	联系人所在部门	副总经理办公室
传真		0512-52851818	电子信箱	zhanggenming105@163.com	
企业成立时间		1978年5月	企业网址	http://www.yxgg.com.cn	
企业性质		股份合作	钢管设计能力（万吨/年）	6	
企业员工人数（人）		260	其中：技术人员（人）	82	
钢管产量（万吨）	2020年	2021年	钢管出口量（万吨）	2020年	2021年
	3.5	3.9		1.052	1.432
销售收入（万元）	2020年	2021年	利润总额（万元）	2020年	2021年
	29336	31332		—	—

三、热轧无缝钢管生产工艺技术装备及产量情况

机组类型及型号		台套/条	产品规格范围（外径范围×壁厚范围）(mm)	设计产能（万吨）	投产时间（年）	实际产量（万吨）	
						2020 年	2021 年
热轧无缝钢管机组	φ90mm 加强型热轧机组	1	(80~133) × (8~27)	5	2010	4.8	5.5
	φ50mm 加强型穿孔机组	1	(50~90) × (4~15)	4	2005	2.3	2.6
	合计	2	(50~133) × (4~27)			7.1	8.1
穿孔/冷拔/冷轧无缝钢管机组	200t 冷拔机	1				1.05	1.21
	75t 冷拔机	2				0.88	1.02
	45t 冷拔机	1				0.56	0.68
	114mm 二辊轧机	1				0.34	0.31
	90mm 五辊轧机	1				0.25	0.36
	40mm 轧机	8				0.27	0.19
	合计	14				3.35	3.77

四、企业无缝钢管主导产品

产品名称	规格范围（外径范围×壁厚范围）(mm)	执行/采用标准	实际产量（万吨）	
			2020 年	2021 年
高压锅炉管	(19~89) × (2~13)	GB/T 5310—2017	1.7	1.82
低中压锅炉管	(19~52) × (2~7)	GB/T 3087—2008	1.08	1.12
结构管	(25~89) × (4~16)	GB/T 3094	0.46	0.87

51　无锡市振达轴承钢管制造有限公司

一、企业简介

创建于 2005 年 3 月，是一家专业制造和销售无缝钢管的专业企业。旗下成立了无锡经纬钢格板有限公司、无锡市维瑞钢铁贸易有限公司。

公司现有职工约 400 人，其中工程技术、质量管理人员 60 余人；占地面积 8 万平方米，建筑面积 5 万平方米，年生产能力为 7 万吨成品钢管。现能够生产几十个钢种、几千种规格的无缝钢管。

公司目前拥有各种钢管生产设备一百多台套，主要有 ϕ50mm 穿孔机二台套、ϕ50mm 加强型一台套、15～120t 拉拔机十三台、精轧机八台、热处理炉两座、大中小矫直机八台套等。为保证满足顾客质量要求，公司具备相当完善的测试手段，建立了无缝钢管检测中心，目前拥有自动涡流探伤设备三台，自动超声波探伤设备两台，WE-600A 万能液压试验机一台，CHT-4106（1000kN）微机液压万能试验机一台，GB-300B 冲击试验机一台套，德国进口直度光谱化学分析仪一台，数显自动硬度计二台以及全套金相试验设备和物理化学仪器，建立和健全了一整套符合要求的检测手段，满足各类钢管检测的需要。

公司已获得国家质检总局颁发的特种设备（压力管道元件）制造许可证；通过了 ISO 9001 质量管理体系认证，ISO 14001 环境管理体系认证，ISO 50001 能源管理体系认证；德国 TUV 颁发的欧盟 PED（97/23/EC）指令、AD-2000 W0 证书，通过了清洁生产验收、安全标准化建设验收。目前主要生产品种有：结构用、输送流体用、中低压锅炉用、高压锅炉用、热交换器用、石油裂化用、高压化肥设备用无缝钢管；冷拔或冷轧精密无缝钢管；冷拔异型无缝钢管；ASME、JIS、DIN 系列无缝钢管；工程机械配管用无缝钢管以及各种合金钢管。

公司多年来致力于锅炉、压力容器、热交换器行业、机械配件制造、汽车摩托车行业、工程、石化、建筑等多个领域的开拓和发展，形成了以汽车专用管（凸轮轴用 S45C）、车辆防撞梁钢（37Mn5）、耐腐蚀 ND 钢（09CrCuSb）、抗硫化氢用钢（08Cr2AlMo）、锅炉压力设备超长管（长度 22m 以上）、机械配件等为特色的产品网络，是一家生产制造冷拔无缝钢管的专业企业。

公司确立以顾客满意为中心的质量管理体系，坚持“以可持续发展为导向，创新求实；以满足顾客为永远的追求，信誉至上”的企业宗旨，强化市场意识、质量意识和服务意识，确立“重质量、促发展；重管理、求改进；重顾客、保满意。”的质量方针，强化内部管理，增强市场竞争力，实现优质、高产、低耗，向广大顾客提供优质的产品和全方位的服务。

二、企业基本概况

企业名称	无锡市振达轴承钢管制造有限公司				
地址	无锡市惠山区洛社镇杨市环镇南路			邮编	215500
法人代表	陈瑞良	电话	—	电子邮箱	—
企业成立时间		2005 年 3 月	企业网址	—	
企业性质		股份合作	钢管设计能力（万吨/年）	7	
企业员工人数（人）		400	其中：技术人员（人）	60	

三、热轧无缝钢管生产工艺技术装备及产量情况

机组类型及型号		台套/条
穿孔/冷拔/冷轧无缝钢管机组	ϕ50mm 穿孔机组	3
	ϕ50mm 加强型穿孔机	1
	15～120t 冷拔机	13
	精密冷轧机组	14
	合计	30

四、企业无缝钢管主导产品

产品名称	业务范围
管线管	√
流体管	√
气瓶管	√
高压锅炉管	√
低中压锅炉管	√
结构管	√
工程机械管（含臂架管、旋挖机用管等）	√
汽车用管（含车桥管、半轴套管等）	√
三化用管	√
低温管	√

52 河南豫龙管业有限公司第一分公司

一、企业简介

河南豫龙管业有限公司于 1996 年 12 月 25 日成立，经营范围包括一般项目：钢压延加工；炼焦；钢、铁冶炼；煤炭洗选；金属材料制造；金属材料销售；有色金属合金制造；有色金属合金销售；矿山机械制造；矿山机械销售；紧固件制造；紧固件销售；煤炭及制品销售；（煤炭销售仅限直供企业）；建筑材料销售；机械设备销售；非金属矿及制品销售；石油制品销售（不含危险化学品）；特种设备销售（除依法须经批准的项目外，凭

营业执照依法自主开展经营活动）许可项目：发电、输电、供电业务；货物进出口（依法须经批准的项目，经相关部门批准后方可开展经营活动，具体经营项目以相关部门批准文件或许可证件为准）。

二、企业基本概况

企业名称	河南豫龙管业有限公司第一分公司				
地址	安阳市殷都区工业园 107 国道北（前皇甫村）			邮编	455000
法人代表	冯地报	电话	—	电子邮箱	—
联系人	王永亮	电话	15090048808	联系人所在部门	营销部
传真		0372-2256555	电子信箱	—	
企业成立时间		2005 年 1 月 19 日	企业网址	www. aylttg. com	
企业性质		生产厂家	钢管设计能力（万吨/年）	37	
企业员工人数（人）		700	其中：技术人员（人）	—	
钢管产量（万吨）	2020 年	2021 年	钢管出口量（万吨）	2020 年	2021 年
	12	25		—	—
销售收入（亿元）	2020 年	2021 年	利润总额（万元）	2020 年	2021 年
	8. 5	17. 5		—	—

三、热轧无缝钢管生产工艺技术装备及产量情况

机组类型及型号		台套/条	产品规格范围（外径范围×壁厚范围）(mm)	设计产能（万吨）	投产时间（年）	实际产量（万吨）	
						2020 年	2021 年
热轧无缝钢管机组	130 斜轧机组	1	(16~89) × (5~14)	12	2005	12	12
	114 连轧机组	1	(42~127) × (3. 5~12)	20	2021	25	25
	合计	2		32		37	37

四、企业无缝钢管主导产品

产品名称	规格范围（外径范围×壁厚范围）(mm)	执行/采用标准	实际产量（万吨）	
			2020 年	2021 年
流体管	(42~168) × (3. 5~14)	GB/T 8163	10	20
低中压锅炉管	(42~168) × (3. 5~14)	GB/T 3087	1	3
液压支柱管	(42~168) × (3. 5~14)	GB/T 17396	1	2

53 云南曲靖钢铁集团凤凰钢铁有限公司

一、企业简介

云南曲靖钢铁集团凤凰钢铁有限公司 2013 年 8 月 19 日成立，经营范围包括建筑用线材棒材、无缝钢管的生产加工及销售；经营企业生产所需的废钢及原辅材料，销售钢渣等；技术咨询服务。

公司位于宣威市凤凰山工业园区，注册资本 6 亿元，现有员工 1800 余人。是云南省民营 100 强、制造业 20 强企业、云南省钢铁行业协会副会长单位、云南省标准化协会副理事长单位、中国绿色发展联盟理事单位、云南钢铁行业首家获得省级“绿色工厂”称号企业。

公司坚持科学发展，不断追求卓越，技术装备成熟、可靠、完整、先进。主要生产各种型号规格的盘圆、盘螺、螺纹钢、抗震钢等，其中高强度抗震钢占产品总量的 60%以上，产品向型钢、特种钢多元化发展。公司以质量创品牌、品牌促发展、诚信铸未来；以人才为根本、技术为支撑、资本为纽带；以更稳健的步伐、更高的站位，向着更高的未来目标奋进。

二、企业基本概况

企业名称	云南曲靖钢铁集团凤凰钢铁有限公司				
地址	曲靖市宣威市凤凰山工业园区			邮编	—
法人代表	董厚文	电话	—	电子邮箱	—
联系人	林铿	电话	15808748555	联系人所在部门	销售部
企业成立时间		2003 年	企业网址	http://www.qjfhgt.com/	
企业性质		民营企业	钢管设计能力（万吨/年）	30	
企业员工人数（人）		1800	其中：技术人员（人）	500	
钢管产量（万吨）	2020 年	2021 年	钢管出口量（万吨）	2020 年	2021 年
	10	25		—	—
销售收入（万元）	2020 年	2021 年	利润总额（万元）	2020 年	2021 年
	80000	140000		—	—

三、热轧无缝钢管生产工艺技术装备及产量情况

机组类型及型号		台套/条	产品规格范围（外径范围×壁厚范围）（mm）	设计产能（万吨）	投产时间（年）	实际产量（万吨）	
						2020年	2021年
热轧无缝钢管机组	50mm自动轧管机组	1	（42~76）×（2~8）	10	2020	—	—
	159mm自动轧管机组	1	（133~180）×（4~8）	20	2021	—	—
	219mm连轧管机组（预计2022年年底投产）	1	—	45	预计2022年年底投产	—	—
	合计	2		85		10	25

四、企业无缝钢管主导产品

产品名称	规格范围（外径范围×壁厚范围）（mm）	执行/采用标准	实际产量（万吨）	
			2020年	2021年
流体管	（42~159）×（3.5~6）	GB/T 8163—2018	10	25

第二篇

焊接钢管生产企业基本情况

1 天津友发钢管集团股份有限公司

一、企业简介

天津友发钢管集团股份有限公司（股票代码：601686）创立于2000年，于2020年12月4日，上海证券交易所主板上市。

自2006年起，友发集团连续15年跻身中国企业500强、中国民营企业500强，并保持连续15年焊接钢管产销量全国第一的行业领先地位，是目前中国乃至全球唯一一家千万吨级焊接钢管制造企业。

友发集团拥有“友发”和“正金元”两大驰名商标，员工1.5万余人，已形成天津、唐山、邯郸、陕西韩城、江苏溧阳、辽宁葫芦岛六大生产基地，2020年，友发集团实现销售收入484.19亿元，利税26.31亿元。

友发集团主要产品：直缝焊管、热镀锌钢管、方矩形钢管、热镀锌方矩形钢管、钢塑复合钢管、不锈钢管、螺旋焊管等多种产品。

产品主要应用于流通类和结构类两大领域。流通类领域包括输水管道、输油管道和输气管道等传输工程，涉及用途领域包括消防用钢管、天然气用钢管、给水用钢管、排水用钢管、石油输送用钢管、农业灌溉用钢管等；

结构类领域应用于钢结构建筑、建筑脚手架、农业大棚、公路护栏、体育器材、金属穿线管、铁艺栅栏、装备制造等。截至2021年年底，全集团已获得授权专利技术192项。集团拥有4个CNAS（国家认可）实验室、2个天津市企业技术中心、1个天津市焊接钢管技术工程中心。

友发集团作为行业领军企业，已牵头和参与修订、起草了21项钢管产品国家标准、行业标准、团体标准和工程技术规范。

友发集团自成立以来，始终坚守“产品就是人品”的精品理念，历经四次质量革命，产品先后荣获“冶金产品实物质量金杯优质产品”“AAAAA级企业”等荣誉称号。

友发集团产品已被广泛使用在三峡工程、北京大兴国际机场、北京奥运会场馆、上海世博会展馆、胶州湾跨海大桥、北京中国尊、天安门阅兵观礼台、上海迪士尼乐园等多项国家重点工程。友发钢管已覆盖全国所有省、市、自治区和特别行政区，并远销美洲、欧盟、非洲、东南亚、中东、大洋洲等多个国家和地区。

友发人以“利他”为做事的出发点，以“超越自我，成就伙伴，百年友发，共建和谐”为使命，时刻秉承“共赢互利信为本，同心并进德为先”的核心价值观，发扬“律己利他，合作进取”的友发精神，为实现“由千万吨迈向千亿元，做全球管业第一雄狮”的宏伟目标而不懈努力。

二、企业基本概况

企业名称	天津友发钢管集团股份有限公司				
地址	天津市静海区大邱庄镇度假村环湖南路 1 号			邮编	301606
法人代表	李茂津	电话	022-68589920	电子邮箱	—
联系人	马永涛	电话	18649079099	联系人所在部门	技术管理中心
传真		—	电子信箱	mayongtao@yfgg. com	
企业成立时间		2012 年	企业网址	www. yfgg. com	
企业性质		民营	钢管设计能力（万吨/年）	1800	
企业员工人数（人）		15000	其中：技术人员（人）	230	
钢管产量（万吨）	2020 年	2021 年	钢管出口量（万吨）	2020 年	2021 年
	1794. 56	1809. 57		24	29

三、焊接钢管生产工艺技术装备及产量情况

机组类型及型号		台套/条	产品规格范围（外径范围×壁厚范围）（mm）	实际产量（万吨）	
				2020 年	2021 年
焊接钢管机组	42	10	（21. 3~48. 3）×（1. 7~3. 5）	64	54
	50	27	（21. 3~48. 3）×（1~4. 8）	122	126
	50F	4	（20~50）×（1. 2~3. 75）	21	19
	60	16	（42. 4~60. 3）×（1~5）	75	86
	76	15	（48. 3~76. 1）×（1. 2~4. 75）	106	105
	76F	17	（25~80）×（1. 5~4. 75）	85	84
	89	8	（76. 1~114. 3）×（1. 5~5）	66	66
	89F	3	—	—	7
	101F	2	—	—	0
	114	7	（88. 9~139. 7）×（1. 2~5）	120	112
	114F	6	（40~100）×（2~4. 75）	76	69
	127F	7	（60~120）×（2~7. 75）	66	66
	130F	1	（80~150）×（2. 5~7. 75）	0	0
	140	2	（114. 3~165. 1）×（1. 5~6）	22	22
	140F	3	（100~150）×（2. 5~7. 75）	10	16
	165	2	（133~165. 1）×（2~6）	54	52
	165F	1	—	13	12
	180	1	—	0	0. 1

续表

机组类型及型号		台套/条	产品规格范围（外径范围×壁厚范围）（mm）	实际产量（万吨）	
				2020 年	2021 年
焊接钢管机组	180F	3	—	25	24
	191F	1	—	0	0
	200F	3	—	15	13
	219	7	（139.7~219.1）×（1.5~8）	108	110
	219F	2	—	0	4
	273F	1	—	21	22
	300F	1	—	12	15
	325	1	（219~325）×（5~10）	0	1
	355	1	—	0	0.7
	400F	2	—	18	18
	426	1	（219~325）×（5~10）	0	1
	630	2	（219~426）×（5~10）	2	3
	720	2	（273~720）×（5~10）	2	3
	820	1	（450~1000）×（5~10）	3	3
	1220	1	（450~1250）×（5~12）	3	3
	1820	1	—	0.7	0.7
	2020	1	（426~2020）×（5~14）	0	2
	合计	163	—	1109	1120
热浸镀锌机组	镀锌圆管	48	（21.3~323.9）×（1~10）	496	500
	合计	48	（21.3~323.9）×（1~10）	496	500
衬塑复合钢管机组	衬塑复合钢管	17	（21.3~219.1）×（2.2~6）	21	23
	合计	17	（21.3~219.1）×（2.2~6）	21	23
涂塑复合钢管机组	涂塑复合钢管	8	（21.3~2620）×（2~20）	3	5
	合计	8	（21.3~2620）×（2~20）	3	5

四、企业焊接钢管主导产品

产品名称	规格范围（外径范围×壁厚范围）（mm）	执行/采用标准	实际产量（万吨）	
			2020 年	2021 年
热镀锌钢管	（21.3~323.9）×（1~10）	GB/T 3091—2015 GB/T 13793—2016 Q/YFNK02-2018	496	500
方矩形钢管	（20~400）×（1~17.5）	GB/T 6725—2017 GB/T 6728—2017	364	375

续表

产品名称	规格范围（外径范围×壁厚范围）（mm）	执行/采用标准	实际产量（万吨）	
			2020 年	2021 年
热镀锌方矩形钢管	（20～400）×（1～17.5）	GB/T 6725—2017 GB/T 6728—2017	124	130
衬塑复合管	（21.3～323.9）×（2.2～6）	GB/T 28897—2021	21	23
涂塑复合管	（21.3～2620）×（2～20）	GB/T 28897—2021 CJ/T 120—2016	3	5
流体输送管	（21.3～2620）×（2～20）	GB/T 3091—2015 GB/T 28897—2021 CJ/T 120—2016 GB/T 9711—2017 SY/T 5037—2018		
高频直缝焊接钢管（ERW/FHW）	（20～400）×（1～17.5）	GB/T 3091—2015 GB/T 13793—2016 Q/YFNK02-2018 GB/T 6725—2017 GB/T 6728—2017	711.44	760.89
螺旋缝埋弧焊接钢管（SAWH）	（219.1～2020）×（5～14）	GB/T 3091—2015 GB/T 9711—2017 SY/T 5037—2018	19	19

2 宝鸡石油钢管有限责任公司

一、企业简介

宝鸡石油钢管有限责任公司简称宝鸡钢管或 BSG，前身是宝鸡石油钢管厂，始建于 1958 年，是我国“一五”期间 156 个重点建设项目之一，也是我国第一个大口径螺旋缝埋弧焊管生产厂家。建厂 60 多年来，已发展成为我国规模大、品种全、市场占有率高的专业化焊管企业。

公司主要为国内外油气长输管道建设和油气勘探开发提供钢管装备的研发、制造、服务与保障，产品覆盖油气输送管、油套管、连续管、管材防腐、焊接材料和钢管辅料等多个领域，形成输送管、油套管、连续管和技术服务“四大业务”，是中国石油天然气集团有限公司建设世界一流综合性国际能源公司的必要组成部分。

公司拥有宝鸡输送管公司、辽阳钢管公司、资阳钢管公司、克拉玛依公司、西安专用管公司、宝鸡专用管公司、新疆钢管公司、连续油管公司等八家全资直属企业，秦皇岛宝世顺公司、上海宝世威公司等两家控股企业，分布在我国东北、华北、华东、西北、西南和新疆等“六大发展区域”，形成了“十个生产基地、四个出海通道”，产业布局合理，区域优势明显。

建厂至今，公司已累计生产输送管逾2000万吨/30万公里，铺设重点管线200余条；生产油套管400万吨、连续管4万吨。在国内市场，输送管、连续管市场占有率始终保持第一，参与了国内几乎所有油气长输管道建设，供管比例达55%以上；在国际市场，产品已出口美国、加拿大、俄罗斯、印度、沙特、荷兰、土库曼斯坦、哥伦比亚等40多个国家和地区。

公司技术实力雄厚，于1977年创建原石油部焊管研究所，2010年扩建为钢管研究院，是我国焊接钢管生产工艺研究、试验检测和科技情报中心，也是国家和行业标准起草单位，主办国内行业唯一的技术期刊——《焊管》杂志。是国家级创新型企业和国家火炬计划重点高新技术企业，2014年建成行业唯一的国家石油天然气管材工程技术研究中心。

装备水平“六个第一”：我国第一条螺旋埋弧焊管生产线、第一条中口径ERW直缝焊管生产线、第一条高频焊热张力减径（SEW）油套管生产线、第一条螺旋预精焊生产线、第一条埋弧焊剂生产线和亚洲第一条连续管生产线。

工艺技术“十个领先”：超高强度X90/X100油气输送管制造技术、适用于地震带的抗大变形管制造技术、1500m以上深海高压油气输送管制造技术、X90大口径厚壁弯管制造技术、深水钻井用隔水管母管制造技术、双金属冶金复合管制造技术、高钢级ERW高频焊管制造技术、高性能连续油管制造技术、高频焊热张力减径（SEW）钢管制造技术和高性能膨胀管制造技术。

公司以新发展理念统领发展全局，努力构建和谐企业，是首批“全国文明单位”“全国绿化模范单位”和“全国五一劳动奖状”“全国模范职工之家”“全国五四红旗团委”荣誉单位。主导产品先后荣获“国家免检产品”“中国名牌产品”“全国用户满意产品”等荣誉称号。

如今，秉承“干”字当头的企业文化、“实严细精”的工作作风和“与管同行，以优制胜”的经营理念，宝鸡钢管坚定扛起打造我国油气装备国之利器的重大责任使命，全面实施创新、高端化、国际化和成本领先发展战略，全力推进高质量发展，正朝着创建行业“领军型”企业和“国内第一、国际一流”的钢管制造服务商奋勇前进。

二、企业基本概况

企业名称	宝鸡石油钢管有限责任公司				
地址	陕西省宝鸡市姜谭路10号			邮编	721008
法人代表	舒高新	电话	0917-3398302	电子邮箱	—

续表

联系人	魏　强	电话	0917-3398385	联系人所在部门	市场管理处
传真		0917-3390857	电子信箱	bsggsb@cnpc. com. cn	
企业成立时间		1958 年	企业网址	http: //bsg. cnpc. com. cn	
企业性质		国有独资	钢管设计能力（万吨/年）	219	
企业员工人数（人）		4900	其中：技术人员（人）	1300	
钢管产量（万吨）	2020 年	2021 年	钢管出口量（万吨）	2020 年	2021 年
	117	125		2	9
销售收入（万元）	2020 年	2021 年	利润总额（万元）	2020 年	2021 年
	710000	860000		—	—

三、焊接钢管生产工艺技术装备及产量情况

机组类型及型号		台套/条	产品规格范围（外径范围×壁厚范围）（mm）	设计产能（万吨）	投产时间（年．月）	实际产量（万吨）	
						2020 年	2021 年
焊接钢管机组	螺旋生产线	15	（219～1422）×（6～25）	116	1976. 5	75	56
	JCOE 直缝生产线	1	（508～1422）×（6～40）	15	2007. 2	17	33
	HFW 生产线	1	（139. 7～426）×（3. 17～12. 7）	15	2000. 12	4	2
	油套管生产线	9	（139. 7～339. 7）×（6. 20～12. 19）	71	2000. 12	20	34
	连续管生产线	2	（25. 4～88. 9）×（1. 91～6. 35）	2	2009. 4	1	1
	合计	28		219		117	125

四、企业焊接钢管主导产品

产品名称	规格范围（外径范围×壁厚范围）（mm）	执行/采用标准	实际产量（万吨）	
			2020 年	2021 年
石油专用管	（139. 7～339. 7）×（6. 20～12. 19）	API 5CT 套管和有关规范	20	34
连续油管	（25. 4～88. 9）×（1. 91～6. 35）	API 5ST 连续管规范	1	1
高频直缝焊接钢管	（139. 7～426）×（3. 17～12. 7）	API 5L 管线钢管规范	4	2
直缝埋弧焊接钢管	（508～1422）×（6～40）	API 5L 管线钢管规范	17	33
螺旋缝埋弧焊接钢管	（219～1422）×（6～25）	API 5L 管线钢管规范	75	56
合计	（25. 4～1422）×（1. 91～40）	—	117	125

3　上海宝世威石油钢管制造有限公司

一、企业简介

上海宝世威石油钢管制造有限公司（英文简称 BSW）位于上海市宝山区，成立于2003 年 3 月 25 日，系宝鸡石油钢管有限责任公司与马来西亚 UMW 公司合资建立，中方出资比例为 51%马方出资比例为 49%。

该公司拥有 2 条螺旋焊管生产线、1 条钢管外防腐生产线，可生产 ϕ323～1420mm 规格、壁厚 5.6～20.6mm、最高钢级可达 X80 的焊接钢管。年产螺旋焊管 25 万吨、防腐 150 万平方米。

二、企业基本概况

企业名称	上海宝世威石油钢管制造有限公司				
地址	上海市宝山区园和路 288 号			邮编	200941
法人代表	杨继军	电话	021-51798001	电子邮箱	—
联系人	杜新权	电话	021-51798001	联系人所在部门	综合管理部
传真		—	电子信箱	bswdxq@cnpc.com.cn	
企业成立时间		2003 年 2 月	企业网址	http://bsg.cnpc.com.cn/bsw/	
企业性质		中外合作	钢管设计能力（万吨/年）	20	
企业员工人数（人）		239	其中：技术人员（人）	60	
钢管产量（万吨）	2020 年	2021 年	钢管出口量（万吨）	2020 年	2021 年
	10.03	7.25		0.91	3.49
销售收入（万元）	2020 年	2021 年	利润总额（万元）	2020 年	2021 年
	51118	55190		—	—

三、焊接钢管生产工艺技术装备及产量情况

机组类型及型号		台套/条	产品规格范围（外径范围×壁厚范围）（mm）	设计产能（万吨）	投产时间（年）	实际产量（万吨）	
						2020 年	2021 年
焊接钢管机组	螺旋焊管机组	1	（323～914）×12.7	15	2006	8.23	1.8
	螺旋焊管机组	1	（508～2438）×25.4	5	2003	1.8	5.45
	合计	2	（323～2438）×12.7～25.4	20		10.03	7.25

四、企业焊接钢管主导产品

产品名称	规格范围（外径范围×壁厚范围）（mm）	执行/采用标准	实际产量（万吨）	
			2020 年	2021 年
FBE/2PE/3PE 防腐钢管	（168～2438）×25.4	GB/T 23257—2017 ISO 21809-1：2011 DIN 30670-2012 CSA Z245.20-2014&CSA Z245.21-2014 SY/T 0315—2013 GB/T 18593—2010 API RP 5L2-02（2015） SY/T 0457—2010 SY/T 6530—2010	2.7	4.7
螺旋缝埋弧焊接钢管（SAWH）	（323～2438）×25.4	API5L GB/T 9711	10.03	7.25

4　中国石油集团渤海石油装备制造有限公司

一、企业简介

中国石油集团渤海石油装备制造有限公司（简称渤海装备公司）是中国石油天然气集团公司所属全资子公司。

2008 年 4 月 3 日由华北油田、大港油田和中油物装的装备制造企业重组成立，2010、2012 年整合了兰州石化、辽河油田的装备制造业务。注册地在天津滨海新区，生产厂区主要分布于天津滨海新区，河北沧州、承德，辽宁盘锦，江苏南京、扬州，甘肃兰州，福建福州等地。所属 13 家企业，大多数都有 30 年以上的发展历史。企业现用工总量 8078 人（合同化员工 6165 人），其中技术人员数量 1149 人。

渤海装备公司是一家综合性的石油装备制造企业，主营业务包括输送装备、油气井管、钻井装备、采油装备、炼化装备五条产品链和“制造+服务”业务链。拥有直缝钢管、螺旋钢管、弯管管件、螺杆钻具、钻杆、钻头、节能型“三抽”设备、潜油电泵、专用电机、热采设备、烟气轮机、特种阀门等 34 项自主创新产品，18 项产品列入中国石油优势产品目录，19 项产品拥有 33 个美国石油学会（API）认证证书，并通过 BV、GOST、NS-1、ASME、阿美、壳牌、道达尔等国际认证。

单位全称：中国石油集团渤海石油装备制造有限公司
通讯地址：天津市经济技术开发区第二大街83号中国石油天津大厦
企业性质：国有企业独资　法人代表：周荣学
联系人：王庆雷　联系电话：0317-2571345

二、企业基本概况

企业名称	中国石油集团渤海石油装备制造有限公司				
地址	天津市经济技术开发区第二大街83号中国石油天津大厦			邮编	—
法人代表	周荣学	电话	—	电子邮箱	—
联系人	王庆雷	电话	0317-2571345	联系人所在部门	—
企业成立时间		2008年4月	企业网址	—	
企业性质		国营企业	钢管设计能力（万/年）	130	
企业员工人数（人）		8078（合同化员工6165）	其中：技术人员（人）	1149	
钢管产量（万吨）	2020年	2021年	钢管出口量（万吨）	2020年	2021年
	70.73	105.4		—	—
销售收入（万元）	2020年	2021年	利润总额（万元）	2020年	2021年
	—	—		—	—

三、焊接钢管生产工艺技术装备及产量情况

机组类型及型号		台套/条	实际产量（万吨）	
			2020年	2021年
焊接钢管机组	直缝埋弧焊管生产线	1	—	71.1
	ERW/HFW		—	1.1
	螺旋埋弧焊管生产线		—	33.2
	合计		—	105.4

四、企业焊接钢管主导产品

产品名称	实际产量（万吨）	
	2020年	2021年
管线管	—	105.4
合计	—	105.4

渤海装备公司经过多年发展，已经成为国内管道输送行业产品链最齐全、规模最大的

装备制造企业。

所属输送装备制造单位包括：华油钢管有限公司、华油钢管扬州分公司、巨龙钢管有限公司、南京巨龙钢管有限公司、福建钢管有限公司、渤海卡麦龙流体设备有限公司等单位。

输送装备产品覆盖螺旋埋弧焊钢管、直缝埋弧焊钢管、高频电阻焊钢管、弯管、管件和高压球阀等产品，配套钢管内涂层、外防腐生产线 7 条，防腐年综合产能 2280 万平方米。其输送装备及产品能为长输油气管道建设和维修提供全系列产品和服务，已成为国家重点油气管道工程建设及地方油气管道工程建设的骨干供货企业，在保障国家油气输送管道物资保供中发挥了重要作用。

渤海装备公司作为“国家石油天然气管材工程技术研究中心”成员单位，拥有集研发、中试、生产三结合的“渤海装备国家企业技术中心钢管研发分中心”，主要承担国家石油天然气输送埋弧焊钢管、弯管及管件的试验研究工作。配套实验室是省级理化检验示范单位、省级理化检验人员资质鉴定培训定点单位和指定对外商检实验室，可对外从事金属、卷板、各类型材、石油专用管材、压力容器等产品材料各项检测。

2012 年 11 月 16 日，“渤海装备国家企业技术中心”被国家发改委、科技部、财政部、海关总署、国家税务总局五部委认定为国家级企业技术中心。

渤海装备公司坚持“以客户为中心，以市场为导向”，积极实施技术引领，累计投入研发费用 5. 8 亿元，持续推进科技研发和技术进步。与钢厂合作，首家完成 X65、X70、X80、X90、X100、X120 系列高钢级板材、管材试制，填补国内空白。其中 X80 大口径、厚壁焊管及管件系列制造技术作为“我国油气战略通道建设与运行关键技术”项目，获得国家科技进步一等奖。

公司研制生产的抗酸钢管、抗变形钢管、抗低温钢管、深海用管，在国家重点管道工程建设中发挥重要的保障作用，始终引领中国油气输送钢管产业的发展。特别是为中俄东线研制的系列 X80 钢级、直径 1422mm 系列超大输量钢管、零下 42℃服役环境所需大口径弯管、管件，56 英寸高压球阀等产品，都在中俄东线项目建设上得到大规模应用，为中俄东线建设新一代超大输量智能化天然气管道提供了坚实的技术保障。

公司钢管生产线全部实现生产过程及检验数字化控制，从钢管销售合同签订到钢管出库等各个环节的生产过程质量控制信息化系统全程由计算机管理，通过 MES 系统与设备的全面联网，结合物联网的全面应用，实现了钢管全程自动质量跟踪和追溯。生产线通过不断实施自动化和智能化改造，重要生产工序实现区域自动化集中管控，劳动强度大的岗位全部采用机器人，“八大特色技术”与“八大特色装置”引领制管行业的发展，高精度钢管尺寸控制技术与配套装备，为管道现场施工提速提供强有力的支撑。

（一）直缝埋弧焊钢管

生产基地分布：直缝埋弧焊钢管生产基地位于河北青县、江苏南京，年综合产能 55 万吨。

产品规格范围：钢管直径：ϕ406～1422mm

钢管长度：8～12.5m

钢管壁厚：6.4～60mm

钢级范围：A25、A、B、X42～X120

（二）螺旋埋弧焊钢管

生产基地分布：螺旋埋弧焊钢管生产基地位于河北青县、福建福州、江苏扬州，年综合产能65万吨。

产品规格范围：钢管直径：ϕ219～3040mm

钢管长度：8～50m（15m以上为桩管和结构管）

钢管壁厚：6～25.4mm

钢级范围：A、B、X42～X120，L175～L625，Q235～Q550

（三）高频电阻焊钢管

生产基地分布：直缝高频电阻焊钢管生产基地位于江苏扬州，年综合产能10万吨。

产品规格范围：钢管直径：ϕ177.8～508mm

钢管长度：8～15m

钢管壁厚：3.6～16mm

最高钢级：X80、N80

公司始终坚持以用户需求为导向，努力提升服务能力和服务水平，始终是用户最信赖、最可靠的合作伙伴。

2021年，公司生产并销售直缝埋弧焊钢管71.1万吨，同比增长率91.09%；螺旋埋弧焊钢管33.2万吨，同比增长率17.22%；直缝电阻焊钢管1.1万吨，同比增长率−78.84%，2021年累计产量105.4万吨。

渤海装备公司作为国家油气输送装备核心制造企业，伴随国家四大能源战略通道及国内油气管网的建设步伐，参与了国家所有重大油气管道的建设。在西北通道的西气东输一线至三线、中亚ABC线、陕京一线至四线，在西南通道的中缅油气管线及支线、中石化川气东送管线，在东南通道的中海油番禺–惠州海底管线、南海深海海底管线以及沿海LNG项目，在中靖联络线、冀宁联络线、中贵联络线及省管网项目上，公司已累计为油气管道供应X65～X80钢级各类钢管2.5万公里、950多万吨，累计供应弯管管件3.8万件，供应高压球阀3500多台套。尤其是在东北通道的中俄东线项目上，公司为该项目北段及中段提供X80钢级、大输量钢管1462公里，占钢管需求总量的46%。渤海装备输送装备产业链产品，在能源国脉建设中始终发挥着重要的保障作用。企业被中华全国总工会授予“五一劳动奖状”，连续多年荣获全国用户满意企业等称号。

5　浙江金洲管道科技股份有限公司

一、企业简介

浙江金洲管道科技股份有限公司创建于 1981 年，主营高等级石油工业用管道和新一代绿色民用管道研发制造，是国内第一家以焊接钢管为主业的 A 股上市公司（证券代码 002443），已跨入国家重点高新技术企业、国家创新型试点企业，浙江省工业行业龙头骨干企业等行列。

金洲管道现配备多套国内领先的自动化生产线，具有年产石油天然气等各类管道 160 万吨的生产能力，拥有八大系列数百个规格品种的产品，并开发拥有新一代健康环保型“绿色管道”系列产品。

主导产品有高频焊管、热浸镀锌钢管、给水涂塑/衬塑复合管材管件、涂覆钢管及管件、薄壁不锈钢管材管件、螺旋缝埋弧焊钢管（SAWH）、直缝电阻焊钢管（HFW）、直缝埋弧焊钢管（SAWL）、FBE/2PE/3PE 防腐钢管。

产品广泛应用于石油天然气长输管线、城市管网、化工、给排水、建筑、通讯、电力和结构用管等领域。

金洲管道产品已形成科技含量高、品种规格齐、综合性能好、应用范围广的经营格局，参与了中哈、中亚、中缅等国际长输油气管线、北京奥运场馆、上海世博会中国馆、神渭输煤管线和国家电网特高压电力铁塔等中外重点工程，是中石油、中石化、中海油、国家电网及国内各大燃气公司、自来水公司的管道优秀供应商。

金洲管道已通过 ISO 9001、ISO 14001、ISO 45001、ISO 50001、中国特种设备（压力管道元件）制造许可、美国 API SPEC 5L、API SPEC 5CT、知识产权管理体系、中国环境标志产品、冶金实物优质产品、浙江制造产品、新华节水产品等认证，拥有国家企业技术中心、CNAS 认可实验室、省级企业研究院、省级工程技术中心等一系列科研平台，现有授权专利和软件著作权 120 件，其中发明专利 50 多项，主持或参与了 40 余项国家标准、行业标准的制修订，发表科技论文百余篇。

金洲管道倡导“共享共赢、公开公平”的核心价值观，向着战略定位更加精准、工作态度更加精进、经营管理更加精细、产品服务更加精优的“四精”战略不断迈进，打造“由精到大、自精而强”的百年基业。

二、企业基本概况

企业名称	浙江金洲管道科技股份有限公司				
地址	浙江省湖州市吴兴区区府路 388 号			邮编	313000
法人代表	孙进峰	电话	05722072542	电子邮箱	—
联系人	周必成	电话	05722072542	联系人所在部门	办公室
传真		05722069600	电子信箱	—	
企业成立时间		2002 年 7 月 31 日	企业网址	http://www.chinakingland.com/	
企业性质		大型民营	钢管设计能力（万吨/年）	150	
企业员工人数（人）		1335	其中：技术人员（人）	194	
钢管产量（万吨）	2020 年	2021 年	钢管出口量（万吨）	2020 年	2021 年
	80.33	90.29		—	—
销售收入（万元）	2020 年	2021 年	利润总额（万元）	2020 年	2021 年
	360612	506986		—	—

三、焊接钢管生产工艺技术装备及产量情况

机组类型及型号		台套/条	产品规格范围（外径范围×壁厚范围）（mm）	设计产能（万吨）	投产时间（年）	实际产量（万吨）	
						2020 年	2021 年
焊接钢管机组	φ42mm 机组	3	（21~34）×（1.7~3.5）	15	2017	10	12
	φ50mm 机组	2	（21~27）×（1.7~3.5）	8	2019	4	3
	φ76mm 机组	5	（42~89）×（2.0~5.0）	40	2016	32	36
	φ114mm 机组	1	114×（3.0~5.0）	15	1997	9	10
	φ219mm 机组	1	（140~219）×（3.0~7.0）	20	2016	13	15
	合计	12		98		68	76
热浸镀锌机组	φ48mm 镀锌机组	2	（21~48）×（1.7~4.0）	20	2017	14	16
	φ76mm 镀锌机组	2	（34~60）×（2.0~4.5）	20	2013	17	16
	φ114mm 镀锌机组	2	（48~114）×（2.2~5.0）	20	2019	16	21
	φ273mm 镀锌机组	2	（114~273）×（2.5~8.0）	30	2018	20	24
	合计	8		90		67	77
衬塑复合钢管机组	中频衬塑 DN15~65	1	（21.3~60.3）×（2.2~4.0）	1.5	2016	2.0	2.2
	中频衬塑 DN50~150	1	（60.3~165.0）×（2.8~6.0）	2	2016	2.5	2.8
	中频衬塑 DN80~200	1	（88.9~219.1）×（3.0~7.0）	1.5	2016	2.0	2.2
	中频衬塑带法兰 DN80~300	1	（88.9~323.9）×（3.0~8.0）	0.5	2016	0.0	0.0
	合计	4	（21.3~323.9）×（2.2~8.0）	5.5	—	6.5	7.2

续表

机组类型及型号		台套/条	产品规格范围（外径范围×壁厚范围）（mm）	设计产能（万吨）	投产时间（年）	实际产量（万吨）	
						2020 年	2021 年
涂塑复合钢管机组	涂塑 DN15~65	1	（21.3~76.1）×（2.2~4.5）	1	2016	1.6	1.5
	涂塑 DN50~100	1	（60.3~114.3）×（2.8~5.0）	2	2016	1.9	2.1
	涂塑 DN80~200	1	（88.9~219.1）×（3.0~7.0）	1.5	2016	0.4	0.3
	涂覆 DN15~80	1	（21.3~88.9）×（2.2~5.0）	2	2017	1.0	0.7
	涂覆 DN100~300	1	（114.3~323.9）×（3.0~8.0）	2	2017	0.2	0.2
	外涂覆 DN15~100	1	（21.3~114.3）×（2.2~5.0）	1	2020	0.3	0.1
	合计	6	（21.3~323.9）×（2.2~8.0）			5.4	4.9

四、企业焊接钢管主导产品

产品名称	规格范围（外径范围×壁厚范围）（mm）	执行/采用标准	实际产量（万吨）	
			2020 年	2021 年
热镀锌钢管	（21~273）×（1.7~8.0）	GB/T 3091—2015	67	77
衬塑复合管	（21.3~323.9）×（2.2~8.0）	GB/T 28897—2021	6.5	7.2
涂塑复合管	（21.3~200）×（2.2~8.0）	GB/T 28897—2021	3.9	3.9
涂覆钢管（双面涂覆管、涂漆管）	（21.3~323.9）×（2.2~8.0）	GB/T 28897—2021 GB/T 5135.20—2010 GB/T 37594—2019	1.5	1.0
薄壁不锈焊接钢管	（16.0~325.0）×（0.8~8.0）	GB/T 19228.2—2011 GB/T 12771—2019 GB/T 24593—2018	0	0.01

6　番禺珠江钢管（珠海）有限公司

一、企业简介

番禺珠江钢管（珠海）有限公司系台港澳与境内合资企业，于 2010 年 6 月在珠海高栏港成立，主要从事海洋工程（海底油气管线、海上风力发电及海上平台）专用特种钢管产品的研究、制造和销售。现已建成产业发展特色突出、配套合理、规模达 50 万吨/年的海洋工程特种钢管制造基地。

公司相继取得美国石油协会API、BV、TUV、Total（法国道达尔）、中海油、中石油等多项国内外资质认证。

建厂以来陆续开发了各类超大口径、超大壁厚、超大长度特点的高性能钢管。2012年，企业所研制开发生产的X65MD钢级ϕ559mm×(22~27)mm的1500m深海钢管，已成功应用于我国南海荔湾3-1深海气田项目，产品实物质量水平达国际先进水平，该产品入选2013年度国家重点新产品计划项目。

2019年，企业根据横跨阿拉伯海底油气管道项目的市场远景规划，提出了3500m级超深水高压海底管道研制及产业化项目，获得广东省促进经济高质量发展海洋经济专项资金支持，项目开发的ϕ691.0×40.5×12000、材质X65~X70直缝埋弧焊管新产品，标志着企业创新能力水平上升到一个新的台阶。

公司经营发展为钢铁产业链消化产能及供给侧改革发挥重要作用，累计生产钢管产品近300万吨，工程应用领域项目涉及“港珠澳大桥”“西气东输”“南海荔湾”“桂山海上风电”“挪威北海油田”“美国德州油田”“尼日利亚油气管道”“苏丹管线”“伊朗海底管线”“美国深海隔水管”“壳牌荷兰抗酸油气管道”等国内外近50多个大型项目，获得过中国机械工业技术奖一等奖、冶金实物质量金杯奖、中国知识产权优势企业，省知识产权示范企业、珠海独角兽种子企业等荣誉称号。

二、企业基本概况

企业名称	番禺珠江钢管（珠海）有限公司				
地址	珠海市金湾区南水镇南水大道1号			邮编	519050
法人代表	陈昌	电话	0756-6250888	电子邮箱	—
联系人	黄克坚	电话	13570702612	联系人所在部门	研发中心
传真		0756-6250880	电子信箱	hkjianxl@pck. com. cn	
企业成立时间		2010年6月21日	企业网址	www. pck. com. cn	
企业性质		港澳台商独资经营企业	钢管设计能力（万吨/年）	—	
企业员工人数（人）		367	其中：技术人员（人）	58	
钢管产量（万吨）	2020年	2021年	钢管出口量（万吨）	2020年	2021年
	18.85	21.43		0.93	6.54
销售收入（万元）	2020年	2021年	利润总额（万元）	2020年	2021年
	64746	90307		—	—

三、焊接钢管生产工艺技术装备及产量情况

机组类型及型号		台套/条	产品规格范围（外径范围×壁厚范围）（mm）	设计产能（万吨）	投产时间（年）	实际产量（万吨）	
						2020 年	2021 年
焊接钢管机组	JCOE 直缝埋弧焊管机组	1	（406～1626）×（7～60）	25	2012	6.42	10.6
	螺旋缝埋弧焊机组	1	（800～4500）×（8～25.4）	15	2013	7.64	7.12
	三辊成型环焊对接焊管机组	1	（610～7000）×（8～230）	10	2014	4.7	3.8

四、企业焊接钢管主导产品

产品名称	规格范围（外径范围×壁厚范围）（mm）	执行/采用标准	实际产量（万吨）	
			2020 年	2021 年
FBE/2PE/3PE 防腐钢管	（406～1626）×（7.1～60）	SY/T 0413—2002 GB/T 23257—2009 DIN 30670-1991 CAN/CSA Z245.21-2010 ISO 21809-1-2009 NF A49-711-1992 NF A49-710-1988	12.2	15.5
管线管		API5L、GB/T 9711/DNV	5.8	9.5
流体输送管		GB/T 3091	0.6	0.5
直缝埋弧（含三辊对接焊管）焊接钢管（SAWL）		API /DNV/ISO/DEP/EN/ASTM/DIN/BS/GB/CSA	11.17	14.45
螺旋缝埋弧焊接钢管（SAWH）			7.64	7.12

7　番禺珠江钢管（连云港）有限公司

一、企业简介

番禺珠江钢管（连云港）有限公司成立于 2009 年，位于连云港市徐圩新区，是连云港市十二五规划重点项目，专业从事焊接钢管技术研发、生产制造的新型企业。

公司目前已建成多条高性能管线钢管生产线，生产线核心设备均从欧美发达国家引进，自动化程度高，公司生产大直缝双面埋弧焊管、直缝高频焊管、螺旋埋弧焊管、耐蚀合金复合钢管及不锈钢管，并配套供应 FBE、3LPE/3LPP、水泥配重等各种形式的防腐钢管以及各类弯管、弯头、异径管等管件产品，产品广泛应用于陆地及海底的石油、天然气、石油化工、化工、采矿、电力、建筑、钢结构和供水等领域，具有工艺技术先进、生产效率高、竞争力强等特点。

番禺珠江钢管（连云港）有限公司为贯彻国家钢铁产业政策，调整产品结构，解决钢管项目优质原料之供应而规划建设高性能管线板材工程项目，拥有国际先进的 HSM 设备并将其升级改造组成一个完整的板材生产线。该生产线生产的产品填补国家空白，并领先世界先进水平，将为国家能源管道建设、海洋装备工程项目的实施发挥关键作用，符合国家“十二五”规划重点发展高性能板材和重点开发海洋工程装备的国家产业政策。

为了积极响应国家和江苏省沿海发展战略，珠江钢管将以连云港基地为核心，重点发展高性能管线钢管，并向上、下游延伸产业链，建设物流紧凑、投资成本低、附加值高的板管一体化全流程项目，以推动珠江钢管由单一的钢管生产制造企业向专业化生产高级别精品板材和高性能管线钢管的全流程、全产业链的联合企业转变。

二、企业基本概况

<table>
<tr><td>企业名称</td><td colspan="5">番禺珠江钢管（连云港）有限公司</td></tr>
<tr><td>地址</td><td colspan="3">连云港市徐圩新区江苏大道 396 号</td><td>邮编</td><td>222000</td></tr>
<tr><td>法人代表</td><td>陈昌</td><td>电话</td><td>0518-80687776</td><td>电子邮箱</td><td>—</td></tr>
<tr><td>联系人</td><td>张晓培</td><td>电话</td><td>0518-80687779</td><td>联系人所在部门</td><td>行政部</td></tr>
<tr><td colspan="2">传真</td><td>0518-80687779</td><td>电子信箱</td><td colspan="2">zhangxp@pck. com. cn</td></tr>
<tr><td colspan="2">企业成立时间</td><td>2009 年 7 月</td><td>企业网址</td><td colspan="2">http: //lyg. pck. com. cn/</td></tr>
<tr><td colspan="2">企业性质</td><td>民营</td><td>钢管设计能力
（万吨/年）</td><td colspan="2">75</td></tr>
<tr><td colspan="2">企业员工人数（人）</td><td>760</td><td>其中：
技术人员（人）</td><td colspan="2">—</td></tr>
<tr><td rowspan="2">钢管产量
（万吨）</td><td>2020 年</td><td>2021 年</td><td rowspan="2">钢管出口量
（万吨）</td><td>2020 年</td><td>2021 年</td></tr>
<tr><td>15</td><td>20</td><td>1. 3</td><td>3. 2</td></tr>
<tr><td rowspan="2">销售收入
（万元）</td><td>2020 年</td><td>2021 年</td><td rowspan="2">利润总额
（万元）</td><td>2020 年</td><td>2021 年</td></tr>
<tr><td>60664</td><td>110792</td><td>—</td><td>—</td></tr>
</table>

三、焊接钢管生产工艺技术装备及产量情况

机组类型及型号		台套/条	产品规格范围（mm）	设计产能（万吨）	投产时间（年）	实际产量（万吨）	
						2020 年	2021 年
焊接钢管机组	JCOE 直缝双面埋弧焊机组（折弯成型）	2	OD457～1524 WT6. 0～40	40	2010/2016	6. 8	15. 4
	螺旋缝埋弧焊机组	1	OD508～2438 WT6. 35～25. 4	12	2013	3. 4	0. 5
	COE-HFW 机组	1	OD273～711 WT5～25. 4	8	2013	2. 7	2. 7
	COE 直缝双面埋弧焊机组	1	OD406～711 WT6. 35～25. 4	10	2013		
	三辊成型大口径环焊机组	4	OD800～6000 WT15～80	5	2013	1. 8	1. 5
	合计	9		75		14. 7	20. 1

四、企业焊接钢管主导产品

产品名称	规格范围（外径范围×壁厚范围）（mm）	执行/采用标准	实际产量（万吨）	
			2020 年	2021 年
FBE/2PE/3PE 防腐钢管	（219～3000）×匹配钢管壁厚	GB/T 23257—2017，SY/T 0315，SY/T 0442，ISO 21809-1，ISO 21809-2，DIN 30670，API RP 5L2，AWWA C213，CSA Z245. 20，CSA Z245. 21，AS 3862	146 万平方米	125. 05 万平方米
流体输送管	（406～6000）×（5～40）	GB/T 3091，GB/T 5037	9. 5	18. 1
高频直缝焊接钢管（ERW/FHW）	（273～711）×（5～25. 4）	API 5L/2B，DNVGL-ST-F101，ISO 3183，EN 10219，GB/T 9711，AS1663	0. 3	0. 7
直缝埋弧焊接钢管（SAWL）	（406～1524）×（5～40）	API 5L/2B，DNVGL-ST-F101，ASTM A671/672，ASTM A53，ISO 3183，GB 9711，SY/T 10037	9. 2	17. 4
螺旋缝埋弧焊接钢管（SAWH）	（508～2438）×（6. 35～25. 4）	API 5L/2B，ISO 3183，GB/T 9711	3. 4	0. 5

续表

产品名称	规格范围（外径范围×壁厚范围）（mm）	执行/采用标准	实际产量（万吨）	
			2020 年	2021 年
三辊成型大口径环焊管（RBE）	（800~6000）×（15~80）	API 5L/2B，DNVGL，ASTM A671/672，ISO 3183，GB/T 9711	1.8	1.5

8　天津源泰德润钢管制造集团有限公司

一、企业简介

天津源泰德润钢管制造集团有限公司创立于 2002 年（原天津市源泰工贸有限公司），总部坐落在中国钢管生产基地天津大邱庄工业区，紧邻唐津高速、津沧高速、104 国道和 205 国道，距天津新港 40 公里，优越的资源区位和交通位置为国内和国际运输提供了便捷条件。

天津源泰德润集团下辖 19 个法人独资子公司：天津源泰德润钢管制造集团有限公司，天津市源泰工贸有限公司，天津市源泰建丰钢管制造有限公司，天津源泰德润金属制品有限公司，天津市源泰方矩钢管有限公司，天津市源泰远大防腐保温管有限公司，天津源泰科技发展有限公司，天津博思检测有限公司，天津源泰德润国际贸易有限公司，天津源泰建丰国际贸易有限公司，天津市源泰润祥商贸有限公司，天津源泰德润钢管销售有限公司，天津市源泰正丰钢铁贸易有限公司，天津润达网络科技有限公司，唐山源泰德润钢管有限公司，唐山市丰南区力拓钢管有限公司，唐山源泰德润国际贸易有限公司，唐山利宝丰国际贸易有限公司，唐山润祥丰贸易有限公司，在雄安新区设有源泰德润集团办事处。

公司是以生产黑色、镀锌方矩管和螺旋焊管为主并兼营物流、贸易等为一体的大型联合企业集团，总注册资金 7 亿元，总占地面积 1600 亩，现有员工 2200 余人，2019 年度销售额 203 亿元，是中国民营企业 500 强单位。

天津源泰德润集团和国内钢铁行业咨询机构、高等院校、科研单位、产业联盟广泛开展产、学、研、用合作。先进的生产设备、精湛的技术力量、优良的管理和技术人才、雄厚的资金实力为生产出高、精、尖产品提供了强有力的保障，在行业内率先发起、起草并制定了《建筑结构用方矩管》《机械结构用方矩管》《结构用热镀锌方矩管》等以应用为导向的系列企业标准、团体标准和行业标准。公司的 500 方机组、300 方机组和 200 方机组生产线实现了换型到出成品的电控自动化。

集团公司现有黑色高频焊管生产线 51 条，热镀锌加工线 10 条，螺旋焊管生产线 3

条，JCOE1420 直缝钢管生产线 1 条，方矩钢管产品广泛用于装配式钢结构建筑，玻璃幕墙工程，钢结构工程，大型场馆、机场建设，高速、道路、装饰护栏，塔吊制造，光伏项目，温室农业棚户建筑，桥梁制造，船舶、汽车制造，机械制造等诸多领域，在重大建设工程中得到一致好评。

“源泰德润”牌方矩管是中国农业部“一带一路”埃及农业大棚项目 7 万吨方矩管产品独一供应商，是青海千万千瓦级特高压光伏新能源基地建设 11.5 万吨热镀锌结构圆管管桩独一供货服务商，是港珠澳大桥工程热镀锌方矩管产品供应商，是国度体育馆、国度大剧院、北京通州行政服务中心等国度重点工程方矩管供应商，是中国五矿、上海建工、中国铁建、中国国机、杭萧钢构、多维联合集团等知名企业的优质合作伙伴。

“源泰德润”牌产品常备现货库存 20 余万吨，年出货规格：(20×20×1.0)mm～(1000×1000×50)mm，(20×30×1.0)mm～(800×1200×50)mm，ϕ219～1420mm，材质 Q195～Q460 的黑色、热镀锌方矩管和螺旋焊管，现有产能近 500 万吨唐山新基地落成后，总产能将达 1000 万吨。

天津源泰德润集团是中国方矩管产业发展与合作创新联盟常务副理事长单位（天津市科技局备案名称为“天津市方矩管业产业技术创新战略联盟”）、中国钢结构协会特邀常务理事单位、中国钢结构协会冷弯型钢分会常务理事单位、装配式建筑产业创新联盟副理事长单位。

集团公司拥有 ISO 9001 认证、ISO 14001 认证、OHSAS18001 认证、欧盟 CE10219 体系认证、法国船级社 BV 认证、日本 JIS 工业标准认证。在保证品质的同时，我们持续降低管理成本，提升管理效益，在行业内率先采用全国统一报价，同时公开订单订货的成本计算公式，极大的让利于合作伙伴和用户。

“百年源泰，德润人心”，天津源泰德润集团致力于为钢管用户提供卓越的产品和服务，立志让结构钢管更广泛地应用到中国经济发展建设中，让所有合作伙伴做更简单的生意。

我们不断延伸产业链，扩大产业集群，形成规模优势，并持续培育增量市场，积极和国内钢铁行业超前科研单位和咨询机构等共同成立方矩管协会和产业创新联盟，汇聚行业智慧和资源，在方矩管产业高质量转型升级上展开广泛和深入的合作，共同为方矩管行业的绿色未来做出不懈努力。

我们期待与您真诚合作、互利共赢、共谋发展，共创辉煌。

二、企业基本概况

企业名称	天津源泰德润钢管制造集团有限公司				
地址	天津市静海区大邱庄工业区			邮编	301606
法人代表	高树成	电话	022-68668762	电子邮箱	—
联系人	刘凯松	电话	18522633362	联系人所在部门	管理部
传真		—	电子信箱	1031157729@qq.com	

续表

企业成立时间		2002 年	企业网址	www. ytdrgg. com	
企业性质		民营	钢管设计能力（万吨/年）	500	
企业员工人数（人）		2200	其中：技术人员（人）	400	
钢管产量（万吨）	2020 年	2021 年	钢管出口量（万吨）	2020 年	2021 年
	430	442		15. 2	15. 8
销售收入（万元）	2020 年	2021 年	利润总额（万元）	2020 年	2021 年
	2200853	2600892		—	—

三、焊接钢管生产工艺技术装备及产量情况

机组类型及型号		台套/条	产品规格范围（外径×壁厚）（mm）	设计产能（万吨）	投产时间（年）	实际产量（万吨）	
						2020 年	2021 年
焊接钢管机组	ϕ50mm 机组	10	（20~30）×（40~40）	50	2010	40	40
	ϕ60mm 机组	6	40×40	60	2010	50	50
	ϕ76mm 机组	10	（40~50）×（40~80）	50	2002	50	50
	ϕ89mm 机组	10	（60~70）×（70~100）	50	2010	50	50
	ϕ114mm 机组	6	（60~70）×（70~120）	50	2015	50	50
	ϕ165mm 机组	2	（80~140）×（120~140）	35	2015	30	30
	ϕ219mm 机组	2	（80~100）×（80~250）	35	2015	20	20
	ϕ273mm 机组	1	（80~200）×（140~200）	25	2015	20	20
	200 方机组	1	80×100~200×200	25	2015	20	20
	300 方机组	2	100×200~300×300	25	2015	20	20
	500 方机组	1	250×250~500×500	25	2015	20	26
	JCOE 机组	1	406~1420	10	2020	10	16
	螺旋焊管机组	3	406~3620	60	2015	50	50
	合计	55				430	442
热浸镀锌机组	吹镀	6	30~60μm	300	2015	250	280
	挂镀	4	60~100μm	200	2015	150	180
	合计					400	460

四、企业焊接钢管主导产品

产品名称	规格范围（外径×壁厚）（mm）	执行/采用标准	实际产量（万吨）	
			2020 年	2021 年
方矩形钢管	20×20×1. 0~1000×1000×50	GB/T 6728	430	442
热镀锌方矩形钢管	20×20×1. 0~1000×1000×50	GB/T 6728	400	460
直缝埋弧焊接钢管（SAWL）	406~1420	GB/T 3091	50	50

9　京华日钢管业有限公司

一、企业简介

京华创新集团有限公司是在衡水京华制管有限公司的基础上，于 2003 年 1 月由国家工商总局核准，2003 年 2 月正式注册成立的集团有限公司，注册资本 5.8 亿元。

集团下辖全资和控股企业有：衡水京华制管有限公司、唐山华岐制管有限公司、莱芜市京华焊管有限公司、广州市华岐镀锌钢管有限公司、成都彭州华岐钢管有限公司、衡水京华化工有限公司六个生产型企业和北京四方金属有限责任公司、北京京华达商贸有限公司、衡水京华贸易有限公司三家商贸型公司，以及衡水京华房地产开发有限公司、衡水京华联运有限公司共 11 家企业，是河北省十大民营企业之一。集团公司以焊管为主业，在规模和品种等方面已位居全世界同行之首。

集团公司创业始于 1993 年 5 月，经过近十年的发展，固定资产由最初的 200 万元，迅速发展到现有的 10 亿元，员工 8000 余人，可年产焊管 300 万吨，热镀锌管 130 万吨，螺旋焊管 35 万吨，冷轧带钢 120 万吨，癸二酸 1.5 万吨。集团目前拥有 4 分–8 寸高频焊管生产线 71 条，ϕ219～1820mm 螺旋焊管生产线 17 条，4 分–8 寸热镀锌生产线 19 条，12 套冷轧机组，以及酸洗、退火窑、大小纵剪等多项配套设施，两套癸二酸生产装置，生产工艺全部采用微机控制，并拥有先进的检测手段，另外公司还拥有 300 余辆大型运输车辆和各种配套机械。

集团始终坚持以质量求生存，以信誉求发展的原则，得到了广大客户的认可和赞许，多次被省市评为“科技企业”“明星企业”“优秀民营企业”“重合同守信用企业”“全国首选高频焊管质量过硬品牌企业”等，集团公司生产的“华岐”牌钢管于 2000 年 9 月份通过 ISO9001 国际质量体系认证，并取得了“河北名牌产品”“社会公认满意产品”“中国公认名牌产品”等荣誉。

京华集团在各级政府、领导的关怀和帮助下，在社会各界的大力支持下，在广大供需客户的鼎力帮助下，在集团领导、全体干部员工的齐心努力下，取得了骄人的成绩，实现了企业由粗放型经营向科学化管理的转变，“永远的京华，不变的真诚”是我们始终不变的企业方针，“仁中求益，义中求财”是我们一贯的经营理念，我们将继续发扬京华人的优良传统和作风，在未来的时日里，以优异的成绩回报党和政府及领导和各界同仁的关怀和支持。

二、企业基本概况

企业名称	京华日钢管业有限公司				
企业性质		—	钢管设计能力（万吨/年）	800	
企业员工人数（人）		6500	其中：技术人员（人）	1500	
钢管产量（万吨）	2020 年	2021 年	钢管出口量（万吨）	2020 年	2021 年
	650	680		20	25

三、焊接钢管生产工艺技术装备及产量情况

机组类型及型号		台套/条	产品规格范围（外径范围×壁厚范围）（mm）	设计产能（万吨）	投产时间（年）	实际产量（万吨）	
						2020 年	2021 年
焊接钢管机组	高频电阻焊 HFW	72	（21.3~219.1）×（1.8~6.0）	800	2001	600	620
	埋弧焊 SAWH	19	（219~2820）×（5.0~20.0）		2002	50	60
热浸镀锌机组	热浸锌机组	33	DN15~300		2005	532.8	551
衬塑复合钢管机组		14	（21~325）×（1.8~6.0）			11.8	15
涂塑复合钢管机组		2	（21~325）×（1.8~6.0）			2	3

四、企业焊接钢管主导产品

产品名称	规格范围（mm）	执行/采用标准	实际产量（万吨）	
			2020 年	2021 年
热镀锌钢管	DN15~300	GB/T 3091—2015	486	500
方矩形钢管	F30×30~F150×150 J20×40~J100×200	GB/T 6728—2017	10	15
热镀锌方矩形钢管	F30×30~F150×150 J20×40~J100×200	GB/T 6728—2017	35	36
衬塑复合管	DN15~300	GB/T 28897—2021	11.8	15
涂塑复合管	ϕ21.3~2020	GB/T 28897—2021	2	3
FBE/2PE/3PE 防腐钢管	ϕ42~2020	GB/T 23257—2017	1	3

续表

产品名称	规格范围（mm）	执行/采用标准	实际产量（万吨）	
			2020 年	2021 年
石油专用管（焊接石油套管、油管）	ϕ219～2820	GB/T 9711—2017	1	2
管线管	ϕ219～2820	GB/T 9711—2017 API5L	0.2	1
高频直缝焊接钢管（ERW/FHW）	ϕ21.3～219.1	GB/T 3091—2015 GB/T 13793—2016	73	75
螺旋缝埋弧焊接钢管（SAWH）	ϕ219～2820	SY/T 5037—2018 GB/T 9711—2017	30	30

10　邯郸市正大制管有限公司

一、企业简介

公司始建于 2005 年，原为邯郸市正大制管有限公司，2021 年 8 月 8 日改制为邯郸正大制管集团股份有限公司（简称：正大制管，英文缩写：ZDP），是国家高新技术企业、全国守合同重信用企业、国家两化融合管理体系贯标企业、中国制造业 500 强、中国民营企业 500 强、河北省百强企业、河北产业集群龙头企业、中国民营企业文化建设三十标杆单位。获河北省绿色工厂、河北省政府质量奖提名奖等，是一家以高频焊管、热镀锌管、方矩管、热镀锌方矩管、钢塑复合管、螺旋焊管制造、销售为主导，集科、工、贸为一体的现代化综合型企业。自主品牌“天虹”荣获中国驰名商标、河北省著名商标、河北名片、河北省名牌产品、河北省优质产品等荣誉称号。

公司自成立以来，秉承“追求卓越，创造永恒”的生产观，以质量为先导，采用国际先进的美国色马图尔固态高频、林肯焊机、德国直读光谱仪、金相分析仪等生产检测设备。年可生产各类规格“天虹”“吉立”品牌钢管 1000 余万吨。

公司先后通过中国船级社 ISO 9001：2015、ISO 14001：2015、IOS 45001：2018、ISO 50001：2018，质量、环境、职业健康安全、能源管理四体系认证，GB/T 27922—2011 五星售后服务认证，美国石油学会 API5L 认证、欧盟 CE 认证。“天虹”“吉立”系列钢管产品普遍应用于石油管线、油气输送和给排水、自来水、消防、燃气、集中供暖、采暖蒸汽等低压流体输送及支架、穿线、钢结构、冷弯型材等用途。公司产品多次参与国家及省市众多重点工程建设，如南水北调工程、上海世博会、杭州湾大桥，武汉长江隧道、三峡大坝、南京地铁3号线、昆明长水国际机场、晋煤300万吨煤制造油项目、山东液化天然气（LNG）项目、贵州省农村安全饮用水项目等。

公司产品已成为中建、中铁、中冶、中石化、中石油、中海油等国家诸多大型企业的指定供应商，销售网络遍布全国，“天虹”牌钢管出口到欧洲、美洲、非洲、东南亚等100多个国家和地区。

多年来，正大制管的发展得到了国家及省市级领导的亲切关怀和指导。十一届、十二届全国人大常委会副委员长、民建中央原主席陈昌智，山西省省长蓝佛安，河北省政协主席叶冬松等领导，多次莅临正大制管实地调研和考察指导。

“致力发展，奉献社会”是正大制管的一贯宗旨。多年来，正大制管积极投身社会公益事业，常态化开展了“爱国拥军”双拥共建、“梅花盛开”助学行动等，成为省市两级“扶危济困”先进模范，以及河北省双拥共建战线上的一面旗帜。文化是企业发展的精神支柱，博大精深的中华传统文明赋予正大制管丰富的企业文化内涵，公司创造性地提出“儒家待人、法家治厂”的管理理念。在“做正派人、干大事业”企业精神的感召下，形成了以“德”为基，以“正”为本的企业核心价值观，打造了一支“群策群力、勇于拼搏、致力发展、奉献社会”的钢铁团队。“正气、正派、正直，大方、大气、大度”是正大人的品德；“雷厉风行、令行禁止，钢铁意志、博爱奉献”是正大人的作风；“行成于思、业精于勤；逆水行舟、不进则退”是正大人的发展观。广博为贤，唯正乃大。正大人以山的浑厚、海的广博，诚信务实的品质，敬业创新的作风，追求卓越、创造永恒的信念，传承千年炼钢文化，成就百年制管企业。

二、企业基本概况

企业名称	邯郸正大制管集团股份有限公司				
地址	河北省邯郸市成安县聚良大道9号			邮编	056700
法人代表	张洪顺	电话	15803154333	电子邮箱	—
联系人	白向锋	电话	15803154333	联系人所在部门	经营战略部
传真		—	电子信箱	—	
企业成立时间		2008年8月8日	企业网址	www. hdzdzg. com	
企业性质		股份有限公司	钢管设计能力（万吨/年）	1035	
企业员工人数（人）		6800	其中：技术人员（人）	600	
钢管产量（万吨）	2020年	2021年	钢管出口量（万吨）	2020年	2021年
	726. 2	1035		2. 35	3. 3
销售收入（万元）	2020年	2021年	企业利润（万元）	2020年	2021年
	1776660	—		—	—

三、焊接钢管生产工艺技术装备及产量情况

机组类型及型号		台套/条	产品规格范围（外径×壁厚）（mm）	实际产量（万吨）
				2021 年
焊接钢管机组	高频直缝焊接钢管机组（ERW）	37	DN15～200	279.9
	合计	37	DN15～200	279.9
	镀锌圆管	25	21.3×1.0～323.9×10.0	293.92
	合计	25	21.3×1.0～323.9×10.0	293.92
	衬塑复合钢管	6	21.3×2.2～219.1×6.0	5.3
	合计	6	21.3×2.2～219.1×6.0	5.3

四、企业焊接钢管主导产品

产品名称	规格范围（外径×壁厚）（mm）	执行/采用标准	实际产量（万吨）	
			2020 年	2021 年
热镀锌钢管	DN15～300，0.8～8.0	GB/T 3091—2015	—	293.92
方矩形钢管	40×20～450×500，1.0～12.0 20×20～500×500，1.0～14.0	GB/T 6728—2017	—	242.55
热镀锌方矩形钢管	40×20～450×500，1.0～12.0 20×20～500×500，1.0～14.0	GB/T 6728—2017	—	162.23
衬塑复合管	DN15～300，0.8～8.0	GB/T 28897—2021	—	5.3
高频直缝焊接钢管（ERW/FHW）	DN15～300，0.8～8.0	GB/T 3091—2015	—	279.94
螺旋缝埋弧焊接钢管（SAWH）	219～2020，5.0～16.0	GB/T 9711—2017 SY/T 5037—2018	—	27.92

11　河北天创管业有限公司

一、企业简介

河北天创管业有限公司（简称天创管业）成立于 2010 年，由鑫方盛控股集团全资筹建，系河北省重点建设项目之一。

公司坐落于被誉为历史文化名城、钢铁之都的邯郸，处于晋、冀、鲁、豫四省交界处，紧靠 107 国道，地理位置优越，总占地 500 余亩，拥有员工 2000 多名，是一家集金

属表面防腐产品研发、生产及销售于一体的大型制造企业。

天创管业引进国内领先的现代化生产工艺及检验检测设备，具备较强的规模化生产能力。现有包括直缝焊管、热浸镀锌钢管、热浸镀钢塑复合管、热浸镀锌波型梁防护板、热浸镀锌喷塑、浸塑、全自动紧固件热浸镀锌、大型结构件吊镀等在内 70 多条各类产品生产线，年产能达 150 万吨。公司产品远销全国各地及中东、非洲、欧洲、南美、东南亚等 20 多个国家和地区，广泛应用于消防、燃气、水务、高速公路、铁路、电力、光伏、管廊等行业领域。

天创管业凭借一流品质与卓越服务，参与了北京大兴国际机场、万（万象）万（万荣）高速、藏中联网工程、京雄城际铁路、北京延崇高速、迪拜 700MW 光热电站工程、兰州西站、济南奥体中心、京台高速、云广特高压直流输电工程等国家重点工程项目建设，是中国中铁、山东高速、恒大地产、中国交建、中国路桥、国家电网、中船重工等大型集团企业的战略供应商，并赢得广大用户及施工单位的认可与好评。

作为全国科技创新企业，天创管业持续提升产能的同时，立足技术创新，加强产学研合作，与浙江大学、河北工业大学、河北紧固件产业技术研究院等建立战略合作。

公司已通过 ISO 9001/ISO 14001/OHSAS 18001 管理体系认证、国家质监总局颁发的特种设备制造许可等资质，共拥有国家授权专利 17 项。先后被授予中国百强优秀企业、全国质量诚信标杆企业、河北省政府优秀民营企业、河北民营企业 100 强、全国钢铁行业质量领先企业、中国钢管十大品牌等荣誉称号。

天创管业是中国表面工程协会团体标准参编单位，同时也是中国金属材料流通协会焊管分会、中国交通运输协会交通工程设施分会的副会长单位，中国交通企业管理协会交通产品分会常务理事单位。

未来，天创管业将以“引领行业绿色发展，成为一流的金属表面防腐方案解决者”为使命，秉承“诚信、服务、合作、共赢”的经营理念，坚持以客户需求导向为中心的全流程质量控制管理体系，全面深化精益管理进程，并将深入实施人才强企战略，不断优化产业布局，加大数字信息技术投入与研究，建立健全产供销研用一体化运行协同体系，努力将公司发展成为行业内最具竞争力的卓越企业。

二、企业基本概况

企业名称	河北天创管业有限公司				
地址	河北省邯郸市永年区西南开发区			邮编	056000
法人代表	赵雪刚	电话	0310-6798888	电子邮箱	—
联系人	梁明坤	电话	15100080999	联系人所在部门	生产部
企业成立时间		2010 年 12 月	企业网址	http://www.hbtcgy.com/	
企业性质		私营	钢管设计能力（万吨/年）	150	

续表

企业员工人数（人）		1750	其中：技术人员（人）	276	
钢管产量（万吨）	2020 年	2021 年	钢管出口量（万吨）	2020 年	2021 年
	119	85		5	12
销售收入（万元）	2020 年	2021 年	企业利润（万元）	2020 年	2021 年
	76000	53000		—	—

三、焊接钢管生产工艺技术装备及产量情况

机组类型及型号		台套/条	产品规格范围（外径范围×壁厚范围）（mm）	设计产能（万吨）	投产时间（年）	实际产量（万吨）	
						2020 年	2021 年
焊接钢管机组	DN10~200	12	（10~219）×（0.4~6.5）	150	2010	119	85
	合计	12	（10~219）×（0.4~6.5）	150	2010	119	85
热浸镀锌机组	DN10~200	10	（10~219）×（0.4~6.5）	100	2010	95	72
	合计	10	（10~219）×（0.4~6.5）	100	2010	95	72
衬塑复合钢管机组	DN15~200	5	（21~219）×（2~6）	5	2018	3	4.5
	合计	5	（21~219）×（2~6）	5	2018	3	4.5

四、企业焊接钢管主导产品

产品名称	规格范围（外径范围×壁厚范围）（mm）	执行/采用标准	实际产量（万吨）	
			2020 年	2021 年
热镀锌钢管	（21~219）×（1.0~6.0）	企标	95	72
衬塑复合管	（21~219）×（2.0~6.0）	GB/T 28897	3	4.5
高频直缝焊接钢管（ERW/FHW）			21	8.5

12　天津市利达钢管集团有限公司

一、企业简介

天津市利达钢管集团有限公司始建于 1992 年，位于天津市西青区大寺镇王村工业园，注册资本 3.5 亿元人民币。

公司是专业生产直缝高频焊管，热镀锌钢管，钢塑复合管的企业，秉承质量第一、顾客至上的原则，公司采用国际先进的直读光谱仪、金相分析仪、万能试验机、水压试验机等检验检测设备，健全的管理机制和研发队伍。

经过多年的生产经营和技术改造，现拥有高频焊管机组 12 条，热镀锌机组 10 条，钢塑复合机组 9 套，具有年产直缝高频焊管 100 万吨，热镀锌钢管 70 万吨，钢塑复合管 7 万吨的生产能力。

天津市利达钢管集团有限公司被评为中国著名品牌产品，全国质量信用优秀企业、全国产品和服务质量诚信示范企业、全国钢管行业质量领先企业、全国质量检验稳定合格产品、全国质量诚信标杆企业、全国质量信得过产品、全国钢管行业质量领先品牌、全国百佳质量检验诚信标杆企业。

公司先后通过 ISO 9001：2015 质量管理体系、ISO 14001：2015 环境管理体系、ISO 45001：2018 职业健康安全管理体系、ISO 50001：2018 能源管理体系四体系认证。

公司是中国钢结构协会、天津市建材协会、中国质量检验协会、天津市钢铁协会、中国建筑金属协会给排水协会、中国消防协会、中国城市燃气协会会员单位。

“利达牌”镀锌钢管和钢塑复合管产品广泛用于国家及省市众多重点工程建设，2008 北京奥运场馆，天津全运会场馆，天津机场、北京大兴机场、天津国际会展中心、张家口冬奥场馆、天津万达广场等全国各地重点工程，产品畅销全国，在业内具有良好口碑。

我们始终秉承“诚信为本，客户至上”的经营理念，以一流的技术，一流的服务，为广大用户制造一流的产品。

二、企业基本概况

企业名称	天津市利达钢管集团有限公司				
地址	西青区大寺镇王村工业园			邮编	300381
法人代表	韩振友	电话	18020053890	电子邮箱	—
联系人	于立新	电话	13512288055	联系人所在部门	技质部
传真		02223970894	电子信箱	ylixnw@163. com	
企业成立时间		2004 年 3 月	企业网址	www. tjlida. com	
企业性质		中型民营企业	钢管设计能力（万吨/年）	180	
企业员工人数（人）		850	其中：技术人员（人）	30	
钢管产量（万吨）	2020 年	2021 年	钢管出口量（万吨）	2020 年	2021 年
	178	132		—	—
销售收入（万元）	2020 年	2021 年	利润总额（万元）	2020 年	2021 年
	301583. 47	355402. 14		—	—

三、焊接钢管生产工艺技术装备及产量情况

机组类型及型号		台套/条	产品规格范围（外径范围×壁厚范围）（mm）	设计产能（万吨）	投产时间（年）	实际产量（万吨）	
						2020 年	2021 年
焊接钢管机组	φ45 ERW	1	（20.5~42.5）×（2.0~3.25）	20	2000	19	9
	φ50 ERW	2	（20.5~48）×（2.0~3.5）	30	2000	29	18
	φ76 ERW	6	（45~60.3）×（2.5~3.75）	30	2000	29	18
	φ89 ERW	1	（75~114）×（2.5~4.25）	20	2000	6	6
	φ114 ERW	1	（60.3~114.3）×（2.8~8.7）	20	2000	20	18
	φ219 ERW	1	（140~219.1）×（3.25~5.5）	30	2000	23	23
	合计	12		150	2000	126	92
热浸镀锌机组	热镀锌生产线	10	（20.5~219.1）×（2.0~5.5）	70	2004	51	40
	合计	10		70	2004	51	40

四、企业焊接钢管主导产品

产品名称	规格范围（外径范围×壁厚范围）（mm）	执行/采用标准	实际产量（万吨）	
			2020 年	2021 年
热镀锌钢管	（20.5~219.1）×（2.0~5.5）	GB/T 3091—2015	51	40
衬塑复合管	（20.5~300）×（2.0~6.0）	GB/T 28897—2021	5	4.6
高频直缝焊接钢管（ERW/FHW）	（20.5~219.1）×（2.0~5.5）	GB/T 3091—2015	126	92

13 江苏玉龙钢管科技有限公司

一、企业简介

江苏玉龙钢管科技有限公司坐落于风景秀丽的太湖之滨——无锡市玉祁工业园区，东邻上海，西接南京，水陆交通十分便捷。公司前身是江苏玉龙钢管股份有限公司，在 2016 年公司进行了资产重组，并更名为江苏玉龙钢管科技有限公司。

公司下设三个生产基地：无锡总部生产基地、四川德阳生产基地和尼日利亚生产基地。

无锡总部生产基地目前拥有 SAWL 直缝埋弧焊钢管（JCOE）生产线三条、SAWH 螺

旋埋弧焊生产线六条，方矩形钢管生产线两条，此外还要两条3PE外防腐和两条内防腐生产线。

年可生产SAWL直缝埋弧焊钢管40万吨；SAWH螺旋埋弧焊钢管70万吨，方矩形钢管20万吨，以及3PE外防腐500万平方米和260万平方米环氧内防腐。

四川德阳生产基地拥有SAWL直缝埋弧焊钢管（JCOE）生产线一条、SAWH螺旋埋弧焊生产线四条，年可生产SAWL直缝埋弧焊钢管10万吨、SAWH螺旋埋弧焊钢管30万吨。

尼日利亚生产基地目前拥有一条SAWH螺旋埋弧焊钢管生产线和一条3PE外防腐及一条内防腐生产线。年可生产螺旋埋弧焊钢管10万吨，3PE外防腐250万平方米及内减阻涂料防腐200万平方米。

江苏玉龙钢管科技有限公司产品广泛应用与石油、天然气、页岩气、自来水、矿浆、污水等输送，及热网工程、桥梁、钢结构等建筑领域。

二、企业基本概况

企业名称	江苏玉龙钢管科技有限公司				
地址	江苏省无锡市惠山区玉祁街道玉龙路15号			邮编	214183
法人代表	苏惠峰	电话	—	电子邮箱	—
联系人	任虎	电话	15006176360	联系人所在部门	技术部
传真		—	电子信箱	renhu_fp@163. com	
企业成立时间		2016年	企业网址	www. yulongsteelpipe. com	
企业性质		有限责任公司（法人独资）	钢管设计能力（万吨/年）	135	
企业员工人数（人）		770	其中：技术人员（人）	150	
钢管产量（万吨）	2020年	2021年	钢管出口量（万吨）	2020年	2021年
	47. 2	46. 8		0. 5	0. 6
销售收入（万元）	2020年	2021年	利润总额（万元）	2020年	2021年
	275763	337478		—	—

三、焊接钢管生产工艺技术装备及产量情况

机组类型及型号		台套/条	产品规格范围（外径范围×壁厚范围）（mm）	设计产能（万吨）	投产时间（年）	实际产量（万吨）	
						2020年	2021年
焊接钢管机组	ϕ1422-JCOE机组	1	（406~1422）×（6. 35~50）	15	2007	4. 6	4. 6
	ϕ1422-JCOE机组	1	（406~1422）×（6. 35~50）	15	2013	9. 6	10. 0
	ϕ813-JCOE机组	1	（406~813）×（6. 35~20）	10	2008	2. 8	3. 0

续表

机组类型及型号		台套/条	产品规格范围（外径范围×壁厚范围）（mm）	设计产能（万吨）	投产时间（年）	实际产量（万吨）	
						2020 年	2021 年
焊接钢管机组	ϕ529-螺旋埋弧焊机组	2	（219～630）×（6～12.7）	8	2003	3.1	3.4
	ϕ720-螺旋埋弧焊机组	1	（406～914）×（6～14.3）	12	2002	2.9	2.7
	ϕ1420-螺旋埋弧焊机组	1	（406～1420）×（6～15.88）	15	2003	2.4	1.7
	ϕ1829-螺旋埋弧焊机组	1	（406～2420）×（6～25.4）	20	2008	8.0	7.2
	ϕ2540-螺旋埋弧焊机组	1	（609～2850）×（8～25.4）	15	2002	4.6	4.1
	ϕ4000-RBE 机组	2	（609～4000）×（8～30）	5	2021	2.3	2.1
	250 方钢管机组	1	（80～250）×（4～10）	8	2006	3.0	3.6
	400 方钢管机组	1	（150～400）×（4～14）	12	2000	3.9	4.4
	合计	12	—	135	—	47.2	46.8

四、企业焊接钢管主导产品

产品名称	规格范围（外径范围×壁厚范围）（mm）	执行/采用标准	实际产量（万吨）	
			2020 年	2021 年
方矩形钢管	（80～400）×（4～10）	GB/T 6725 GB/T 6728	6.9	8.0
FBE/2PE/3PE 防腐钢管	ϕ609～2850	GB/T 23257 ISO 21809 CSA Z245.21 CSA Z245.20	140 万平方米	170 万平方米
直缝埋弧焊接钢管（SAWL）	（406～1422）×（6.4～50）（JCOE） （609～4000）×（8～30）（RBE）	SY/T 5037 GB/T 3091 GB/T 9711 API SPEC 5L ISO 3183	19.3	19.7
螺旋缝埋弧焊接钢管（SAWH）	（219～2850）×（6.0～25.4）	SY/T 5037 GB/T 3091 GB/T 9711 API SPEC 5L ISO 3183	21.0	19.1

14 天津博爱管道科技集团有限公司

一、企业简介

天津博爱管道科技集团是集高精度、高强度 HFW 直缝焊管、方矩管、SAWH 螺旋管、3PE/3PP/FBE 外防腐管、外涂塑内环氧防腐管、液态环氧漆防腐管、聚氨酯保温管、建筑结构装配用管、石油天然气输送管道用管线钢管、石油套管、汽车传动轴用管、煤矿输送托辊用管、太阳能支架管、体育器材用管、高精结构管、高强度桩管等多种品种产品生产、销售为一体的大型企业。

下属有博爱管道、博宇钢管、科建防腐科技、博宇通国际贸易、茂强科技等五家子公司。

公司坐落在天津市静海区蔡公庄镇，海、陆、空交通运输十分便捷，距首都国际机场 190 公里，距天津机场 56 公里，距天津新港 80 公里，另有京沪、丹拉、津晋等多条高速公路途经本地，地理位置便利，网接八方商客。

公司总占地面积 300000 平方米，总投资 6 亿元人民币，现有职工 500 人，其中高级工程师 50 人。

集团现有 5 条 HFW 焊管生产线，4 条 SAWH 螺旋焊管生产线，2 条 3PE 防腐生产线、1 条外涂塑内环氧防腐生产线、1 条保温管生产线和 4 条纵剪生产线。

可年生产 ϕ219～3000mm，壁厚 5～30mm 的螺旋焊管 10 万吨；ϕ33.4～508mm、壁厚 3～22mm 的 HFW 焊管 66 万吨，钢级为 Q235B、Q355B、GR.B、H40、J55、K55、X42、X52、X70、X80、N80 1 类、P235、P265、S235、S275、S355。

ϕ76～2620mm 的防腐钢管 150 万平方米、保温管 50 万延米。

公司自创建以来，通过不断的进步与完善，建立了专门、高效的质量管理团队，已通过 ISO 9001 质量管理体系认证、ISO 14001 环境管理体系认证、ISO 45001 职业健康安全管理体系认证，获得了原国家质监总局核发的“压力管道元件”证书，同时获得了美国石油协会 API 5L、API 5CT 的会标使用权以及 API Q1 体系证书、欧盟 CPR、PED 证书、俄罗斯 GOST 证书，安全生产标准化证书。并于 2010 年获得了“天津市著名商标”荣誉称号，此外还获得了“天津市名牌产品”“天津市科技型企业”“国家级高新技术企业”“天津市重点新产品”“天津市杀手锏产品”等荣誉称号。

公司集大成于一身，凝聚中国管道制造的精华，公司以做专、做精、做强、做大为己任，以打造绿色、环保钢管企业为标准，严格按照 API 5L、API 5CT、API Q1、ASTM

A53、ASTM A252、EN10217、EN10219、BS1387、DIN30670、DIN30678、CSA Z245. 20、CSA Z245. 21、GB/T9711、GB/T3091、GB/T13793、GB/T23257、SY/T0315、SY/T0422、SY/T0457 等标准组织生产。

产品广泛应用于石油天然气、煤气、供热、给排水、电力、化工的管道输送；同时用于打桩、结构、海工、机械、矿山、体育、汽车等诸多行业，产品销往美国、欧盟、澳大利亚、加拿大、印度、东南亚、中东、非洲、南美洲等几十个国家和地区。

公司依托“质量是企业生存之基石，是品牌铸就之灵魂”的质量理念，产品质量一直是我们生存与发展的基础。公司装备了如 X 射线实时成像系统、磁粉探伤仪、离线超声波、全管体超声波探伤机、水压试验机等质量检测设备和物理、化学实验室，配备了专门的人员，进行从原材料到产成品的检验；并在生产过程中按照工序流程推行规范、科学、严格的质量内部控制与管理制度，保证产品出厂合格率。

在售后质量服务上实行质量问题跟踪解决制，做到客户无忧使用。博爱人将秉承“自强不息，团结敬业，勇于挑战，追求卓越”的企业精神，坚守“自信、激情、专注、坚持、创新、精进”的企业价值观，践行“品质为王，诚信共赢，员工值钱，客户满意”的经营理念，一直为客户提供高质量的产品和优质的服务，我们愿真诚与各界朋友携手合作，互利共赢，共创美好未来。

二、企业基本概况

企业名称	天津博爱管道科技集团有限公司				
地址	天津市静海区蔡公庄镇工业园			邮编	301606
法人代表	郭文强	电话	022-68557955	电子邮箱	—
联系人	邓虹	电话	18649182875	联系人所在部门	综合办公室
传真		022-68557955	电子信箱	bygg@tjboai. cc	
企业成立时间		2003 年 11 月 6 日	企业网址	http: //www. tjboai. cc	
企业性质		民营企业	钢管设计能力（万吨/年）	76	
企业员工人数（人）		303	其中：技术人员（人）	50	
钢管产量（万吨）	2020 年	2021 年	钢管出口量（万吨）	2020 年	2021 年
	31. 28	27. 94		—	—
销售收入（万元）	2020 年	2021 年	纳税额（万元）	2020 年	2021 年
	127758	143183		—	—

三、焊接钢管生产工艺技术装备及产量情况

机组类型及型号		台套/条	产品规格范围（外径范围×壁厚范围）（mm）	设计产能（万吨）	投产时间（年）	实际产量（万吨）	
						2020 年	2021 年
焊接钢管机组	ϕ630mm 螺旋缝埋弧焊管机组	1	ϕ219~630	2	2003	0.46	0.08
	ϕ820mm 螺旋缝埋弧焊管机组	1	ϕ219~820	2.7	2000	0.99	0.47
	ϕ1020mm 螺旋缝埋弧焊管机组	1	ϕ273~1020	4	2003	1.10	0.38
	ϕ2540mm 螺旋缝埋弧焊管机组	1	ϕ406~3000	7.3	2010	2.25	2.56
	ϕ89mmERW 机组	1	(33.4~89) × (2.0~6.0)	4	2015	4.43	3.86
	ϕ140mmERW 机组	1	(60~140) × (3.0~14)	7	2007	5.72	4.65
	ϕ180mmERW 机组	1	(89~180) × (3.0~14)	8	2017	7.69	6.53
	ϕ273mm ERW 机组	1	(152~273) × (3.0~14)	9	2007	8.65	7.58
	ϕ508mm ERW 机组	1	ϕ219~508	10	2022	0	1.82
	合计	9		76		31.28	27.94

四、企业焊接钢管主导产品

产品名称	实际产量（万吨）	
	2020 年	2021 年
高频直缝焊接钢管（ERW/FHW）	26.49	24.44
螺旋缝埋弧焊接钢管（SAWH）	4.79	3.50

15　河北沧州市鑫宜达管道有限公司

一、企业简介

沧州市鑫宜达管道有限公司成立于 2003 年 7 月，坐落于沧州经济开发区，占地面积 600 余亩，注册资金 3.06 亿元，是集螺旋钢管生产，以及无缝钢管和卷板、带钢等品类钢材经营销售于一体的工贸型集团化企业。

鑫宜达集团下设三个制造分厂和沧州市沃坤金属材料公司。集团现拥有总资产 9.6 亿元，员工 500 余人，其中，具有技术职称的人员达 70 多名。

鑫宜达集团现拥有 9 条螺旋钢管生产线，可生产直径 219～3500mm，壁厚 5.5～25.4mm，最高钢级 X100 的各种规格螺旋钢管，年生产能力达 60 万吨，产品被广泛应用于国内外输油、输气、热力、给排水等管道和结构、打桩等工程。

鑫宜达集团是中石油、中石化、中国燃气、中海油、新奥燃气等多家大型央企的物资采购甲级供应商，集团所属的沧州市沃坤金属材料公司，多年来一直致力于包钢集团无缝钢管的经营销售，销售业绩冠盖华北区域。

鑫宜达集团精良的生产装备、技术精湛的生产队伍和理化实验室，确保生产合格的管道产品。

鑫宜达集团拥有的质量管理体系认证、环境管理体系认证、美国石油学会 API 5L 会标使用授权、A1 级特种设备制造许可证、欧盟（PED \ CPR）、实验室能力认可、CNAS 等认证资质，为鑫宜达集团的产品进军国内外市场铺平了道路。

2013 年，鑫宜达集团被评为河北省技术企业；2014 年，（SINED 图文）商标被工商总局评定为“中国驰名商标”。

鑫宜达集团董事长兼总经理刘圣，现为中国民主建国会沧州市副主委，河北省工商联执委，沧州市人大代表，沧州经济开发区个体协会会长。

鑫宜达集团在刘圣的感召下，齐心协力，众志成城，在不断发展管道装备产业的同时，紧跟市场节奏，不断研发、引进先进技术，努力生产迎合市场需求的产品，以谋求更加广阔的发展空间。

二、企业基本概况

<table>
<tr><td>企业名称</td><td colspan="5">沧州市鑫宜达管道有限公司</td></tr>
<tr><td>地址</td><td colspan="3">河北省沧州市经济开发区开曙街 16 号</td><td>邮编</td><td>061000</td></tr>
<tr><td>法人代表</td><td>刘圣</td><td>电话</td><td>0317-3096030</td><td>电子邮箱</td><td>—</td></tr>
<tr><td>联系人</td><td>刘法雷</td><td>电话</td><td>18931757624</td><td>联系人所在部门</td><td>质量保证部</td></tr>
<tr><td colspan="2">传真</td><td>0317-3096022</td><td>电子信箱</td><td colspan="2">449002926@qq.com</td></tr>
<tr><td colspan="2">企业成立时间</td><td>2003 年 7 月 31 日</td><td>企业网址</td><td colspan="2">www.czsynda.com</td></tr>
<tr><td colspan="2">企业性质</td><td>民营</td><td>钢管设计能力
（万吨/年）</td><td colspan="2">80</td></tr>
<tr><td colspan="2">企业员工人数（人）</td><td>500</td><td>其中：
技术人员（人）</td><td colspan="2">120</td></tr>
<tr><td rowspan="2">钢管产量
（万吨）</td><td>2020 年</td><td>2021 年</td><td rowspan="2">钢管出口量
（万吨）</td><td>2020 年</td><td>2021 年</td></tr>
<tr><td>29.2</td><td>27.4</td><td>0</td><td>0</td></tr>
<tr><td rowspan="2">销售收入
（万元）</td><td>2020 年</td><td>2021 年</td><td rowspan="2">利润总额
（万元）</td><td>2020 年</td><td>2021 年</td></tr>
<tr><td>137985</td><td>153407</td><td>—</td><td>—</td></tr>
</table>

三、焊接钢管生产工艺技术装备及产量情况

机组类型及型号		台套/条	产品规格范围（外径范围×壁厚范围）（mm）	设计产能（万吨）	投产时间（年）	实际产量（万吨）	
						2020 年	2021 年
焊接钢管机组	ϕ219~3600mm 螺旋缝埋弧焊管机组	9	（219~3600）×（6~25.4）	80	2003—2016	29.2	27.4
	合计	9	（219~3600）×（6~25.4）	80		29.2	27.4

四、企业焊接钢管主导产品

产品名称	规格范围（外径范围×壁厚范围）（mm）	执行/采用标准	实际产量（万吨）	
			2020 年	2021 年
管线管	（219~1422）×（6~23）	GB/T 9711—2017	5.6	4.5
螺旋缝埋弧焊接钢管（SAWH）	（219~3600）×（6~25.4）	GB/T 9711—2017 GB/T 3091—2015 SY/T 5037—2018	29.2	27.4
其中：水、煤气用焊接钢管	（219~3600）×（6~25.4）	GB/T 3091—2015 SY/T 5037—2018	23.6	22.9

16　济南迈科管道科技有限公司

一、企业简介

济南迈科管道科技有限公司是国内专业的焊管制造企业，位于山东省平阴县工业园区，占地面积 440 亩，投资 10 亿元人民币，年产能 30 万吨，致力于打造国内精密的直缝涂/衬塑钢管生产基地。

公司经营范围包括直缝钢管、镀锌钢管、涂塑钢管、衬塑钢管、防腐钢管、保温钢管、钢管接头接管。

产品执行或采用 GB/T 3091—2015、ASTM A53、BS 1387、DIN 2440、EN10255、GB/T 14291—1992、CJ/T 120—2008、CJ/T 136—2007、GB/T 28897—2012 等标准，生产规格 3/8" -8"。

公司产品广泛应用于水、煤气、矿井、消防和电力输送等各类民用及工业领域，并提供水、燃气、消防、矿山、机械、石油、设备和电力输送等流体输送领域 PVF（管道、阀

门、管件）的一站式配套预制服务。

公司配备多种先进自动化设备，共投入焊管机组生产线 10 条，热镀锌生产线 6 条，涂塑生产线 6 条，衬塑生产线 5 条，各类自动化机加工设备百余台套，焊管成型采用日本先进的 F-F-X 成型技术方案，增强成型系统的可控性，提高产品精度；焊接工艺采用美国色玛图尔固态高频焊机，确保焊接工艺的稳定性；焊管经中频退火处理，确保焊缝硬度；产品检测采用在线 100%涡流探伤以及水压检测。

迈科牌钢管产品已经申请并通过压力管道制造许可 TS 认证、ISO 9001、ISO 18001 体系认证及美国的 UL/FM、德国的 TüV 认证等多项权威认证。为客户提供增值服务和解决方案是济南迈科管道科技股份有限公司的宗旨，我们始终相信，诚信铸就品牌，品牌引领市场，凭借我们的努力和客户的信赖，您和我们都将获得更大的成功。

二、企业基本概况

企业名称	济南迈科管道科技有限公司				
地址	山东省平阴县工业园区玫瑰片区			邮编	250400
法人代表	郭雷	电话	—	电子邮箱	—
联系人	刘长春	电话	15964526682	联系人所在部门	研发中心
传真		0531-87666796	电子信箱	15964526682@163.com	
企业成立时间		2013 年 5 月	企业网址	http://www.mechpipingtech.com	
企业性质		港澳台法人独资	钢管设计能力（万吨/年）	30	
企业员工人数（人）		732	其中：技术人员（人）	102	
钢管产量（万吨）	2020 年	2021 年	钢管出口量（万吨）	2020 年	2021 年
	10.11	10.31		4.44	4.85
销售收入（万元）	2020 年	2021 年	利润总额（万元）	2020 年	2021 年
	98250	117630		—	—

三、焊接钢管生产工艺技术装备及产量情况

机组类型及型号		台套/条	产品规格范围（外径范围×壁厚范围）（mm）	设计产能（万吨）	投产时间（年）	实际产量（万吨）	
						2020 年	2021 年
焊接钢管机组	ϕ32-ERW/ HFW 机组	2	（13.7～33.7）×（1～3.38）	7	2015	2.78	3.35
	ϕ50-ERW/ HFW 机组	1	（13.7～60.3）×（0.8～4.0）	5	2014	2.19	2.50
	ϕ140-ERW/ HFW 机组	1	（60～140）×（2.0～6.0）	4	2014	1.60	1.94
	ϕ89-ERW/ HFW 机组	1	（60.3～89）×（3.5～6）	3	2018	1.86	1.77
	ϕ219-ERW/ HFW 机组	1	（114～219）×（2.0～8）	6	2014	3.29	3.01
	薄壁焊管生产线	1	（15～63）×（1.0～3.0）	1	2021	0	0.17
	合计	7		26		11.71	12.75

续表

机组类型及型号		台套/条	产品规格范围（外径范围×壁厚范围）（mm）	设计产能（万吨）	投产时间（年）	实际产量（万吨）	
						2020年	2021年
热浸镀锌机组	镀锌一线	1	（21.3~219）×（2.0~8）	11	2015	5.75	5.28
	镀锌二线	1	（21.3~48）×（2.0~8）	5	2018	2.75	2.67
	合计	2		16		8.50	7.96
衬塑复合钢管机组	衬塑线	2	（21.3~219）×（2.0~8）	2.5	2015	1.13	1.13
	合计	2		2.5		1.13	1.13
涂塑复合钢管机组	涂塑线	2	（21.3~219）×（2.0~8）	4	2019/2020	2.97	2.41
	双层涂塑线	1	（21.3~165）×（2.0~4.5）	1	2022	0	0
	合计	3		5		2.97	2.41

四、企业焊接钢管主导产品

产品名称	规格范围（外径范围×壁厚范围）（mm）	执行/采用标准	实际产量（万吨）	
			2020年	2021年
热镀锌钢管	（21.3~219）×（2.0~8）	GB/T 3091，ASTM A795，ASTM/A53，BS EN10255，AS1074，SANS62-1	5	5
衬塑复合管	（21.3~219）×（2.0~8）	GB/T 28897，CJ/T 136	0.8	0.7
涂塑复合管	（21.3~219）×（2.0~8）	GB/T 28897，CJ/T 120，ASTM A795，ASTM A53	2.7	2.3
涂覆钢管（双面涂覆管、涂漆管）	（21.3~219）×（2.0~8）	Q/MK 103041	0.5	0.7
流体输送管	（21.3~219）×（2.0~8）	GB/T 3091，ASTM A795，ASTM A53	0.3	0.9

17　天津市宝来工贸有限公司

一、企业简介

天津市宝来工贸有限公司现拥有 ϕ50mm、ϕ60mm、ϕ89mm、ϕ114mm、ϕ133mm、

ϕ165mm、ϕ219mm 和 ϕ273mm 总计 8 条高频直缝焊管机组，年产能力 60 万吨；公司占地面积 200 亩；建筑面积 2. 5 万平方米；注册资本总额 1. 56 亿元。

公司的最高权力机构为董事会，属董事长领导下的总经理负责制，总经理聘用的副总经理分别负责制造企业的生产、经营和管理。

公司产品适用于低压流体的水、煤、气输送，石油天然气工业输送用管线管和石油套管、油管；建筑结构用钢管；矿山、冶金行业、机械行业高精度托辊专用管等。

公司在经营活动中，坚持诚信为本的原则，对广大用户坦诚相待、恪守信用，树立了良好的企业形象。

公司资信为 AAA 级；长期以来，把“新品开发、科技创新、质量承诺”作为经营理念和追求的目标，有力地提升了企业的知名度和名牌效应，收到了良好的社会效益。

在公司团队的共同努力下，争创名牌产品，大量的科技投入和新产品开发；宝来牌商标的产品受到了市场的青睐，销售地域拓展到东南亚、南美、中东地区和日本。在国内市场，企业在行业中的地位不断提升。

公司从 2014 年到 2016 年取得实用新型专利 8 项、发明专利 2 项。

公司在产品质量方面，建立有效运行了 QMS，从 2006 年开始引入 ISO 9001 标准质量管理体系，按照高频焊管制造的实际情况编制了《质量手册》《程序文件》《作业指导书》和《产品检验和试验规范》等 80 多份质量体系文件和 186 种质量运行记录，建立了完善的质量管理体系。从 2007 年至今，先后已获得国内、日本、欧盟、菲律宾、美国共 12 个产品认证；为公司产品立足本土、拓展国外市场奠定了坚实的基础。

二、企业基本概况

<table>
<tr><td>企业名称</td><td colspan="5">天津市宝来工贸有限公司</td></tr>
<tr><td>地址</td><td colspan="3">静海区大邱庄镇海河道 6 号</td><td>邮编</td><td>301606</td></tr>
<tr><td>法人代表</td><td>谢茂秀</td><td>电话</td><td>022-68586615</td><td>电子邮箱</td><td>—</td></tr>
<tr><td>联系人</td><td>贾海刚</td><td>电话</td><td>022-28898422</td><td>联系人所在部门</td><td>集团办公室</td></tr>
<tr><td colspan="2">传真</td><td>022-28898422</td><td>电子信箱</td><td colspan="2">tianjinbaolai@126. com</td></tr>
<tr><td colspan="2">企业成立时间</td><td>2002 年 6 月</td><td>企业网址</td><td colspan="2">www. tjbaolai. com</td></tr>
<tr><td colspan="2">企业性质</td><td>私营企业</td><td>钢管设计能力（万吨/年）</td><td colspan="2">60</td></tr>
<tr><td colspan="2">企业员工人数（人）</td><td>480</td><td>其中：技术人员（人）</td><td colspan="2">50</td></tr>
<tr><td rowspan="2">钢管产量（万吨）</td><td>2020 年</td><td>2021 年</td><td rowspan="2">钢管出口量（万吨）</td><td>2020 年</td><td>2021 年</td></tr>
<tr><td>58. 5</td><td>57. 5</td><td>—</td><td>—</td></tr>
<tr><td rowspan="2">销售收入（万元）</td><td>2020 年</td><td>2021 年</td><td rowspan="2">利润总额（万元）</td><td>2020 年</td><td>2021 年</td></tr>
<tr><td>217408</td><td>285120</td><td>—</td><td>—</td></tr>
</table>

三、焊接钢管生产工艺技术装备及产量情况

机组类型及型号		台套/条	产品规格范围（外径范围×壁厚范围）（mm）	设计产能（万吨）	投产时间（年）	实际产量（万吨）	
						2020 年	2021 年
焊接钢管机组	ϕ273mm ERW 机组	1	（140~273）×（5.0~11.75）	20	2002	17	16
	ϕ219mm ERW 机组	2	（114~219）×（3.0~6.75）	15	2010	13	13
	ϕ133mm ERW 机组	2	（76~159）×（3.0~5.75）	5	2002	11	10.5
	ϕ114mm ERW 机组	2	（60~114）×（2.5~6.0）	20	2005	17.5	18
	合计	7	（60~273）×（2.5~11.75）	60		58.5	57.5

四、企业焊接钢管主导产品

产品名称	规格范围（外径范围×壁厚范围）（mm）	执行/采用标准	实际产量（万吨）	
			2020 年	2021 年
流体输送管	（33.7~273.1）×（2.5~11.5）	GB/T 3091—2015	58.5	57.5

18　江苏立万精密制管有限公司

一、企业简介

江苏立万精密制管有限公司坐落于风景秀丽的长江下游经济带，位于全国文明城市江苏省张家港市，地处沪苏通铁路、南沿江城际铁路和通苏嘉甬铁路的三线交汇地，地理位置优越。

公司是国内较早专业生产精密焊管、焊拔管以及精密无缝管的企业，公司占地 13 万平方米，建标准厂房 4 万平方米，生产能力 10 万吨，其中电焊精密钢管 6 万吨，焊拔管 3 万吨，精密无缝管 2 万吨，各种类型的管型零部件 5000 万支。

目前公司拥有分条、精密焊管、三线冷拔、热处理、切断加工等多条国内外先进生产线。

公司产品用途广泛，主要应用于减震器、转向柱、传动轴、凸轮轴、安全气囊、座椅杆等车用管型部件，同时也为高端精密仪器、大型机械设备、高铁、制冷设备、组合器材等提供优质产品，年销售额超过 5 亿元。

公司通过 IATF16949 认证，拥有完善的质量控制体系。

公司自 2014 年起一直获评国家高新技术企业，是 GB/T 3639—2021、GB/T 31315—2014、YB/T 4675—2018 起草人。

2017 年获评江苏省企业技术中心；

2018 年获评江苏省研究生工作站（合作单位：江苏科技大学）；

2019 年获评省级二级安全标准化单位、两化融合单位；

2020 年获评张家港小巨人企业、张家港市金港镇社会责任企业。

二、企业基本概况

企业名称	江苏立万精密制管有限公司				
地址	江苏省张家港市金港镇江海中路 1 号			邮编	215633
法人代表	倪志红	电话	0512-56939098	电子邮箱	—
联系人	孙凯	电话	13921967894	联系人所在部门	企管部
传真		0512-58310238	电子信箱	jmgsk@jsliwan. com	
企业成立时间		1981 年	企业网址	www. baidu. com	
企业性质		私营	钢管设计能力（万吨/年）	13	
企业员工人数（人）		400	其中：技术人员（人）	60	
钢管产量（万吨）	2020 年	2021 年	钢管出口量（万吨）	2020 年	2021 年
	8	9		1	1
销售收入（万元）	2020 年	2021 年	利润总额（万元）	2020 年	2021 年
	42000	54200		—	—

三、焊接钢管生产工艺技术装备及产量情况

机组类型及型号		台套/条	产品规格范围（外径范围×壁厚范围）（mm）	设计产能（万吨）	投产时间（年）	实际产量（万吨）	
						2020 年	2021 年
焊接钢管机组	ϕ63. 5mm-erw	1	（21. 7~63. 5）×（0. 8~3. 5）	1. 5	2007	0. 9	1
	ϕ50. 8mm 机组	1	（19~50. 8）×（0. 8~3）	1	2015	0. 7	0. 8
	ϕ76mm 机组	1	（19~78）×（1~3. 5）	1. 5	2005	1	1. 1
	ϕ89mm 机组	1	（38~90）×（2~4）	2	2013	1. 2	1. 3
	ϕ65mm 机组	1	（16~67）×（1~4. 5）	1. 5	2018	0. 5	0. 7
	ϕ63. 5mm-erw	1	（21. 7~63. 5）×（0. 8~35）	1. 5	2007	1	1. 1
	合计	6	（16~90）×（0. 8~4. 5）	8		5. 3	6

四、企业焊接钢管主导产品

产品名称	规格范围（外径范围×壁厚范围）（mm）	执行/采用标准	实际产量（万吨）	
			2020年	2021年
汽车管（含传动轴用管、精密管等）	（16~90）×（0.8~4.5）	GB/T 31315—2014 YB/T 4675—2018	5	5.5
高频直缝焊接钢管（ERW/FHW）	（16~90）×（0.8~4.5）	GB/T 31315—2014 YB/T 4675—2018	0.3	0.5

19 辽宁奥通钢管有限公司

一、企业简介

辽宁奥通钢管有限公司位于中国钢铁基地——鞍钢的西南侧，地理位置得天独厚，具有方便快捷的原材料购货优势。毗邻哈大高速公路，直抵大连和营口两个海港，交通运输极为便利、快捷。本公司为鞍钢长年协议用户。

公司始建于1992年，占地面积25万多平方米，现有员工700人，其中专业技术人员200人，管理人员115人，资产总额4.8亿元。主导产品双面埋弧焊螺旋钢管、3PE防腐钢管。

目前公司拥有十一套具有国际现代化水平的螺旋焊管生产机组，年生产能力50万吨，螺旋焊管口径从219mm到3600mm，是国内产能较高的企业、生产焊管口径大的螺旋缝埋弧焊管生产基地。

该机组采用国外先进的辊式向心成型理论，焊接采用标准的林肯焊机，内外焊采用双丝埋弧自动焊，并采用英国Meta公司生产的激光跟踪系统自动监控，整套机组配有自动化程度较高的电脑触摸屏控制系统和在线超声波探伤仪、X射线工业电视，管端扩径及射线抓拍，自动控制静水压试验可达25MPa。整套机组自动化程度高，成型稳定，焊接质量可靠。

同时，公司还拥有先进水平的实验室，检验设备先进、齐全，能对产品质量提供可靠保障措施。产品执行或采用石油学会APIspec5L、GB/T 9711.1—97、GB/T 9711.2—99、SY/T 5037—2000标准。螺旋焊管壁厚6~25mm，钢种材质为A、B级——X80级。公司拥有现代化的3PE防腐生产线一台套，年生产能力100万平方米，是国内生产PE防腐的制造企业。

奥通公司以其优良的产品保证和细致周到的服务在客户中拥有较高的知名度和良好的口碑。

产品广泛应用于石油、天然气、煤气、热力、给排水等承压运输管线，也可用于化工、电力、灌溉、结构、打桩等工程。

产品销量连年递增，先后为“中国石油独山子千万吨炼油，百万吨乙烯工程”、国家“十一五”重点工程——“辽宁华锦化工（集团）500 吨炼油，48 万吨乙烯工程”“长春西北环线天然气管道工程”“兰州燃气管道工程”“抚顺大乙烯项目”“北京奥运供水管道工程”“鞍钢新轧钢输气管道工程”“大庆石化输油管道工程”等大型重点工程提供配套的产品。

在国外市场，产品已远销到美国、加拿大、丹麦、沙特阿拉伯等国家和地区。我公司产品质量符合 API 标准要求，多次通过了西安管材研究所研究员驻公司质量监督及国际管材制造知名专家的认可。并已加入中石油、大庆油田、鞍钢、首钢等大企业供方网络，成为常年供应单位之一。

奥通公司已通过 ISO 9001：2000 版质量管理体系和石油学会 API 质量体系认证，被誉为“中国焊管十强企业”，并获得中华人民共和国特种设备制造许可证、“能源 1 号网会员”证、全国工业生产许可证。产品曾被授予辽宁省知名品牌、鞍山市知名品牌等多项荣誉，公司获得守合同重信用先进企业、工商免检企业、诚信企业和 AAA 级资信企业等荣誉。

公司秉承“信誉至上、用户至上、信守合同、定期交货”为服务宗旨，竭诚与国内外朋友携手共进，同创宏图伟业。

二、企业基本概况

企业名称	辽宁奥通钢管有限公司				
地址	辽宁省鞍山市千山区鞍腾路 405 号			邮编	114050
法人代表	于君铎	电话	13941202948	电子邮箱	—
联系人	李鹏程	电话	17741238970	联系人所在部门	质量部
传真		0412-2572999	电子信箱	lipengcheng06@163. com	
企业成立时间		2004 年	企业网址	http: //www. asatgg. com/	
企业性质		国企	钢管设计能力（万吨/年）	50	
企业员工人数（人）		200	其中：技术人员（人）	16	
钢管产量（万吨）	2020 年	2021 年	钢管出口量（万吨）	2020 年	2021 年
	13. 14	11. 6		—	0. 11
销售收入（万元）	2020 年	2021 年	利润总额（万元）	2020 年	2021 年
	45298	63123		—	—

三、焊接钢管生产工艺技术装备及产量情况

机组类型及型号		台套/条	产品规格范围（外径范围×壁厚范围）（mm）	设计产能（万吨）	投产时间（年．月）	实际产量（万吨）	
						2020 年	2021 年
螺旋埋弧焊管机组	ϕ920～3620mm	1	3620×25	15	2009. 10	2. 74	3. 68
	ϕ426～2032mm	1	2032×22	10	2006. 5	1. 35	1. 81
	ϕ426～1520mm	1	（508～2438）×25. 4	10	2009. 7	2. 65	2. 06
	ϕ426～1220mm	1	1220×18	5	2007. 12	2. 19	1. 93
	ϕ219～820mm	2	820×16	9	2002. 12	3. 08	1. 89
	ϕ219～630mm	2	630×14	6	2001. 1	1. 13	0. 23
	合计	8	（508～2438）×（14～25. 4）	55		13. 14	11. 6

四、企业焊接钢管主导产品

产品名称	规格范围（外径范围×壁厚范围）（mm）	执行/采用标准	实际产量（万吨）	
			2020 年	2021 年
螺旋缝埋弧焊接钢管（SAWH）	（219～3620）×（6～25）	GB/T 9711—2017 GB/T 3091—2015	13. 14	11. 6

20　浙江久立特材科技股份有限公司

一、企业简介

浙江久立特材科技股份有限公司作为久立集团股份有限公司的控股子公司，创建于1987 年，坐落于“长三角”中心太湖南岸——浙江省湖州市，是一家专业致力于工业用不锈钢及特种合金管材、棒材、线材、双金属复合管材、管配件等管道系列产品研发与生产的上市企业（股票代码 002318）。

浙江久立特材科技股份有限公司以国家认定企业技术中心、CNAS，院士专家工作站、博士后科研工作站为创新、研发平台的久立，建有世界先进水平的无缝管（热挤压/穿孔+冷轧/冷拔）生产线和 FFX 成型、JCO 成型等焊接管生产线，为石油、天然气、电力、核电、化工、船舶制造、新能源等领域提供安全可靠的产品。管道产销量多年居国内首位。

浙江久立特材科技股份有限公司凭借优质的产品质量和优异的服务，久立产品覆盖华夏大地，是国内数百家大中型企业的合格供应商。

公司是中石油、中石化、中海油等单位的主力供应商之一；化工领域，为中国化工集团、国家能源集团等单位提供材料支持；电力领域，和哈尔滨电气、上海电气、东方电气等单位一直以来保持长久、友好的合作关系。

二、企业基本概况

企业名称	浙江久立特材科技股份有限公司				
地址	浙江省湖州市吴兴区中兴大道 1899 号			邮编	313028
法人代表	李郑周	电话	—	电子邮箱	—
传真		0572-2539000	电子信箱	sales@jiuli. com	
企业成立时间		1987 年	企业网址	www. jiuli. com	
企业性质		制造业	钢管设计能力（万吨/年）	17	
企业员工人数（人）		3000	其中：技术人员（人）	324	
焊管产量（万吨）	2020 年	2021 年	钢管出口量（万吨）	2020 年	2021 年
	5. 93	6. 28		4. 6	—
销售收入（亿元）	2020 年	2021 年	利润总额（万元）	2020 年	2021 年
	49. 55（包括无缝管）	59. 73（包括无缝管）		—	—

三、企业焊接钢管主导产品

产品名称	规格范围（外径范围×壁厚范围）（mm）	执行/采用标准
薄壁不锈焊接钢管	（12~168）×（0. 5~4）	国标、美标、欧标、日标、企标等
连续油管	（12~44）×（0. 5~3）	国标、美标、欧标、日标、企标等
管线管	（6~3000）×（0. 5~80）	国标、美标、欧标、日标、企标等
流体输送管	（6~3000）×（0. 5~80）	国标、美标、欧标、日标、企标等
汽车管（含传动轴用管、精密管等）	（6~89）×（0. 5~3）	国标、美标、欧标、日标、企标等

21　上上德盛集团股份有限公司

一、企业简介

上上德盛集团股份有限公司成立于 2001 年，公司是由上海上上不锈钢管有限公司发展而来，2019 年兼并吸收了上海上上不锈钢管有限公司、浙江上上不锈钢管有限公司、松阳上上德盛不锈钢有限公司，总占地面积 134 余亩。

公司响应国家 2025 制造强国发展战略是由传统的生产制造方式提升到智能制造，又进一步提升到网络数字工厂制造；是一家专业生产制造高品质、高合金、特殊要求的承压不锈钢无缝管、焊管及不锈钢管件的生产厂商；是一家国际首创制造生产不锈钢管并达到污水零排放的绿色环保工厂。企业原材料主要来源太钢、永兴、华新丽华、上钢五厂等国内优秀企业，产品主要销往国内外化工、石油、核电站、航空航天、（有无）轨道车辆、承压设备制造企业等领域。

公司董事长季学文先生一生立足不锈钢管生产制造、研究、实践，他把 50 年（代）前的生产设备和生产制造方式改变成为具有超时代的网络协同（制）智造设备和生产经营方式。

公司董事长季学文先生的经营理念是："不能把一支不合格的钢管卖给客户，否则您会受到道德与良心的谴责！"

经过公司董事长季学文先生和全体员工的不懈努力，实现了传统制造向智能制造数字工厂的转变，2019 年成为国内首家生产制造不锈钢管零排放的绿色环保企业。

公司总裁严冬云女士是国外高端顶级企业培养出来的精英，她把公司落后的经营管理模式打造成为具有国际领先水平的不锈钢管两化融合生产示范基地，她指导的研发团队引入德国 RFID 无线射频和条形码技术，综合 MES、ERP、WMS 及 OA、ERP、QIS、CQA 多项系统与公司阿季云物联网平台链接，使办公人员通过电脑或者手机直接指挥销售、生产、质检 、出库发货，使客户能通过手机参与、指导及体验制造产品全部过程。经她开发的 EHS 安全生产系统，使重工业企业安全事故直降到零点，此项科研技术得到了工信部高度赞扬，正在向国内外制造型企业推广。

公司在各级政府的关怀下，得到了长足发展。取得了世界顶级 ABS、DNV/GL、LR、TS 等 14 家公司的工厂形式检验和产品认可。

取得了国内高级认证公司 ISO 9001、OHSAS18001、ISO 14001 等 7 家体系认证；

编制和参与制定及发布国家标准 10 个，编制和发布团体标准 2 个；

获得国家专利 81 项（发明 10 项，实用新型 71 项）；

获得计算机软件著作权 7 项，获得国内著名商标 4 个；

获得国家高新技术企业认证、两化融合管理体系贯标试点企业认证，成立院士专家工作站；被浙江省授予两化融合管理示范企业、企业新材料研究院、企业研究开发中心、省级技术中心、数字化车间智能工厂等 20 项资质和荣誉。

公司拥有国际先进水平的生产设备和检测设备，主要配备：全自动和半自动新型一拉六的冷拔机 18 台、智能冷轧管机 16 台、全自动天然气加热电脑控制喷嘴的固溶炉 3 台、酸液密封自动循环冲洗池 10 个、最大焊接壁厚达 50mm 的离线自动焊机 8 台、最大工作壁厚达 40mm 的压力达 3600t 的折弯机 2 台、智能液压剪切机 2 台、卷管机 3 台、刨边机 7

台（等），最大切割厚度 50mm 的水下等离子切割机 1 台等；并拥有德国斯派克直读光谱仪 1 台，日本岛津 PDA5500Ⅱ直读光谱仪 1 台，SHT60 吨微机控制液压万能材料试验机，CMT30 吨微机控制电子万能试验机，德国蔡司大型照相金相显微镜，ETS-UTL 涡流探伤、超声探伤、壁厚检测一体机 3 套，ETS-57 与 ETL-219 涡流探伤线各 3 套，ETS273-610 涡流探伤槽 1 套，UTL108 超声螺旋式探伤线 1 套，UTS168-610 超声探伤水槽 1 套，X 射线实时成像探伤线 2 套，美国 Antonio 公司手提合金成像分析仪 2 台，上海光学仪器厂手提光谱分析仪 4 台，水压机 3 台，可试验最大 ϕ1219mm，最大试验 20M MPa 等现代化检测设备，产品严格按国家标准组织生产。

公司主要生产奥氏体不锈钢、双相不锈钢、铁镍基合金（及非标）无缝和焊接钢管，年生产能力达到 50000t 以上，其中，高新产品、特种设备压力管道产品、轨道交通车辆制动油路用无缝管、化工管道 、核电站（安全外壳）用不锈钢管占比 50%以上。

公司本着“国内领先，世界一流”的奋斗目标，追求卓越的产品质量，为客户提供最优质的服务，将完成智能制造向无人工厂转变，成为行业内领军型科技企业。

运营中心地址：上海市嘉定区叶城路 1118 号；邮编：201821；电话：021-69176628，69170820，69170033；传真：021-69176868，69176910；邮箱：sss@shangshang. sh. cn。

生产基地地址：浙江省丽水市松阳县叶村江南工业区松青路 6 号；邮编：323400；电话：0578-8808973，0578-8808965。

二、企业基本概况

<table>
<tr><td>企业名称</td><td colspan="5">上上德盛集团股份有限公司</td></tr>
<tr><td>地址</td><td colspan="3">浙江省丽水市松阳县叶村江南工业区松青路 6 号</td><td>邮编</td><td>323400</td></tr>
<tr><td>法人代表</td><td>严冬云</td><td>电话</td><td>18918317317</td><td>电子邮箱</td><td>—</td></tr>
<tr><td>联系人</td><td>余炳华</td><td>电话</td><td>18268926080</td><td>联系人所在部门</td><td>技术部</td></tr>
<tr><td colspan="2">传真</td><td>—</td><td>电子信箱</td><td colspan="2">sss@shangshang. sh. cn</td></tr>
<tr><td colspan="2">企业成立时间</td><td>2001 年</td><td>企业网址</td><td colspan="2">—</td></tr>
<tr><td colspan="2">企业性质</td><td>民营</td><td>钢管设计能力（万吨/年）</td><td colspan="2">5</td></tr>
<tr><td colspan="2">企业员工人数（人）</td><td>383</td><td>其中：技术人员（人）</td><td colspan="2">63</td></tr>
<tr><td rowspan="2">焊管产量（万吨）</td><td>2020 年</td><td>2021 年</td><td rowspan="2">焊管出口量（万吨）</td><td>2020 年</td><td>2021 年</td></tr>
<tr><td>0. 4200</td><td>0. 3673</td><td>0. 008</td><td>0. 023</td></tr>
<tr><td rowspan="2">销售收入（万元）</td><td>2020 年</td><td>2021 年</td><td rowspan="2">焊管利润总额（万元）</td><td>2020 年</td><td>2021 年</td></tr>
<tr><td>0. 1050</td><td>0. 9183</td><td>—</td><td>—</td></tr>
</table>

三、焊接钢管生产工艺技术装备及产量情况

机组类型及型号		台套/条	产品规格范围（长度×外径范围×壁厚范围）（mm）	设计产能（万吨）	投产时间（年）	实际产量（万吨）	
						2020 年	2021 年
焊接钢管机组	UTS-500 内焊机	1	12500×（219～1219）×16	0.5	2019	0.0518	0.0554
	HLM1100 边梁	1	12500×（219～3048）×16	0.6	2019	0.0015	0.0067
	6M 内焊机	1	12500×（219～1219）×16	0.3	2008	0.0167	0.0084
	龙门焊机	1	12500×（219～1420）×16	0.7	2020	0.0176	0.0111
	十字焊机	1	12500×（219～3048）×16	0.6	2020	0.0653	0.0591
	埋弧焊机	1	6500×（219～1219）×50	0.6	2008	0.1536	0.1500
	HLZ6500 纵缝机	2	6500×（219～3048）×16	0.8	2008	0.1135	0.0820
	合计	8		4.1		0.4200	0.3673

四、企业焊接钢管主导产品

产品名称	规格范围（外径范围×壁厚范围）（mm）	执行/采用标准	实际产量（万吨）	
			2020 年	2021 年
石油专用管（焊接石油套管、油管）	（219～1219）×50	GB/T 12771	0.0166	0.0093
管线管	（219～1219）×32	GB/T 12771	0.0653	0.0591
流体输送管	（219～1219）×32	GB/T 12771	0.1536	0.1620
直缝焊接钢管（ERW/FHW）	（219～1219）×32	GB/T 12771	0.0557	0.0435
直缝埋弧焊接钢管（SAWL）	（219～1219）×50	GB/T 12771	0.1288	0.0934
合计			0.4200	0.3673
022Cr19Ni10（304L）	（19～3048）×50	GB/T 12771	0.1536	0.1500
06Cr25Ni20（310S）	（19～1219）×32	GB/T 12771	0.0015	0.0067
022Cr17Ni12Mo2（316L）	（19～3048）×50	GB/T 12771	0.1135	0.0820
022Cr19Ni13Mo3（317L）	（19～1219）×32	GB/T 12771	0.0176	0.0111
06Cr18Ni11Ti（321）	（19～3048）×50	GB/T 12771	0.0653	0.0591
022Cr19Ni5Mo3Si2N（2205）	（19～3048）×50	GB/T 21832.1.2	0.0518	0.0554
00Cr25Ni7Mo4N（2507）	（19～3048）×50	GB/T 21832.1.2	0.0167	0.0084
合计			0.4200	0.3673

22　浙江德威不锈钢管业股份有限公司

一、企业简介

浙江德威不锈钢管业股份有限公司创建于 1986 年，总部位于浙江省嘉兴市，企业注册资金壹亿零叁拾万元人民币，占地面积 231 亩，生产建筑面积 10 万平方米，是一家专业加工制造大、中、小不锈钢工业不锈钢焊管、合金焊管、不锈钢管件、预制件、双金属堆焊复合管、民用水管的国家高新技术企业，年产不锈钢及合金焊管 5 万吨以上，管件 500 万件，为工业管道及民用涉水管提供安全可靠和高性能、耐腐蚀、耐高压、耐高温、耐低温的解决方案。

企业建有完善的质保体系，包括 ISO 9001 质量管理体系、ISO 14001 环境管理体系认证、OHSAS18001 职业健康安全管理体系认证，国家质量监督检验检疫总局颁发的《特种设备制造许可证》A 级、B 级证书、PED2014/68/EU 欧盟承压设备指令、美国机械工程师协会 ASME 认证、美国石油学会 API 5LC 认证、API 5LD 认证、海关联盟 EAC 认证、CCS 中国船级社、DNV-GL 挪威德劳船级社、ABS 美国船级社、LR 英国劳氏船级社等国际知名的船级社认证证书。

企业具有完整的产品加工产业链，有原材料裁剪加工中心、连续成型焊管生产车间、JCO 单支成型生产车间、管件加工车间、热处理车间、无损检测和理化检验中心等。企业技术研发中心以科技创新引领企业高质量发展，利用技术优势和科研能力，积极与高校、科研院所建立产学研合作，拥有浙江省企业研究院、浙江省级研发中心，着力开发具有国内国际先进水平、有核心竞争力的新材料、新产品和新技术。

二、企业基本概况

企业名称	浙江德威不锈钢管业股份有限公司				
地址	浙江省嘉兴市南湖区新丰镇嘉钢路 888 号			邮编	314000
法人代表	沈根荣	电话	13905736551	电子邮箱	—
联系人	莫培明	电话	13757337800	联系人所在部门	技术研发中心
传真		0573-83839524	电子信箱	info@deweigroup. cn	
企业成立时间		2004 年	企业网址	http: //www. dwbxg. com/	
企业性质		民营企业	钢管设计能力（万吨/年）	8	
企业员工人数（人）		280	其中：技术人员（人）	49	

续表

钢管产量（万吨）	2020年	2021年	钢管出口量（万吨）	2020年	2021年
	4	5		0.92	1.3
销售收入（亿元）	2020年	2021年	利润总额（万元）	2020年	2021年
	13.58	18.39		—	—

三、焊接钢管生产工艺技术装备及产量情况

机组类型及型号		台套/条	产品规格范围（外径范围×壁厚范围）（mm）	设计产能（万吨）	投产时间（年）	实际产量（万吨）	
						2020年	2021年
焊接钢管机组	ϕ40mm机组	6	（12.7~50.8）×3	0.4	2004	0.2	0.4
	ϕ114mm机组	4	（26.7~114）×5	0.8	2004	0.2	0.3
	ϕ219mm机组	3	（127~219）×6	0.8	2004	0.4	0.5
	ϕ377mm机组	2	（245~377）×8	1.2	2012	0.5	0.6
	ϕ406mm机组	1	（273~406）×12	0.8	2018	0.4	0.5
	ϕ630mm机组	1	（406~630）×10	1.0	2017	0.4	0.5
	ϕ820mm机组	1	（406~820）×14	1.2	2020	0.4	0.6
	JCO机组	1	（406~3000）×65	1.8	2006	1.5	1.6
	合计	19	（12.7~3000）×65	8.0		4	5

注：焊接钢管机组请注明类型，如ϕ610-ERW/HFW机组、ϕ1440-UOE机组、螺旋缝埋弧焊机组、预精焊机组等。

四、企业焊接钢管主导产品

产品名称	规格范围（外径范围×壁厚范围）（mm）	执行/采用标准	实际产量（万吨）	
			2020年	2021年
不锈钢焊接钢管	（12.7~3000）×（0.5~60）	GB/T 12771—2019 GB/T 19228.2—2011 GB/T 21832.2—2018 ASTM A312/A312M ASTM A358/A358M ASTM A790/A790M ASTM A928/A928M API 5LC—2015 EN10217-7	4	5

23　河北敬业精密制管有限公司

一、企业简介

河北敬业精密制管有限公司是一家集直缝焊管、托辊管、方矩形钢管、螺旋焊管等多种产品生产销售于一体的大型企业。

公司成立于 2014 年 8 月，总投资 6 亿元，于 2014 年 11 月 20 日正式投产，拥有目前国内先进的高频焊接钢管生产线，实现了钢管换型到出成品的电控自动化。

目前，公司投产焊管生产线 4 条、大口径方管生产线 2 条、螺旋管生产线 3 条，规划热镀锌管生产线，将形成热镀锌钢管、螺旋管防腐保温等全系列钢管产品，生产规模将发展至 350 万吨。

二、企业基本概况

企业名称	河北敬业精密制管有限公司				
地址	河北省石家庄市平山县南甸镇东庄村 10 号			邮编	—
法人代表	范江伟	电话	15003214402	电子邮箱	—
联系人	左双超	电话	13383239363	联系人所在部门	—
传真		—	电子信箱	jyjmzg@hbjyjt. com	
企业成立时间		2014 年	企业网址	www. hbjyjmzg. cn/	
企业性质		民营企业	钢管设计能力（万吨/年）	58	
企业员工人数（人）		513	其中：技术人员（人）	22	
钢管产量（万吨）	2020 年	2021 年	钢管出口量（万吨）	2020 年	2021 年
	40. 755	41. 8		—	—
销售收入（万元）	2020 年	2021 年	利润总额（万元）	2020 年	2021 年
	143200	371706		—	—

三、焊接钢管生产工艺技术装备及产量情况

机组类型及型号		台套/条	产品规格范围（外径范围）（mm）	设计产能（万吨）	投产时间（年）	实际产量（万吨）	
						2020 年	2021 年
焊接钢管机组	ϕ630mm SAWH 机组	2	ϕ219～630	3	2019	4.17	4.01
	ϕ50mm ERW 机组	1	ϕ20～48	3	2016	1.27	0.48
	ϕ127mm ERW 机组	1	ϕ89～114	5.3	2016	5.83	5.22
	ϕ76mm ERW 机组	1	ϕ32～76	5.2	2015	3.78	1.81
	ϕ165mm ERW 机组	1	ϕ89～165	6.5	2015	6.17	5.82
	400mm 方机组	1	F200～400	15	2019	9.71	13.17
	250mm 方机组	1	F100～250	13	2016	6.47	7.74
	ϕ219～2420mm 螺旋缝埋弧焊管机组	1	ϕ219～2420	7	2019	3.29	3.54
	合计	9		58		40.76	41.79

四、企业焊接钢管主导产品

产品名称	规格范围（外径范围×壁厚范围）（mm）	执行/采用标准	实际产量（万吨）	
			2020 年	2021 年
方矩形钢管	F200～400	GB/T 6728—2017	16.2	20.90
管线管	（219～2420）×（5～25.4）	API Spec 5L	17.1	13.4
螺旋缝埋弧焊接钢管（SAWH）	（219～2420）×（5～25.4）	SY/T 5037—2018 GB/T 9711—2017 API Spec 5L GB/T 3091—2015	7.463	7.55

24　天津市万里钢管有限公司

一、企业简介

天津市万里钢管有限公司于 2003 年底成立，其地址坐落于国内钢材基地之一的天津大邱庄镇，毗邻丹拉高速公路，交通便捷，地理位置优越。

公司是专业生产高频焊管的生产厂家，技术力量雄厚，所采用的设备为国内领先的现

代化生产线，公司自2004年初投产以来，规模逐步扩大，现有高频焊管生产线6条，产品规格从 ϕ20~88mm，壁厚1.3~3.5mm，年产量达15万吨。

2005年又引进了科学、完善的管理模式，并通过了ISO 9001：2000国际质量管理体系认证。严格的质量控制手段和全新的管理方式，加之现代化的生产设备，我们的产品得到了广大客户的认可，销售网络覆盖到全国各大中城市，确保了企业的持续发展。

为答谢新老客户长期以来对本公司的信任与支持，我们将继续努力，不断完善，推行科学管理。我们重视客户价值，真诚期盼与广大新老客户建立长期合作、互动双赢的战略关系，共谋发展、共创共赢、共创未来。

二、企业基本概况

企业名称	天津市万里钢管有限公司				
地址	天津市静海区大邱庄镇王虎庄村王虎庄路北			邮编	301606
法人代表	王新朋	电话	022-68587808	电子邮箱	—
联系人	王新朋	电话	18822095599	联系人所在部门	—
传真		022-68587809	电子信箱	—	
企业成立时间		2003年11月14日	企业网址	—	
企业性质		私营有限责任公司	钢管设计能力（万吨/年）	40	
企业员工人数（人）		135	其中：技术人员（人）	15	
钢管产量（万吨）	2020年	2021年	钢管出口量（万吨）	2020年	2021年
	22	16		—	—
销售收入（万元）	2020年	2021年	利润总额（万元）	2020年	2021年
	77280	73462		—	—

三、焊接钢管生产工艺技术装备及产量情况

机组类型及型号		台套/条	产品规格范围（外径范围×壁厚范围）（mm）	设计产能（万吨）	投产时间（年）	实际产量（万吨）	
						2020年	2021年
焊接钢管机组	ϕ426mm ERW 制管机组	1	（273~426）×（2.0~8.5）	15	2021		4
	ϕ273mm ERW 制管机组	1	（133~2736）×（2.0~8.0）	10	2009		5
	ϕ114mm ERW 制管机组	1	（88~114）×（1.5~5.0）	5	2004		2
	ϕ76mm ERW 制管机组	2	（33~75）×（1.5~4.5）	3	2004		1.8
	ϕ60mm ERW 制管机组	1	（20~60）×（1.5~3.5）	3	2004		1.5
	合计	6				22	16

四、企业焊接钢管主导产品

产品名称	规格范围（外径范围×壁厚范围）（mm）	实际产量（万吨）	
		2020 年	2021 年
高频直缝焊接钢管（ERW/FHW）	（20~426）×（1.5~8）	20	16

25　江苏迪欧姆股份有限公司

一、企业简介

江苏迪欧姆股份有限公司位于常州市经济开发区遥观镇，沪宁线中部，地理位置优越，交通运输十分便利。

公司成立于 2007 年，注册资金 6000 万元人民币，总投资 22000 万元人民币，占地约 75000 平方米，建筑面积 45000 平方米。

公司年设计产品中高端精密焊管 8 万吨，冷拔精密焊接钢管 5 万吨，冷拔或冷轧精密无缝钢管 1 万吨。

产品主要用于汽车，摩托车，高档家具，工程机械，健身器材，低中压流体用管等行业。公司坚持以人为木，以质量求生存，以创新求发展，以管理促效益，创造低碳、放心的钢管，发展中国中高端焊管事业为已任。

公司重视全面质量管理，致力于产品的改 进、创新，技术升级换代，追求持续满足顾客的要求与期望。公司建立完善了制造业先进的企业信息化管理平台（OA 办公系统、ERP 系统），使公司的管理更加高效、快捷、务实，极大地提升了公司的管理水平，公司检测中心正在通过国家级实验室 CNAS 认证，积极推进公司融入世界钢管制造业的先进行列。

二、企业基本概况

企业名称	江苏迪欧姆股份有限公司				
地址	常州市武进区遥观镇勤新工业集中区			邮编	213011
法人代表	周人仁	电话	13816920666	电子信箱	—
联系人	郁正龙	电话	13338037106	联系人所在部门	技术部门
传真		0519-89189991	电子信箱	yanfa@zhongyoupipe. com	
企业成立时间		2007 年	企业网址	www. dompipe. com	

续表

企业性质		股份制	钢管设计能力（万吨/年）	8	
企业员工人数（人）		230	其中：技术人员（人）	36	
钢管产量（万吨）	2020 年	2021 年	钢管出口量（万吨）	2020 年	2021 年
	5.3	5.4		0.29	0.47
销售收入（万元）	2020 年	2021 年	利润总额（万元）	2020 年	2021 年
	35000	43000		—	—

三、焊接钢管生产工艺技术装备及产量情况

机组类型及型号		台套/条	产品规格范围（外径范围）（mm）	投产时间（年）	实际产量（万吨）	
					2020 年	2021 年
焊接钢管机组	ϕ40mm ERW 机组	3	15～42.7	2012	1.8	1.7
	ϕ60mm ERW 机组	3	18～63.5	2011	3.5	3.7
	合计	6	15～63.5		5.3	5.4

四、企业焊接钢管主导产品

产品名称	规格范围（外径范围×壁厚范围）（mm）	执行/采用标准	实际产量（万吨）	
			2020 年	2021 年
汽车管（含传动轴用管、精密管等）	（15～78）×（1～6）	GB/T 31315	3.8	4
高频直缝焊接钢管（ERW/FHW）	（15～63.5）×（1～4）	GB/T 13793	5.3	5.4

26　徐州光环钢管（集团）有限公司

一、企业简介

徐州光环钢管（集团）有限公司为中美合资企业，是最早从事高频直缝焊接钢管生产制造商之一。

公司目前拥有 2 条纵剪生产线和 3 条高频焊管生产线。其中 L1300mm 纵剪生产线、ϕ89mm、ϕ219mm 焊管生产线全套从日本和美国引进，制管设备精良、生产工艺先进、检测手段齐全，具备年生产 ϕ21.3~219mm 系列焊管和 15mm×15mm~120mm×120mm 方矩形钢管 20 万吨的能力。

公司从事高频直缝焊管生产三十多年来，坚持走“质量、品种、效益”之路，不断进行技术改造，调整产品结构，拓宽焊管使用领域，向高精尖方向发展。

目前可按 20 多个国内外标准组织生产，产品共分中低压流体输送、传动轴制造、带式输送机托辊、集装箱、缸体、抽油泵、矿用流体输送、建筑钢结构、超高压输电线路铁塔、油井和油气输送管线用焊接钢管等十一大类。

公司受国家钢标准化委员会委 托，独家起草和修订了《传动轴用电焊钢管》标准。公司先后通过了 ISO 9001 质量管理体系认证、美国石油协会颁发的 API5CT、API5L 会标使用权证书和压力管道特种设备制造许可证，产品广泛应用于石油、化工、机械、汽车、建筑、电力、矿业、轻工业等领域，远销到北美、欧洲、中东、港澳台等二十多个国家和地区，并在国家百余个重大工程如北京国际机场、东方机场、澳门回归大厅等建设中使用，受到专家和用户的好评。精良的制管设备、先进的生产工艺、齐全的检测手段、严格的管理、周到的服务，生产出一流的产品，顾客的需求就是我们努力的方向。

二、企业基本概况

<table>
<tr><td>企业名称</td><td colspan="5">徐州光环钢管（集团）有限公司</td></tr>
<tr><td>地址</td><td colspan="3">徐州经济技术开发区三环东路 19 号</td><td>邮编</td><td>221004</td></tr>
<tr><td>法人代表</td><td>吴建设</td><td>电话</td><td>0516-87773770</td><td>电子信箱</td><td>—</td></tr>
<tr><td colspan="2">传真</td><td>0516-87773393</td><td>电子信箱</td><td colspan="2">ghgsbgs@163.com</td></tr>
<tr><td colspan="2">企业成立时间</td><td>1988 年</td><td>企业网址</td><td colspan="2">www.cn-ghtube.com</td></tr>
<tr><td colspan="2">企业性质</td><td>中外合资</td><td>钢管设计能力（万吨/年）</td><td colspan="2">28</td></tr>
<tr><td colspan="2">企业员工人数（人）</td><td>215</td><td>其中：技术人员（人）</td><td colspan="2">22</td></tr>
<tr><td rowspan="2">钢管产量（万吨）</td><td>2020 年</td><td>2021 年</td><td rowspan="2">钢管出口量（万吨）</td><td>2020 年</td><td>2021 年</td></tr>
<tr><td>6.6</td><td>6.0</td><td>—</td><td>—</td></tr>
<tr><td rowspan="2">销售收入（万元）</td><td>2020 年</td><td>2021 年</td><td rowspan="2">利润总额（万元）</td><td>2020 年</td><td>2021 年</td></tr>
<tr><td>27218</td><td>32368</td><td>—</td><td>—</td></tr>
</table>

三、焊接钢管生产工艺技术装备及产量情况

机组类型及型号		台套/条	产品规格范围（外径范围×壁厚范围）（mm）	设计产能（万吨）	投产时间（年）	实际产量（万吨）	
						2020 年	2021 年
焊接钢管机组	ϕ89mm ERW 机组	1	（26.9~89）×（1.8~4.5）	5	1982	1.0	0.8
	ϕ168mm ERW 机组	1	（108~168）×（3.0~6.5）	8	2007	1.2	1.2
	ϕ219mm ERW 机组	1	（73~219）×（3.0~9.5）	15	1990	4.4	4.0
	合计	3	（26.9~219）×（1.8~9.5）	28		6.6	6
热浸镀锌机组	ϕ168mm 热浸镀锌机组	1	（26.9~168）×（3.0~8.0）	1	1982	—	—
	合计	1	（26.9~168）×（3.0~8.0）	1		—	—

四、企业焊接钢管主导产品

产品名称	规格范围（外径范围×壁厚范围）（mm）	执行/采用标准	实际产量（万吨）	
			2020 年	2021 年
热镀锌钢管	（26.9~168）×（3.0~8.0）	GB/T 13793—2016 GB/T 3091—2015	—	—
石油专用管（焊接石油套管、油管）	（73~219）×（3.0~9.5）	API 5CT	—	—
管线管	（48.3~219）×（3.0~9.5）	GB/T 9711.1（.2）API 5L	—	—
流体输送管	（26.9~219）×（3.0~6.5）	GB/T 3091—2015	—	—
输送托辊用管	（48.3~219）×（3.0~5.5）	GB/T 13793—2016	3.7	3.9
汽车管（含传动轴用管、精密管等）	（50~180）×（1.8~6.5）	YB/T 5209—2020	2.3	1.6
高频直缝焊接钢管（ERW/FHW）	（26.9~219）×（2.0~9.5）	GB/T 13793—2016	0.505	0.43

27　天津市联众钢管有限公司

一、企业简介

天津市联众钢管有限公司是一家专业从事高频焊管制造，集研发、生产、服务于一体

的国家级高新技术企业。

公司主要产品为石油天然气开采用套管、管线管、割缝管、消防管、压缩机管、托辊管、太阳能追踪扭矩管、热交换器管，高精结构管以及桩管等，设备年产能50万吨。

公司产品执行或采用API SPEC 5CT、API SPEC 5L、FM1630、UL852、JIS G 3444、JIS G 3452、AS/NZS1163、AS/NZS1074、EN10217、EN10219、EN10255以及GB/T 9711、GB/T 3091、GB/T 13793、GB/T 19830、YB/T 5209、SY/T 5768等国内外标准。产品远销海外市场，广泛应用于石油、天然气、太阳能、造船、汽车、化工、环保、锅炉、防火、水利、电业、机械、建筑等行业。

公司拥有各类先进检测设备，实验检测中心通过了CNAS认证，并先后被认定为“天津市企业技术中心”“天津市焊接钢管企业重点实验室”，承接着集焊管研发、实验检测和技术交流为一体的职能。

公司注重质量与安全的管理，先后通过了ISO 9001质量管理体系认证、ISO 14001环境管理体系认证、BS OHSAS18001职业健康安全管理体系认证、美国石油协会API认证、美国UL认证、美国FM认证、欧盟CE产品认证、日本JIS产品认证、压力管道制造许可认证等。

公司注重人才培养和技术研发，依靠人才培养和技术创新驱动发展是联众钢管长期发展的战略。

二、企业基本概况

企业名称	天津市联众钢管有限公司				
地址	天津市静海区大邱庄镇恒泰路8号			邮编	301600
法人代表	周文军	电话		电子邮箱	glory18@tus. cc
联系人	艾玉红	电话	15222025890	联系人所在部门	企管部
传真		022-28895050	电子信箱	glory18@tus. cc	
企业成立时间		2004年10月10日	企业网址	www. tus. cc	
企业性质		有限公司	钢管设计能力（万吨/年）	50	
企业员工人数（人）		149	其中：技术人员（人）	51	

三、焊接钢管生产工艺技术装备及产量情况

机组类型及型号		台套/条	产品规格范围（外径范围×壁厚范围）（mm）	设计产能（万吨）	投产时间（年）
焊接钢管机组	114	1	（33.4～114.3）×（2.0～9.0）	4	2011
	168	1	（127～168.3）×（2.5～11.1）	16	2011
	355	1	（141～406）×（2.5～14.0）	30	2006
	合计	3		50	

四、企业焊接钢管主导产品

产品名称	规格范围（外径范围×壁厚范围）（mm）	执行/采用标准
方矩形钢管	（100~170）×（2.2~9.0）	EN10219 ASTM A500
热镀锌方矩形钢管	（100~170）×（2.2~9.0）	GB/T 6128 技术协议图纸
石油专用管（焊接石油套管、油管）	（60.3~339.72）×（4.24~10.92）	API 5CT GB/T 19830
管线管	（33.4~406.4）×（3.4~14.0）	API 5L GB/T 9711
流体输送管	（33.4~406.4）×（3.4~14.0）	GB/T 3091、ASTM A53、ASTM A795/A135 等
输送托辊用管	（60.3~355.6）×（2.0~12.7）高精度	GB/T 13793
预镀锌方形钢管	（100~170）×（2.2~4.5）	EN10219 ASTM A500
镀铝镁锌方形钢管	（100~170）×（2.2~4.5）	GB/T 6128 技术协议图纸
消防管	（33.4~168.3）×（2.77~7.11）	ASTM A135 ASTM A795 FM1630 ASTM A53/A53M

28 江苏宏亿钢管有限公司

一、企业简介

江苏宏亿钢管有限公司建于 1999 年，经过 10 余年的努力经营，成为武进地区专业生产无缝钢管、精密冷轧管、精密冷拔管、精密焊管的企业。公司地处江苏常州东郊，自然地理位置优越，毗邻沪宁铁路、沪宁高速公路和上海港、常州港，交通十分便利。

公司主要生产口径 80mm 以下的管子，“小而精”是公司的发展方向也是追求的目标。

公司年产精密冷拔管 6000t，产品主要应用于柴油机高压用油管、汽车空调系统、转向系统、刹车系统等。

冷轧精密管年产量 15000t，产品主要应用于气弹簧专用冷轧精密钢管、汽车减振器用冷轧精密钢管、摩托车减振器用冷轧精密钢管、液压和气动缸筒。

冷拔无缝钢管年生产量40000t，产品主要包括低中压锅炉管、热交换器管、流体管、结构用管、机械加工用管等。

精密焊管年生产能力20000t，产品主要用于汽车方向器、发动机、气压泵、传动轴等以及其他机械用管。公司产品符合中国GB、美国ASTM、德国DIN、英国EN、日本JIS等标准。2010年，公司产品首次涉足国际市场，客户遍及中国、英国、土耳其、荷兰、美国、加拿大、伊朗等国家和地区，产品在国际市场上赢得了良好的声誉。

二、企业基本概况

企业名称	江苏宏亿钢管有限公司				
地址	武进区遥观镇新南村工业集中区			邮编	—
法人代表	倪宋	电话	—	电子邮箱	—
联系人	吴铭	电话	18651997506	联系人所在部门	财务部
企业成立时间		2006年	企业网址	—	
企业性质		—	钢管设计能力（万吨/年）	7	
企业员工人数（人）		650	其中：技术人员（人）	70	
钢管产量（万吨）	2020年	2021年	钢管出口量（万吨）	2020年	2021年
	4.5（包括精密无缝钢管）	6.5（包括精密无缝钢管）		—	—
销售收入（万元）	2020年	2021年	利润总额（万元）	2020年	2021年
	40000	60000		—	—

三、焊接钢管生产工艺技术装备及产量情况

机组类型及型号		台套/条	实际产量（万吨）	
			2020年	2021年
焊接钢管机组	高频感应焊机组	3	2.5	3.0
	合计	3	2.5	3.0

四、企业焊接钢管主导产品

产品名称	执行/采用标准	实际产量（万吨）	
		2020年	2021年
汽车管（含传动轴用管、精密管等）	IATF16949，ISO 90001	1.4（包括精密无缝钢管）	1.6（包括精密无缝钢管）

29　常州龙泉管道工程有限公司

常州龙泉管道工程有限公司创建于 2002 年 12 月，位于江苏省常州市新北区滨江工业园区，是山东龙泉管道工程股份有限公司（证券简称：龙泉股份证券代码：002671）的全资子公司，是龙泉股份旗下管道板块布局在长三角的重要生产基地。

公司地理位置优越，北邻长江常州录安洲长江码头 1 公里，距离江宜高速孟河出入口 7 公里，距离常州奔牛机场 16 公里，距离高铁常州北站 12 公里，水陆空交通便利。

主营业务为：用于国家大中型水利水电工程及跨流域调水工程的预应力钢筒混凝土管（简称 PCCP）、钢筋混凝土排水管混凝土预制构件的研发、钢筋混凝土顶管（DRCP）的制造、销售与安装；金属制品（螺旋钢管、钢制管道配件）加工、制造与销售等。

公司坚持“用户第一，信誉至上”的经营理念，秉承“走正道，负责任，心中有别人”的核心价值观，凭借资本市场和龙泉总部的强力支撑，以强大的研发能力和优质的产品质量在长三角地区赢得了客户广泛好评和高度信赖。

上卷

成形焊接

水压实验

倒棱

成品管检验

内防腐

外防腐

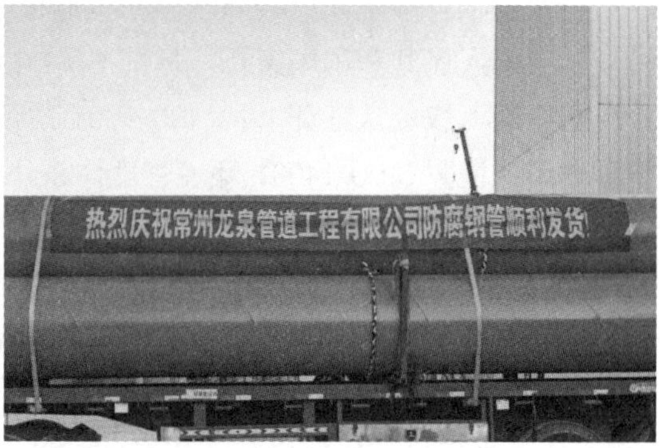

30 广东荣钢管道科技有限公司

一、企业简介

广东荣钢集团创建于 1994 年。广东荣钢管道科技有限公司位于佛山市南海区里水镇和顺石塘村桃北工业园 2 号，厂房及仓储占地面积 100 亩，是主要生产、经营“荣钢”牌消防级系列钢管：

热浸镀锌消防钢管、热浸镀锌加厚钢管、热浸镀锌高压无缝钢管、EP 环氧树脂涂覆钢管；

“荣钢”牌给水系列钢管：承插式全自锚抗震型柔性接口钢管、给水衬塑复合钢管、涂塑复合钢管、内外涂塑复合钢管；

“荣钢”牌镀锌钢制电线导管、四级热镀锌电线导管、电力涂塑钢管等系列产品。

“荣钢”牌钢管系列产品被广泛应用于消防、供水、通信、电力、市政排污、地铁、高铁、钢结构等建筑用钢管领域。荣钢以“为天下绿色建筑专业铸造每一支钢管”为使命；以“7（天）+24（小时）”的售前售后服务方式为客户提供多快好省的服务体验。

行业贡献：中华人民共和国国家行业标准 CJ/T 120—2016《给水涂塑复合钢管》参编单位；中华人民共和国国家行业标准 CJ/T 192—2017《内衬不锈钢复合钢管》参编单位。

荣获以下权威认证证书：《ISO 9001 质量管理体系认证》《OHSAS18001 职业健康安全管理体系认证》《ISO 14001 环境管理体系认证》《广东省守合同重信用企业》《AAA 级企业信用等级证书》《高新技术企业》《广东省名牌》《品牌贡献奖》《细分行业龙头行业》《科技创新先进企业》《CQTA 品质验证证书》《质量信得过产品》《全国给排水行业名牌》。

获得行业荣誉：“中国建筑金属结构协会给排水设备分会管道委员会”副主任委员；“广州市质量检验协会”会员单位；“佛山市钢管行业协会”常务副会长兼秘书长单位；“佛山市工程造价与招标协会”优秀建材供应商会员单位。

获广东省饮用水卫生许可批件：粤卫水字【2018】-05-第 S000 号粤卫水字【2018】-05-第 S0005 号。

二、企业基本概况

企业名称	广东荣钢管道科技有限公司				
地址	佛山市南海区里水镇和顺石塘村桃北工业园 2 号			邮编	528244
法人代表	邓伟勤	电话	13802920483	电子邮箱	—
联系人	邓东海	电话	18927726686	联系人所在部门	市场部
传真		0757-85603933	电子信箱	498851740@qq. com	
企业成立时间		2014 年 8 月 12 日	企业网址	www. gdronggang. com	
企业性质		研发，加工，生产，销售	钢管设计能力（万吨/年）	30	
企业员工人数（人）		270	其中：技术人员（人）	—	
钢管产量（万吨）	2020 年	2021 年	钢管出口量（万吨）	2020 年	2021 年
	25. 5	27		—	—
销售收入（万元）	2020 年	2021 年	利润总额（万元）	2020 年	2021 年
	21383. 76	37000. 51		—	—

三、焊接钢管生产工艺技术装备及产量情况

机组类型及型号		台套/条	产品规格范围（mm）	设计产能（万吨）	投产时间（年）	实际产量（万吨）	
						2020 年	2021 年
焊接钢管机组	1#焊管生产线	1	4 分~2 寸	13	2021		5
	2#焊管生产线	1	4~8 寸	15	2021		8
	合计						13
热浸镀锌机组	1#热镀锌生产线	1	4 分~2 寸	16.5	2020	8	12.5
	2#热镀锌生产线	1	2.5~8 寸	16.5	2020	9.5	13
	合计					17.5	25.5
衬塑复合钢管机组	1#复合机 GNFS-11-1V	1/2	DN80~300		2014	0.364	0.31
	2#复合机 GNFS-111	1/2	DN20~80		2014	0.364	0.31
	3#复合机 GNFS-111	1/2	DN15~80		2017	0.364	0.31
	4#复合机 GNFS-11-111	1/5	DN15~80		2018	0.364	0.31
	5#复合机 GNFS-11-1V	1/2	DN80~300		2018	0.364	0.31
	合计					1.82	1.55
涂塑复合钢管机组	双管同时连续内外涂塑	1	DN15~300		2016	0.23	0.22
	合计					0.23	0.22

四、企业焊接钢管主导产品

产品名称	规格范围（mm）	执行/采用标准	实际产量（万吨）	
			2020 年	2021 年
热镀锌钢管	DN（15~300）×（2.8~6.0）	GB/T 3091—2015	25.5	27
衬塑复合管	DN15~300	GB/T 28897—2021	1.82	1.55
涂塑复合管	DN15~300	GB/T 28897—2021	0.23	0.22
涂覆钢管（双面涂覆管、涂漆管）	DN20~300	GB/T 28897—2021	0.1	0.1

31 佛山市三水振鸿钢制品有限公司

一、企业简介

佛山市三水振鸿钢制品有限公司是一家带钢生产高频焊管、热镀锌管、方矩管、冷轧

带钢系列等于一体的综合性现代化集团公司。

振鸿集团公司创建于 2001 年，集团公司内设财务部、供应部、生产部、销售部、行政管理部、运输部。

下辖佛山市禅城区振雄金属管材厂，广州市花都区振鸿钢管厂，佛山市三水振鸿钢制品有限公司（焊管厂），佛山市三水振鸿钢制品有限公司（轧延厂），佛山市南海区里联钢管镀锌有限公司。

二、企业基本概况

企业名称	佛山市三水振鸿钢制品有限公司				
地址	佛山市三水区乐平镇范湖经济开发区			邮编	528138
法人代表	王飞	电话	13929919911	电子邮箱	—
联系人	李春阳	电话	15917002552	联系人所在部门	董事长办公室
传真	0757-87661585		电子信箱	2376063134@qq. com	
企业成立时间		2001 年	企业网址	www. zhenhong-gd. com	
企业性质		民营	钢管设计能力（万吨/年）	200	
企业员工人数（人）		658	其中：技术人员（人）	120	
钢管产量（万吨）	2020 年	2021 年	钢管出口量（万吨）	2020 年	2021 年
	44	48		—	—
销售收入（万元）	2020 年	2021 年	利润总额（万元）	2020 年	2021 年
	71000	120000		—	—

三、焊接钢管生产工艺技术装备及产量情况

机组类型及型号		台套/条	产品规格范围	月设计产能（万吨）	投产时间（年）	实际产量（万吨）	
						2020 年	2021 年
焊接钢管机组	φ60mm 机组	3	4 分~1. 2 寸	0. 2	2009	44	48
	φ76mm 机组	2	1. 2~2 寸	0. 35	2006		
	φ114mm 机组	2	2. 5~4 寸	0. 5	2006		
	φ165mm 机组	1	5~6 寸	0. 8	2003		
	φ219mm 机组	1	6~8 寸	1	2003		
	φ325mm 机组	1	8~12 寸	1	2009		
	合计	10		3. 3		44	48
热浸镀锌机组	12 寸单管镀锌机	1	4~12 寸	1	2013	44	48
	6 寸双管镀锌机	1	2~4 寸双，5~6 寸单	1	2017		
	2 寸四管镀锌机	1	4 分~1. 5 寸 4 支，2 寸 3 支	1	2017		
	12 寸单管镀锌机	2	4~12 寸，60~200 方	1. 8	2021		
	60 方四管镀锌机	1	25~60 方，4 分~2 寸 4 支	1. 8	2021		
	合计			6. 6		44	48

四、企业焊接钢管主导产品

产品名称	执行/采用标准	实际产量（万吨）	
		2020 年	2021 年
热镀锌钢管	GB/T 3091—2015	44	48

32 佛山市南海区松岗南骅钢制品厂

一、企业简介

佛山市南海区松岗南骅钢制品厂成立于 2004 年，公司位于广东省佛山市南海区狮山镇松岗石泉工业区（桂和路南海影视城段附近），地理位置优越，交通便利，靠近佛山一环，沈海高速，路网运输发达；

公司现有员工 150 人，拥有数十亩现代化工厂区和先进的生产线近 10 条，是一家专业生产焊管，年产能力达 30 万吨级的生产服务商，公司专业生产 4 分（ϕ20）~12 寸（ϕ325）国标、非标、水管、煤气管、建筑排栅管、脚手架管、五金结构管、薄壁家具管及冷轧带钢产品等优质产品。

公司成立十多年来，始终贯彻以“质量第一，客户至上，诚信经营”的理念经营服务于社会各界，“南骅人”深知市场竞争的残酷性，明白只有通过不断完善和升级自身内部，才有足够的能力应对日益变化的外部市场。于是严格控制从原材料到成品的每个细节，从管理中提升效率，从实践中减少误差，从技术上降低成本，最终达到不断地提升自我，增加效益的目的，从而满足不同客户的需求，使企业竞争力不断提升。

二、企业基本概况

<table>
<tr><td>企业名称</td><td colspan="5">佛山市南海区松岗南骅钢制品厂</td></tr>
<tr><td>地址</td><td colspan="3">广东省佛山市南海区狮山镇松岗石泉工业区</td><td>邮编</td><td>528234</td></tr>
<tr><td>法人代表</td><td>黄飞全</td><td>电话</td><td>13902422533</td><td>电子邮箱</td><td>—</td></tr>
<tr><td>联系人</td><td>刘朗兴</td><td>电话</td><td>13590550117</td><td>联系人所在部门</td><td>总经办</td></tr>
<tr><td colspan="2">传真</td><td>0757-87661585</td><td>电子信箱</td><td colspan="2">2376063134@qq. com</td></tr>
<tr><td colspan="2">企业成立时间</td><td>2004 年</td><td>企业网址</td><td colspan="2">—</td></tr>
<tr><td colspan="2">企业性质</td><td>民营</td><td>钢管设计能力
（万吨/年）</td><td colspan="2">—</td></tr>
</table>

续表

企业员工人数（人）		150	其中：技术人员（人）	18	
钢管产量（万吨）	2020 年	2021 年	钢管出口量（万吨）	2020 年	2021 年
	25	23		—	—
销售收入（万元）	2020 年	2021 年	利润总额（万元）	2020 年	2021 年
	—	—		—	—

三、焊接钢管生产工艺技术装备及产量情况

机组类型及型号		台套/条	产品规格范围（外径范围×壁厚范围）（mm）	月设计产能（万吨）	投产时间（年）	实际产量（万吨）	
						2020 年	2021 年
焊接钢管机组	ϕ325mm 机组	1	（165~325）×（2.5~8.0）	12	2004	25	23
	ϕ114mm 机组	1	（89~165）×（2.0~4.5）	10	2004		
	ϕ60mm 机组	1	（60~89）×（2.0~4.0）	6	2004		
	ϕ50mm 机组	3	（32~60）×（2.0~3.5）	12	2004		
	ϕ32mm 机组	1	（21~42）×（1.5~3.0）	5	2004		
	ϕ325mm 机组	1	（165~325）×（2.5~8.0）	12	2004		
	合计	8		57		25	23

四、企业焊接钢管主导产品

产品名称	执行/采用标准	实际产量（万吨）	
		2020 年	2021 年
高频直缝焊接钢管（ERW/FHW）	GB/T 3091—2015	25	23

33　佛山市顺德区汇力联机械制造有限公司

一、企业简介

佛山市顺德区汇力联机械制造有限公司，2005 年 3 月 4 日成立，经营范围包括制造、销售、加工焊接普碳管、金属制品等。

佛山市顺德区汇力联机械制造有限公司办公室地址位于陶艺之乡、武术之乡佛山，广东省佛山市顺德区陈村镇广隆工业园（机械装备园）35-1 地块（邮编：528313），于 2005 年 3 月 4 日在佛山工商局注册成立，注册资本为 50 万元。

公司经过 17 年的发展壮大，愿与社会各界同仁携手合作，谋求共同发展，继续为新

老客户提供优质的产品和服务。我公司主要经营制造、销售、加工：焊接普碳管、金属制品、物业出租。

我公司与多家佛山公司建立了长期稳定的合作关系，重信用、守合同、保证产品质量，赢得了广大客户的信任，公司全力跟随客户需求，不断进行产品创新和服务改进。

二、企业基本概况

企业名称	佛山市顺德区汇力联机械制造有限公司				
地址	佛山市顺德区陈村广隆工业园兴隆十路			邮编	528313
法人代表	梁惠芳	电话	13500250775	电子邮箱	—
联系人	蔡健良	电话	13302801155	联系人所在部门	—
传真		0757-29268777	电子信箱	—	
企业成立时间		2005 年	企业网址	—	
企业性质		民企	钢管设计能力（万吨/年）	—	
企业员工人数（人）		200	其中：技术人员（人）	30	
钢管产量（万吨）	2020 年	2021 年	钢管出口量（万吨）	2020 年	2021 年
	23	25		—	—

三、焊接钢管生产工艺技术装备及产量情况

机组类型及型号		台套/条	产品规格范围（外径范围×壁厚范围）(mm)	设计产能（万吨）	投产时间（年）	实际产量（万吨）	
						2020 年	2021 年
焊接钢管机组	φ25mm 机组	1	(16~19) × (0.6~1.5)	0.5	2015	0.5	0.5
	φ32mm 机组	2	(25~32) × (0.6~2.0)	2	2015	2	2
	φ45mm 机组	6	(38~58) × (0.6~2.0)	6	2013	6	5
	φ50mm 机组	6	(38~58) × (0.6~2.5)	9	2013	7	6
	φ76mm 机组	1	76× (0.6~2.5)	2.5	2000	2	2
	φ114mm 机组	3	(89~114) × (0.8~2.5)	7.5	2000	5.5	5.5
	φ165mm 机组	1	(138~164) × (0.8~2.5)	2.5	2000	2	2
	合计	20		30		23	25

四、企业焊接钢管主导产品

产品名称	实际产量（万吨）	
	2020 年	2021 年
直缝埋弧焊接钢管（SAWL）	23	25

34　佛山市顺德区首刚钢铁贸易有限公司

一、企业简介

佛山市顺德区首刚钢铁贸易有限公司 2009 年 11 月 9 日在佛山市顺德区市场监督管理局注册成立。

佛山市顺德区首刚钢铁贸易有限公司是方矩管、焊管、镀锌管、型材等产品生产加工的公司，拥有完整、科学的质量管理体系。

佛山市顺德区首刚钢铁贸易有限公司的诚信、实力和产品质量获得业界的认可。欢迎各界朋友莅临参观、指导和业务洽谈。

公司以现货 6 万吨（含热轧卷板、平板、方矩管、焊管、镀锌管、工字钢、槽钢、角钢等）仓储贸易为主营，生产方矩管（10mm×10mm～400mm×400mm×18mm）（10mm×20mm～300mm×500mm×18mm），焊管（4 分×0. 6mm～12 寸×18mm）为核心，以特色的电商配送为平台。

公司装备有焊接制管、平板、分条对外加工。产品远销国外，国内市场覆盖珠三角、广西、厦门、福建、湖南、云南等地。

在公司发展壮大的 12 年里，公司始终为坚持以守诚、便捷、资源整合、促进行业健康发展为理念，坚守主业、行业，深挖上下游产业结构，以成为行业健康企业为愿景，为行业的健康发展为使命，狠抓管理、系统培训，打造出一支团结能战的团队，成为了行业的新星。

二、企业基本概况

企业名称	佛山市顺德区首刚钢铁贸易有限公司				
地址	佛山市顺德区乐从镇北围工业区广黎线 20 号			邮编	528315
法人代表	范志刚	电话	13923249099	电子邮箱	—
联系人	范先生	电话	13924809978	联系人所在部门	生产部
传真		0757-28333779	电子信箱	692242279@qq. com	
企业成立时间		2009 年	企业网址	http: //shougang. lcgt. cn/	
企业性质		有限公司	钢管设计能力（万吨/年）	25	

续表

企业员工人数（人）		45	其中：技术人员（人）	10	
钢管产量（万吨）	2020 年	2021 年	钢管出口量（万吨）	2020 年	2021 年
	18	21.6		0	0
销售收入（万元）	2020 年	2021 年	利润总额（万元）	2020 年	2021 年
	90000	108000		—	—

三、焊接钢管生产工艺技术装备及产量情况

机组类型及型号		台套/条	设计产能（万吨）	投产时间（年）	实际产量（万吨）	
					2020 年	2021 年
焊接钢管机组	ϕ50mm 机组	1	2	2015	1.6	1.9
	ϕ76mm 机组	1	3	2015	2	2.3
	ϕ90mm 机组	1	4	2015	2.4	3.7
	ϕ165mm 机组	1	6	2016	4	4.8
	ϕ200mm 机组	1	10	2017	8	8.9
	合计	5	25		18	21.6

四、企业焊接钢管主导产品

产品名称	规格范围（外径×壁厚）（mm）	执行/采用标准	实际产量（万吨）	
			2020 年	2021 年
方矩形钢管	20×20×(1.5~2.0)/200×200/150×250×(3.5~9.75)	GB/T 6728	18	21.6

35 宁夏青龙管业集团股份有限公司

一、企业简介

宁夏青龙管业集团股份有限公司始建于 1975 年，由国家原水利电力部投资设立，曾隶属于宁夏水利厅，2010 年在深交所上市。

公司致力于成为一家输节水领域全生命周期专业服务商。为客户提供从工程咨询、设计、管道产品、工程施工、信息化、智慧灌溉到检测、监测、修复、运营的服务支持。公司在宁夏、甘肃、北京、天津、河北、河南、湖北、陕西、广西、内蒙古、新疆等多地设有 15 个子公司和生产基地，并拥有一家省级水利设计院。

公司始终秉承"质量为本、精益求精"的质量理念，承接了上百项国家级、省市级的重点工程项目并为用户提供了 600 余项大中型水利水电工程项目的规划、咨询、勘测、设计等服务，优质的产品和良好的服务赢得了用户的信赖与好评。

公司在南水北调中线工程、鄂北水资源配置工程、宁夏扶贫扬黄灌溉工程、银川都市圈西线供水工程、山西大水网工程、陕甘宁盐环定调水工程、引大入秦工程、北京奥运排水工程及大兴机场等工程建设中，公司在产品质量、安全生产、供货进度和技术服务等方面的综合评比中名列前茅，受到了各项目业主的点赞和嘉奖；有 80 余项成果获省部级以上科技成果奖和优秀设计奖，其中黄河沙坡头水利枢纽工程获国家优秀设计金奖、国家优秀勘察银奖及全国优秀水利水电工程勘测设计金奖。

公司基于对水利、市政行业的深刻理解和服务，以更好地服务于客户为初心，围绕输节水工程领域实施专业化战略，使输节水工程更安全、更高效、更绿色，助造百年工程，惠泽千家万户。

◎ 1975 年由国家原水利电力部投资设立，2010 年在深交所上市

◎ 中国混凝土压力输水管道制造龙头企业

◎ 中国预应力钢筒混凝土管（PCCP）质量创新联盟首届理事长单位

◎ 连续六年获中国预应力钢筒混凝土管（PCCP）行业评比第一名

◎"青龙"商标荣获"中国驰名商标"

◎ 多次荣获"全国优秀水利企业"称号

◎ 公司党委书记陈家兴荣获"全国五一劳动奖章""全国抗击新冠肺炎疫情民营经济先进个人"

◎ 持有水利行业设计甲级资质

◎ 持有中国灌排企业甲壹级资质

◎ 获"中国水利优质工程大禹奖"

◎ 沙坡头水利枢纽工程获国家优秀设计金奖、全国优秀水利水电工程勘测设计金奖

二、企业基本概况

企业名称	宁夏青龙管业集团股份有限公司				
地址	宁夏回族自治区青铜峡市大坝镇峡西街 002 号			邮编	751600
法人代表	李骞	电话	—	电子邮箱	—
联系人	李华	电话	18295490511	联系人所在部门	技术质量科
传真		—	电子信箱	371585389@qq. com	

续表

企业成立时间		1999 年	企业网址	http://www.qlgd.com.cn/	
企业性质		民营	钢管设计能力（万吨/年）	8	
企业员工人数（人）		120	其中：技术人员（人）	42	
钢管产量（万吨）	2020 年	2021 年	钢管出口量（万吨）	2020 年	2021 年
	3.6	4.2		—	—
销售收入（万元）	2020 年	2021 年	利润总额（万元）	2020 年	2021 年
	19000	32000		—	—

三、焊接钢管生产工艺技术装备及产量情况

机组类型及型号		台套/条	产品规格范围（外径范围×壁厚范围）（mm）	设计产能（万吨）	投产时间（年）	实际产量（万吨）	
						2020 年	2021 年
焊接钢管机组	ϕ219~1020mm 螺旋缝埋弧焊管机组	1	（219~1020）×（5~14）	3.0	2021	—	0.7
	ϕ426~2220mm 螺旋缝埋弧焊管机组	1	（426~2220）×（5~22）	5.0	2019	3.6	3.5
	合计	2		8.0		3.6	4.2

四、企业焊接钢管主导产品

产品名称	规格范围（外径范围×壁厚范围）（mm）	执行/采用标准	实际产量（万吨）	
			2020 年	2021 年
FBE/2PE/3PE 防腐钢管	（219~2220）×（5~22）	CJ/T 120—2016 GB/T 23257—2017	3.6	4.2

36　唐山金隅天材管业科技有限责任公司

一、企业简介

唐山金隅天材管业科技有限责任公司（简称金隅管业）为大型国有上市集团下属全资

子公司，隶属于北京金隅集团股份有限公司。2019 年 10 月 16 日注册成立。

公司位于河北省唐山市丰润区，专业从事各类黑方/矩管、冲压配件、钢制品设备的设计、生产、销售，公司共有两个厂区，总占地面积约 127 亩，注册资本金 5 亿元，各型方矩管成套生产线 22 条，年生产能力 120 万吨，产品规格范围为：15mm×15mm～400mm×300mm，壁厚 0.8～10.5mm。

借助北京金隅集团股份有限责任公司、公司紧紧围绕“管理规范、风险可控、质量第一、用户至上”的经营方针，以技术创新为引领，以提质增效为目的，全力推进方矩管生产线的智能改造升级，不断加快产品创新，着力打造高品质方矩管产品，逐渐形成多元化产品体系。

产品展示：

方/矩管

企业技术优势：金隅管业非常重视技术研发，技术人员来自集团内各个公司精英团队和外聘资深专家，具备多领域技术创新和项目经验；企业素质优势：金隅管业拥有一只规模约 260 人的高素质员工队伍。他们年轻而富有创意、能力突出、专业素质过硬，凭借着对自身事业的狂热追求，不断开拓与进步。服务优势：团队有着资深的客户服务经验，全部通过“标准与专业化”的上岗培训，执行“24 小时”的服务机制。目前已经形成各项成熟完善的服务制度、随时为客户提供各种服务。地理优势：金隅管业位于河北省唐山市丰润区，华北地区重要的物流基地、钢铁集散中心、建材集散中心。京哈铁路、北京-哈尔滨高速公路、长深高速公路、102 国道、112 国道、省道唐通公路穿境而过，地处华北与东北通道的咽喉要地，地理位置优越，交通便利。

企业文化：

金隅企业传播语：金隅品质，精致生活，让生活的基础更坚实。金隅使命：使命金隅　价值金隅　责任金隅。金隅愿景：进入世界 500 强，打造国际一流大型产业集团。金隅核心价值观：信用　责任　尊重。金隅精神：“三重一争”重实际　重创新　重效益　争一流。金隅干事文化：想干事、会干事、干成事、不出事、好共事。

二、企业基本概况

企业名称	唐山金隅天材管业科技有限责任公司				
地址	河北省唐山市丰润区石各庄镇小令公村			邮编	—
法人代表	隋毅	电话	18630522929	电子邮箱	—
联系人	马建华	电话	18833336266	联系人所在部门	—
企业成立时间		2019年10月16日	企业网址	—	
企业性质		国有独资	钢管设计能力（万吨/年）	40	
企业员工人数（人）		102	其中：技术人员（人）	—	
钢管产量（万吨）	2020年	2021年	钢管出口量（万吨）	2020年	2021年
	16	12		0	0
销售收入（万元）	2020年	2021年	利润总额（万元）	2020年	2021年
	82016	110963		—	—

三、焊接钢管生产工艺技术装备及产量情况

机组类型及型号		台套/条	产品规格范围（mm）	设计产能（万吨）	投产时间（年）	实际产量（万吨）	
						2020年	2021年
焊接钢管机组	ϕ89mm ERW机组	1	60×60～100×100，壁厚2.5～4.75	6.5	2021	0	0.8
	ϕ325mm ERW机组	1	200×200～400×300，壁厚3.75～10.5	7	2021	0	0.2
	南阳ϕ50mm ERW机组	1	30×30～40×40，壁厚1.5～1.7	1	2021	0	0.1
	南阳ϕ60mm ERW机组	1	40×40～50×50，壁厚1.7～2.0	1.2	2021	0	0.1
	ϕ127mm ERW机组	1	50×100～102×120，壁厚2.5～5.75	6.2	2020	5.1	4.2
	ϕ273mm ERW机组	1	60×60～100×100，壁厚2.5～4.75	5.2	2020	3.8	2.8
	北冶ϕ76mm ERW机组	1	40×80～80×80，壁厚2.0～3.0	2	2020	1.6	1.1
	北冶ϕ114mm ERW机组	1	50×100～80×80，壁厚2.0～3.0	2	2020	1.8	1.9
	扬州ϕ60mm ERW机组	1	40×40～50×50，壁厚1.5～2.2	1.5	2020	1.1	0.1
	中泰ϕ60mm ERW机组	1	40×40～60×60，壁厚2.5～3.75	1.8	2020	1.0	0.2
	扬州ϕ50mm ERW机组	1	40×40～50×50，壁厚1.5～2.2	1.2	2020	0.7	0
	东ϕ42mm ERW机组	1	15×15～30×30，壁厚1.5～3.0	0.8	2020	0.1	0.1
	东ϕ50mm ERW机组	1	40×40～50×50，壁厚2.0～3.0	2	2020	0.5	0.7
	西ϕ50mm ERW机组	1	40×40～50×50，壁厚2.0～2.75	1.6	2020	0.3	0.5
	合计	14		32		16	12

四、企业焊接钢管主导产品

产品名称	规格范围（mm）	执行/采用标准	实际产量（万吨）	
			2020 年	2021 年
方矩形钢管	15×15～400×300，壁厚 0. 8～10. 5	GB/T 6728—2017 GB/T 6725—2017	16	12

37　黑龙江华明管业有限公司

一、企业简介

黑龙江华明管业有限公司是建龙阿城钢铁有限公司（简称建龙阿钢）与吉林华明管业有限公司合资成立的公司，位于哈尔滨市阿城区金城街北环路 2 号，哈尔滨钢铁产业园园区内，公司注册资金为 1. 5 亿元。

公司占地面积 20. 6 万平方米，年产量可达 100 万吨以上。主要建设有普通直缝焊管车间，配套生产线 10 条，年产量 45 万吨；镀锌直缝焊管车间，配套生产线 8 条，年产量 35 万吨；热镀锌焊管车间，配套生产线 3 条，年产量 22 万吨；成品库房一个，有 180 个货位，1. 4 万吨产品存储能力。员工近 700 人。

产品主要以家具用管、结构用管、低压流体管、输电线路铁塔用管、普通碳素钢电线套管等为主，兼顾其他品种钢管的生产。

通过科学的产业规划和发展定位不但可成为哈尔滨钢铁产业园示范项目之一，进一步巩固哈尔滨钢铁产业园招商引资竞争力，而且可使“一核七中心”的战略规划落地速度更快，效果更好，助力黑龙江省钢铁产业高质量发展。

二、企业基本概况

企业名称	黑龙江华明管业有限公司				
地址	哈尔滨市阿城区金城街北环路 2 号			邮编	150300
法人代表	杨乃辉	电话	0451-51538029	电子邮箱	—
联系人	金忠鑫	电话	15645123113	联系人所在部门	安全生产室
传真		0451-51538012	电子信箱	jinzhongxin@ejianlong. com	
企业成立时间		2019 年 8 月	企业网址	—	

续表

企业性质		有限责任公司	钢管设计能力（万吨/年）	100	
企业员工人数（人）		682	其中：技术人员（人）	66	
钢管产量（万吨）	2020 年	2021 年	钢管出口量（万吨）	2020 年	2021 年
	—	24.25		0	0
销售收入（万元）	2020 年	2021 年	利润总额（万元）	2020 年	2021 年
	—	—		—	—

三、焊接钢管生产工艺技术装备及产量情况

机组类型及型号		台套/条	产品规格范围（外径范围×壁厚范围）（mm）	设计产能（万吨）	投产时间（年）	实际产量（根据产能推算）（万吨）
						2021 年
焊接钢管机组	HG60/F50ERW	3	≤F50×（0.8~3.0）	9	2020	
	HG60/F70ERW	4	≤F70×（0.8~3.0）	14	2020	
	HG89/F100ERW	1	≤F100×（0.8~3.0）	5.5	2020	
	HG60ERW	2	（21.3~48.7）×（1.5~4.5）	13.5	2020	
	HG89ERW	5	（48~89）×（2.0~6.0）	7	2020	
	HG114ERW	2	（89~114）×（2.0~7.0）	6	2020	
	HG219ERW	1	（114~219）×（3.0~10.0）	9	2020	
	合计	18	（121.3~219）×（0.8~10.0）	83		24.25
热浸镀锌机组	ϕ21~219	1	（21.3~219）×（1.5~4.75）	5.5	2021	
	ϕ48~89	1	（48~89）×（1.5~4.5）	5.5	2021	
	ϕ114~219	1	（114~219）×（3.0~10.0）	5.5	2021	
	合计	3	（21.3~219）×（1.5~10.0）	16.5		0.9

四、企业焊接钢管主导产品

产品名称	规格范围（外径范围×壁厚范围）（mm）	执行/采用标准	实际产量（万吨）
			2021 年
热镀锌钢管	（21.3~219）×（1.5~4.75）	GB/T 3091—2015	0.9
方矩形钢管	≤F100×（0.8~4.75）	GB/T 6728—2017	13
高频直缝焊接钢管（ERW/FHW）			13.9

38 上海中油天宝巴圣钢管有限公司

一、企业简介

上海中油天宝巴圣钢管有限公司位于上海市闵行区浦东版块，西邻黄浦江，北依徐浦大桥。公司占地面积350多亩，现有厂房8.6万平方米，拥有2个千吨级泊位的厂区自备码头，依托上游2公里处万吨级货主码头和对岸上海南站构成水铁联运，具有得天独厚的地理优势。公司拥有3条生产线。

ϕ630ERW生产线：投资6亿元，是具有世界一流水平的高频直缝焊管制造机组，产品外径ϕ114~630mm，年产30万吨石油及天然气输送管、石油套管、大规格圆形及方、矩形结构管等各类管材。

UOE生产线：投资10亿元，是世界先进、国内一流的LSAW直缝埋弧焊管生产线，产品外径ϕ406.4~1067mm，壁厚6.0~25.4mm，钢级达X80，最大定尺长度12.2m，生产能力可达50万吨/年。其中配置内焊、外焊各3套，无损检测设备包括UT超声波探伤和X射线探伤检测各2套，X射线管端拍片1套。

防腐生产线：1条外防腐，年生产能力200万~500万平方米/年，可加工3PE、3PP等不同类型的防腐层；1条内防腐，喷涂能力达300万平方米/年，产品类型为液态环氧防腐涂层。

二、企业基本概况

企业名称	上海中油天宝巴圣钢管有限公司				
地址	上海市闵行区浦江镇塘浦路999号			邮编	201114
法人代表	刘雪峰	电话	021-51331100	电子邮箱	—
联系人	杜永斌	电话	13918871387	联系人所在部门	销售部
传真		021-51331138	电子信箱	—	
企业成立时间		2009年4月	企业网址	www. shtipo. com	
企业性质		合资	钢管设计能力（万吨/年）	50	
企业员工人数（人）		200	其中：技术人员（人）	50	

三、焊接钢管生产工艺技术装备及产量情况

机组类型及型号		台套/条	产品规格范围（外径范围×壁厚范围）（mm）	设计产能（万吨）	投产时间（年）
焊接钢管机组	ϕ1016mm-UOE 机组	1	(457~1016) × (6.4~25.4)	50	2009
	ϕ610mm-ERW/ HFW 机组	1	(114~630) × (6.4~25.4)	30	2004
	合计	2		80	

四、企业焊接钢管主导产品

产品名称	规格范围（外径范围×壁厚范围）（mm）	执行/采用标准
FBE/2PE/3PE 防腐钢管	ϕ60~1219	GB/T 23257—2017
管线管	(114~630) × (6.4~25.4)	API 5LPSL2 及 GB/T 9711—2017 PSL2
直缝埋弧焊接钢管（SAWL）	(457~1016) × (6.4~25.4)	API 5LPSL2 及 GB/T 9711—2017 PSL2

39　山东华舜重工集团有限公司

一、企业简介

山东华舜重工集团有限公司地处泰山之麓，汲泰山之气，融岱宗之魄，以蓬勃之势不断发展壮大，已成为冷弯行业与压力容器行业的领军者。

公司成立于 2017 年 9 月，注册资本 6000 万元，总占地面积 12 万平方米，职工 260 人，技术人员数量 32 人，是专门从事冷弯空心型钢；高强精密焊管及民用；核电压力容器封头系列产品的研发；生产及销售的一家高科技企业。

公司已通过了 ISO 9001：2015 质量管理体系、ISO/TS 16949 汽车行业质量管理体系、欧盟 CE 体系的认证，公司先后荣获“中国冷弯型钢杰出企业”“中国冷弯型钢行业二级生产资质企业”“安全生产标准化二级企业”“AAA 级信用企业”“中国质量服务信誉 AAA 级企业”“泰安市‘专精特新’中小企业”“山东省专精特新中小企业”“泰安市科技型中小企业”“泰安市科技创新型企业 50 强”等荣誉称号，拥有“市级中小企业‘一企一技术’研发中心”“泰安市金属材料成型与智能控制产业研究院”两个研发平台。

公司已申请获得专利 16 项，其中发明专利 5 项，《波浪腹板 H 型钢》国家标准起草单位之一，是全国钢标准化技术委员会型钢分技术委员会委员单位，中国特钢协会标准化分会会员单位。

二、企业基本概况

企业名称	山东华舜重工集团有限公司				
地址	山东省泰安市泰山钢材大市场山钢路 5 号			邮编	—
法人代表	刘电新	电话	—	电子邮箱	—
联系人	徐涛	电话	15684771280	联系人所在部门	营销部
传真		0538-8159886	电子信箱	mickeyxt@aliyun. com	
企业成立时间		2017 年 9 月	企业网址	www. huashunzhonggong. com	
企业性质		私企	钢管设计能力（万吨/年）	20	
企业员工人数（人）		260	其中：技术人员（人）	32	
钢管产量（万吨）	2020 年	2021 年	钢管出口量（万吨）	2020 年	2021 年
	12	15		3	4
销售收入（万元）	2020 年	2021 年	利润总额（万元）	2020 年	2021 年
	80000	100000		—	—

三、焊接钢管生产工艺技术装备及产量情况

机组类型及型号		台套/条	产品规格范围（外径×壁厚）（mm）	设计产能（万吨）	投产时间（年）	实际产量（万吨）	
						2020 年	2021 年
焊接钢管机组	F50-1ERW	1	30×30×1. 5～50×50×3. 0	2	2012	1. 0	1. 2
	F50-2ERW	1	30×30×2. 0～50×50×6. 0	2	2012	1. 5	1. 8
	F80-ERW	1	50×50×3. 0～80×80×8. 0	3	2012	2. 0	3. 2
	F120-ERW	1	60×60×1. 5～120×120×4. 0	5	2012	3. 5	3. 8
	F200-ERW	1	80×80×4. 0～200×200×8. 0	8	2012	4. 0	5. 0
	合计	5		20		12	15

四、企业焊接钢管主导产品

产品名称	规格范围（外径×壁厚）（mm）	执行/采用标准	实际产量（万吨）	
			2020 年	2021 年
方矩形钢管	30×30×1. 5～200×200×8. 0	GB/T 6728 EN10219	12	15

40　江苏乐家冷弯型钢股份有限公司

一、企业简介

江苏乐家冷弯型钢股份有限公司坐落于风景秀丽，美酒飘香的江苏泗阳省级经济开发区，公司项目用地 126 亩，注册资金 5000 万元人民币，固定资产投入 1.2 亿元人民币，年产方矩型钢管 25 万吨。

公司现有 LW 100mm×8mm，LW 200mm×12mm，LW 350mm×16mm 三条方矩管焊管生产线，配备 2200mm×16mm 纵剪生产线一条，热处理电退火炉一台，以及下线再加工设备。公司配备全套金属物理化学检测设备，确保生产出优质方管。

公司主要生产材质 Q345B 低合金方矩管，广泛用于大型钢结构 、高层建筑、特种车辆、矿井支架、建筑机械、空港设备、船舶制造、桥梁工程、农业机械、工业机械、建筑幕墙等。

公司秉承：诚实守信、薄利多销的经营理念，热诚为广大客户服务。

二、企业基本概况

企业名称	江苏乐家冷弯型钢股份有限公司				
地址	江苏省宿迁市泗阳县东开发区 252 号			邮编	223700
法人代表	缪家军	电话	15850936718	电子邮箱	—
联系人	缪家军	电话	15850936718	联系人所在部门	总经办
企业成立时间		2012 年 5 月 10 日	企业网址	—	
企业性质		私营	钢管设计能力（万吨/年）	60	
企业员工人数（人）		220	其中：技术人员（人）	13	
钢管产量（万吨）	2020 年	2021 年	钢管出口量（万吨）	2020 年	2021 年
	28	32		—	—
销售收入（万元）	2020 年	2021 年	利润总额（万元）	2020 年	2021 年
	90000	135000		—	—

三、焊接钢管生产工艺技术装备及产量情况

机组类型及型号		台套/条	产品规格范围（外径×壁厚）（mm）	设计产能（万吨）	投产时间（年）	实际产量（万吨）	
						2020 年	2021 年
焊接钢管机组	LW400mm 机组	2	50×50～100×100×8	4	2013	3	5
	LW800mm 机组	2	80×80～200×200×12	8	2013	6	8
	LW1000mm 机组	1	100×100～250×250×12	10	2019	5	6
	LW1400mm 机组	1	135×135～350×350×16	15	2013	7	9
	LW2000mm 机组	1	200×200～500×500×20	25	2020	8	10
	圆改方 600m^2 机组	1	200×200～600×600×400	20	2019	1	2
	合计	8		82		30	40

四、企业焊接钢管主导产品

产品名称	规格范围（外径×壁厚）（mm）	执行/采用标准	实际产量（万吨）	
			2020 年	2021 年
方矩形钢管	50×50×3～600×600×40	GB 6715—2017	30	40

41 江苏新澎复合材料有限公司

一、企业简介

江苏新澎复合材料有限公司成立于 2009 年，位于江苏省淮安市淮阴区王营工业园新澎路 01 号。

公司成立初期，以管道贸易为主，经过两年的市场摸索和技术储备，2011 年建立工厂，主要从事高端复合型流体输送管道及配套管配件的研制、生产和销售的一体化经营。

公司注册资本 12000 万元，建有现代化工业厂房 9000 平方米、研发中心 1900 平方米、办公及生活用房 2000 平方米，现有正式员工 82 人，其中具有大专以上学历的管理人员和专业技术人员 25 人。

公司自成立以来，一直坚持“以技术带动销售、以科技引领市场”的企业经营方针，致力于为国内水电、市政、化工、食品、医药、军事和国防领域提供技术领先、品质优异的高性价比新型钢管。

公司与国内多家高等院校和科研院所长期合作，合计拥有 66 项发明和实用新型专利，其中发明专利技术“一种静水压整体扩径复合双金属管”国内领先、“一种内衬不锈钢整

体复合弯头产品”填补了国内复合管行业的空白。

公司生产的“输水用内衬不锈钢复合钢管”取得了“涉水产品卫生许可批件”。

新澎公司研制、生产的D89×(5+3)、D325×(8+1)、D426×(10+2)、D711×(16+2)等多种规格内衬不锈钢复合钢管获得了“江苏省高新技术产品”证书，企业连续两次被授予国家级“高新技术企业”。

目前，新澎公司已通过ISO 9001质量管理体系、ISO 14001环境管理体系、GB/T 28001职业健康安全管理体系，公司将不断加快产品创新，着力打造高品质不锈钢复合钢管产品，逐渐形成多元化产品体系。

二、企业基本概况

企业名称	江苏新澎复合材料有限公司				
地址	江苏省淮安市淮阴区王营工业园			邮编	223300
法人代表	沈晓姝	电话	18015105333	电子邮箱	—
联系人	王楚乔	电话	15851769199	联系人所在部门	办公室
企业成立时间		2009年	企业网址	http://www.sinpon1111.com/	
企业性质		私营企业	钢管设计能力（万吨/年）	5	
企业员工人数（人）		82	其中：技术人员（人）	25	
钢管产量（万吨）	2020年	2021年	钢管出口量（万吨）	2020年	2021年
	2.5	3		0	0
销售收入（万元）	2020年	2021年	利润总额（万元）	2020年	2021年
	26000	35000		—	—

三、焊接钢管生产工艺技术装备及产量情况

机组类型及型号		台套/条	产品规格范围（外径范围×壁厚范围）(mm)	设计产能（万吨）	投产时间（年）	实际产量（万吨）	
						2020年	2021年
不锈钢管内衬复合钢管机组	水压复合机组	2	(114~1620)×(5~15)	2	2009	1.1	1.2
	缩径复合机组	1	(21.3~520)×(5~25)	1	2021	—	0.5
	旋压复合机组	3	(56~325)×(3~10)	1.5	2015	1.1	1
	拉拔复合机组	2	(21.3~114)×(2.8~5)	0.5	2010	0.3	0.3
	合计	8	(21.3~1620)×(2.8~25)	5.0		2.5	3

四、企业焊接钢管主导产品

产品名称	规格范围（外径范围×壁厚范围）（mm）	执行/采用标准	实际产量（万吨）	
			2020 年	2021 年
不锈钢内衬复合钢管	（23~1620）×（3~25）	GB/T 32958—2016	2.5	3

42　江苏圣珀新材料科技有限公司

一、企业简介

江苏圣珀新材料科技有限公司专业生产各种材质的钛带、钛焊管，镍基合金带、焊管，不锈钢冷轧钢带及焊管。

产品广泛用于家电化工医药、印染、环保、电力、压力容器等方面，材料有国产（宝钢、张浦）和进口（美国、日本、瑞典），具体包括 TP 304L、TP 316L、TP 321、TP 309s、TP 310s、INCOLOY840、UNSN 08800、UNSN 08825、哈氏合金 C276、1.4828、1.4529（UNSN 08367）、9041、2205 双相钢、TA1（GR1）、TA2（GR 2）、TA10（GR 12）等。

产品规格：带（(0.3~3.0) mm×（≤500) mm)、焊管（(6~89) mm×（0.3~3.0) mm)。同时经营各种材质的热轧带卷、冷轧钢带、中厚板。

圣珀公司销售的钛冷轧卷板执行 GB/T 3621—2007 钛及钛合金板材料标准，材质：TA1、TA2、TA10，钛板/钛卷带厚度 0.1~10.0mm，可提供现货。并且可根据 GB/T 3625 以及美标 ASTMB338 标准生产钛焊管，外径：6~89mm，壁厚 0.35~3.0mm，其广泛应用于航空航天、军工、海水淡化、火电、核电、制碱、化工装备等领域。

圣珀公司销售的镍基合金冷轧卷板采用 ASTM A240m-05、ASTM B409-01、ASTM B-424-2010 材料标准，材质：INCOLOY 840（S33400）、UNSN 08800、UNSN 08825，卷带厚度 0.1~2.0mm，镍基合金具有良好的耐腐蚀性能，其广泛应用于石化、石油天然气开采、烟气脱硫、海水淡化、水处理、有色金属冶炼、化学工业、造纸、家电电热管等领域。

圣珀公司长期与宝钢集团公司、宝钛集团公司保持紧密合作关系，并且与张家港浦项、攀钢集团、青海聚能等知名企业挂钩并保持良好的合作关系。

圣珀公司现有可逆轧机 2 台，国产自动氩弧焊管线 16 条，进口自动氩弧焊管线 2 条，光亮退火炉 2 台等一系列生产设备，以及光谱分析仪、万能试验机、硬度分析仪、超声波探伤仪、水压测试仪等一整套检测设备。

圣珀公司秉承团结、高效、精工、创新的企业精神，致力于钛、镍基合金、不锈钢的研究和制造，为中外客户提供优质的产品和一流的服务，我们将遵循平等、互利互惠的原则，热诚欢迎国内外企业和各界人士走进圣珀、了解圣珀、与圣珀建立和发展各种形式的经济、技术和贸易合作，互相支持，共铸未来。

二、企业基本概况

<table>
<tr><td>企业名称</td><td colspan="5">江苏圣珀新材料科技有限公司</td></tr>
<tr><td>地址</td><td colspan="3">江苏省常熟市沙家浜镇常昆工业园金仓路 10 号</td><td>邮编</td><td>215500</td></tr>
<tr><td>法人代表</td><td>周卫国</td><td>电话</td><td>13962329055</td><td>电子邮箱</td><td>—</td></tr>
<tr><td>联系人</td><td>陈建东</td><td>电话</td><td>13914911858</td><td>联系人所在部门</td><td>办公室</td></tr>
<tr><td colspan="2">传真</td><td>0512-52892953</td><td>电子信箱</td><td colspan="2">szsp220@163. com</td></tr>
<tr><td colspan="2">企业成立时间</td><td>2009 年 3 月</td><td>企业网址</td><td colspan="2">www. jsshengpo. com</td></tr>
<tr><td colspan="2">企业性质</td><td>私营企业</td><td>钢管设计能力（吨/年）</td><td colspan="2">10000</td></tr>
<tr><td colspan="2">企业员工人数（人）</td><td>160</td><td>其中：技术人员（人）</td><td colspan="2">18</td></tr>
<tr><td rowspan="2">钢管产量（t）</td><td>2020 年</td><td>2021 年</td><td rowspan="2">钢管出口量（t）</td><td>2020 年</td><td>2021 年</td></tr>
<tr><td>2640</td><td>6060</td><td>400</td><td>500</td></tr>
<tr><td rowspan="2">销售收入（万元）</td><td>2020 年</td><td>2021 年</td><td rowspan="2">利润总额（万元）</td><td>2020 年</td><td>2021 年</td></tr>
<tr><td>49000</td><td>67000</td><td>—</td><td>—</td></tr>
</table>

三、焊接钢管生产工艺技术装备及产量情况

<table>
<tr><td colspan="2" rowspan="2">机组类型及型号</td><td rowspan="2">台套/条</td><td rowspan="2">产品规格范围（外径范围×壁厚范围）（mm）</td><td rowspan="2">设计产能（吨）</td><td rowspan="2">投产时间（年）</td><td colspan="2">实际产量（吨）</td></tr>
<tr><td>2020 年</td><td>2021 年</td></tr>
<tr><td rowspan="5">焊接钢管机组</td><td>φ40mm ERW 机组</td><td>6</td><td>（6~19）×（0.3~1.5）</td><td>2500</td><td>2013</td><td>900</td><td>2200</td></tr>
<tr><td>标准 φ40mm ERW 机组</td><td>7</td><td>（14~51）×（0.5~2）</td><td>3000</td><td>2013</td><td>1200</td><td>2600</td></tr>
<tr><td>进口 φ40mm ERW 机组</td><td>2</td><td>（16~38）×（0.4~0.2）</td><td>1500</td><td>2016</td><td>500</td><td>1000</td></tr>
<tr><td>φ50mm ERW 机组</td><td>1</td><td>（38~89）×（0.5~3）</td><td>500</td><td>2015</td><td>200</td><td>300</td></tr>
<tr><td>合计</td><td>15</td><td></td><td>7500</td><td></td><td>2640</td><td>6060</td></tr>
</table>

四、企业焊接钢管主导产品

产品名称	实际产量（万吨）	
	2020 年	2021 年
高频直缝焊接钢管（ERW/FHW）	0.2640	0.6060

43 浙江博盛钢业集团有限公司

一、企业简介

浙江博盛钢业集团有限公司创建于 20 世纪 80 年代，坐落于中国长寿之乡、历史文化名城丽水市松阳县余姚山海协作园，集团公司成立于 2009 年 11 月 12 日，注册资金 20088 万元，厂区占地总面积 55000 余平方米，是一家专业生产不锈钢管，不锈钢焊管，特种合金管的集团公司。

公司拥有国内先进的不锈钢管生产线（冷拔机组、冷轧机组）二十余条，可生产不锈钢无缝管：

外径（6~720mm）mm×壁厚（1~60）mm×长度（1000~20000）mm；

不锈钢焊管：外径（15~200）mm×壁厚（1~30）mm×长度（1000~12000）mm；年产能约 3 万吨。

主要材质有：304、304L、304H、321、321H、316、316L、316LMOD、317L、310S（2520）、347H、904L、32205、S32507、哈氏 300、哈氏 600、哈氏 800 及蒙乃尔系列等奥氏体不锈钢、双相钢、超级双相钢和镍基合金产品等。

公司可按 GB、ASTM/ASME、JIS、DIN、GOST、SH、HG、DL 等标准生产不同规格的不锈钢无缝管和不锈钢焊接钢管。

产品广泛应用于石油、化工、化纤、医药、机械、冶炼、航天航空、造纸、食品、造船、环保、锅炉、热交换器、压力容器、电力等领域，致力于打造全球不锈钢名牌产品。

公司先后通过 ISO 9001、ISO 14001、OHSAS18001、特种设备压力管道生产许可证（TS）A1/A2/B、ABS、DNV-GL、LR、BV、CCS 和 EAC 等认证，并且通过、中石油、中海油、中核集团、中国能建、中国化学集团、中建集团、赛鼎工程、东华工程、成达工程等石化、核电、水电合格供应商入网认证，现有产品畅销全球。

二、企业基本概况

企业名称	浙江博盛钢业集团有限公司				
地址	浙江省丽水市松阳县余姚山海协作园（赤寿乡赤兴路7号）			邮编	323400
法人代表	王中益	电话	021-63035777	电子邮箱	—
联系人	徐乐谐	电话	13857740792	联系人所在部门	常务副总
传真		021-5998896	电子信箱	1711038472@qq. com	
企业成立时间		2009年	企业网址	www. bosheng. group	
企业性质		民营企业	钢管设计能力（万吨/年）	0. 51	
企业员工人数（人）		28	其中：技术人员（人）	14	
钢管产量（万吨）	2020年	2021年	钢管出口量（万吨）	2020年	2021年
	—	0. 18		—	—
销售收入（万元）	2020年	2021年	利润总额（万元）	2020年	2021年
	—	5400		—	—

三、焊接钢管生产工艺技术装备及产量情况

机组类型及型号		台套/条	产品规格范围（外径范围）（mm）	设计产能（万吨）	投产时间（年）	实际产量（万吨）
						2021年
焊接钢管机组	LM-12000	1	219～1820	0. 25	2021	0. 12
	BL-6000	1	219～1820	0. 13	2021	0. 03
	BL-12000	1	219～1820	0. 13	2021	0. 03
	合计	3	219～1820	5. 1		0. 18

四、企业焊接钢管主导产品

产品名称	规格范围（外径范围）（mm）	执行/采用标准	实际产量（万吨）
			2021年
薄壁不锈焊接钢管	219～1820	GB/T 12771—2019 GB/T 12770—2002	0. 0326

续表

产品名称	规格范围（外径范围）（mm）	执行/采用标准	实际产量（万吨）
			2021 年
石油专用管（焊接石油套管、油管）	219～1820	GB/T 12771—2019 ASTM/358 ASTM 358M ASTM/312 ASTM 312M	0. 0582
管线管	219～1820	GB/T 9711—2017	0. 0223
流体输送管	219～1820	GB/T 12771—2019	0. 0665
直缝埋弧焊接钢管（SAWL）	426～1820	GB/T 12771—2019	0. 004

第三篇

非钢管生产企业基本情况

（装备制造、制管工模具及制管辅料制造企业）

1　上海钢联电子商务股份有限公司

上海钢联（SZ. 300226）是全球领先的大宗商品及相关产业数据服务商。作为独立第三方机构，为市场提供可信的交易结算基准。并以价格为核心，构建了贯穿产业链各环节的多维度数据体系，涵盖宏观、供给、流通、需求等，挖掘价格波动背后的数据逻辑。

上海钢联是中国第一家通过国际证监会组织（IOSCO）认证的大宗商品数据服务商，并形成可复制、可推广的方法论。Mysteel 价格指数成功参与到国内国际定价机制中，被上海清算所、新加坡交易所、芝加哥商品交易所、FEX Global 等选定为衍生品合约结算指数。

Mysteel 对大宗商品实现全覆盖——黑色金属、有色金属、能源化工、建筑材料、农产品，精耕细作百余条产业链，并延伸至新材料、新能源、再生资源等领域。所打造的近3000 人专业数据采集团队，每日跟踪 400 多个城市与港口的市场变化。

通过价格、数据、快讯、分析、咨询、会务的产品矩阵，Mysteel 帮助用户在策略制定、风险管理、经营优化、商机发现上占据优势，让大宗商品及相关产业数据为用户创造价值。

公司是国务院发展研究中心、国家发改委、国家统计局、国家商务部的数据合作单位，于 2011 年在深交所创业板上市。

2　山东省四方技术开发集团有限公司

一、企业简介

山东省四方技术开发集团有限公司是由科技专家领办创建的国家级高新技术企业、科技型中小企业，成立于 1999 年 12 月，是中国模具协会、中国产学研合作促进会会员单位，中国钢协钢管分会理事单位和冷弯型钢分会会员单位，中国辊压模具重点骨干企业，中国钢管和冷弯型钢工模具产业技术创新战略联盟理事长单位，国家冶金生产力促进中心高铬辊推广中心的依托单位，省、市级专精特新企业，山东省制造业高端品牌培育企业。

公司专业从事钢管及冷弯型钢用工模具创新、研发、生产，产品属于本行业“四基”之一的核心基础零部件，是制约钢管及冷弯型钢行业轧钢技术发展水平的先决条件。

公司行业属性为机械制造，属于《2017 年国民经济行业分类注释（试行）》中“35

专用设备制造业”中的“3516 金属轧制设备用配套件”和“3525 模具制造”范畴。

公司坚持专精特新和持续创新的科工贸一体化道路，以“国际先进水平”和“努力创造中国的民族自主品牌”为目标，恪守“用户的技术问题和现场的技术难题，就是我们的课题”的研究方向、“不在模仿，重在创新；不在跟踪，重在跨越；不在大，而在精”的研究原则，采用“把材料、生产工艺研究与设备、备件结构研究相结合”的研究方法，取得了十多项具有完全自主知识产权的成果，转化成十几项引领行业的高新技术产品，评为国家重点新产品、中国冷弯型钢行业十大品牌，省和市著名商标，省和市名牌产品。

公司拥有完全自主的知识产权，已获授权发明专利 14 项，其中美国发明专利 1 项；获授权实用新型专利 13 项，其中德国实用新型专利 1 项。这些专利均属钢管及冷弯型钢用新型工模具范畴，内容涉及新材料、新技术、新工艺。

公司成果从材料到成型方法完全颠覆了国内外传统制造同类产品的理论，在国内外首创了采用新型高铬合金管近终铸造成型的方法，产生了节能 70%、节材 40%的良好效果。产品使用效果达到和超过了美国 D2、德国 X155CrVMo121、日本 SKD11 锻造模具钢同类产品的水平，达到了国际领先或国际先进。

公司成果理论入选行业教科书，走上改写手册、标准之路，公司主持制定了国家标准 GB/T 31936—2015《焊接钢管轧辊》、行业标准 YB/T 4556—2016《冷弯型钢轧辊》，在国内外业内杂志、报刊发表论文十多篇，引领了行业发展。

公司完成国家、省级重大专项、省市级科技项目几十项。获得中国冶金科技二等奖，省科技进步二等奖，市技术发明一等奖，中国专利优秀奖，山东省专利一等奖。

公司的创新发展实践获得了充分肯定，《科技日报》、《求是》杂志专刊、《人民文摘》专刊、《中央电视台中文国际频道》、《火炬之光报》、《山东卫视》、《大众日报》等均做了专题报道，给予高度评价。

公司董事长兼总经理袁厚之研究员，享受国务院特殊津贴专家、中国钢协冷弯型钢协会专家委员会轧辊专家、山东省专业技术拔尖人才。曾任山东省冶金科学研究院副院长、山东省科技进步奖冶金专业评审组首席专家、山东省金属学会压力加工学术委员会副主任，曾多次担任山东省自然科学基金材料与工程学组成员和副组长。

《中国钢管和冷弯型钢工模具产业创新战略联盟》集结了东北大学、北京科技大学、山东大学、北京钢铁研究总院、冶金规划设计研究院、宝钢研究院设备所、机械院先进制造中心、天津钢管、宝钢钢管、宝钢型钢、烟宝钢管、华菱钢管、新冶钢钢管、包钢钢管、鞍钢钢管、天管焊管等二十多家单位，成立了以殷国茂院士、王国栋院士、陈蕴博院士为代表的专家委员会。

公司注册资金 6000 万元，总资产 1 亿元。集团下设 4 个全资子公司：山东四方钢管设备制造有限公司、山东厚方机械设备有限公司、山东四方工模具材料研究院有限公司、山东四方（美国）公司。

山东四方钢管设备制造有限公司位于济南市济阳区济北开发区，厂区占地 24302 平方米，厂房、仓库、办公楼等建筑约 10000 平方米，土地性质为工业用地，土地证、房产证齐全。供电变压器、铸造、热处理、机加工设备齐全，具备年产 5000t 钢管和冷弯型钢工模具能力，理化检验检测设备先进齐全。产品单重可达 10t、直径 3m。

山东厚方机械设备有限公司位于济南市章丘区龙山街道，厂区占地 5600 多平方米，厂房及办公生活建筑物近 3000 平方米，土地性质为工业用地，土地证、房产证齐全。车间设有 10t 等行车 6 台，水电齐全。

山东四方工模具材料研究院有限公司位于济南高新区，山东四方（美国）公司位于美国休斯敦。

公司在国内外业界享有高的知名度。公司主要产品“高铬合金管钢管矫直辊”已被国内全部大型钢管企业采用，国内市场覆盖面达到 80%；“ERW 焊管及冷弯型钢用新型高铬合金管轧辊”广泛应用于引进和国产机组，实现了高档轧辊的国产化。

公司产品已推广应用于宝钢、武钢、鞍钢、包钢、天津钢管公司、华菱钢铁、冶钢、久立钢管、宝鸡石油钢管、黑龙江建龙钢铁、烟宝钢管、安徽天大石油管材、江苏常宝钢管、徐州光环、林州凤宝钢管、聊城中钢联、太原重工、洛阳中信重工、浩中机械、大连三高、洛阳三重、太原通泽等近百家大中型钢管企业和冶金设备制造企业。

公司积极实施“以自主技术换国际市场”战略，创新产品已出口到美国、德国、俄罗斯、韩国、印度、印尼、泰国、以色列、南非、阿曼、荷兰、乌克兰、白俄罗斯、墨西哥等 20 多个国家，成为德国西马克、美国布朗克斯等公司的定点供应商。

二、企业基本概况

企业名称	山东省四方技术开发集团有限公司				
地址	山东省济南市高新区舜华路 1969 号（生产基地：济南市济阳区仁和街 6 号）			邮编	250025
法人代表	袁厚之	电话	0531-88881980	企业性质	民营
联系人	邢鹰	电话	15853195188	联系人所在部门	办公室
传真		0531-88876693	电子信箱	sdsf@vip. 163. com	
企业成立时间		1999 年 12 月	企业网址	www. cnsdsf. com	
企业性质		民营	钢管设计能力	钢管轧辊等工模具 5000 吨/年	
企业员工人数（人）		120	其中：技术人员（人）	50	
装备及轧制工具制造	2020 年	2021 年	装备及轧制工具出口	2020 年	2021 年
	钢管轧辊等工模具 5000 吨/年	钢管轧辊等工模具 5000 吨/年		钢管轧辊等工模具 100 吨/年	钢管轧辊等工模具 100 吨/年
销售收入（万元）	2020 年	2021 年	利润总额（万元）	2020 年	2021 年
	4604	5230		—	—

3　武汉中科创新技术股份有限公司

一、企业简介

我司简称“中科创新”，源自中国科学院武汉物理与数学研究所声学研究室，自 1988 年研制国内首台数字式超声波探伤设备填补国内空白以来，一直致力于超声波无损检测技术与装备的推广应用与技术革新，掌握着各类超声波无损检测应用的核心技术，在超声波无损检测新装备、新技术方面一直走在国内前列，公司所有核心检测产品性能指标均达到了国内领先、国际先进水平，并完全符合欧盟权威检测机构认证标准，产品从便携式常规 A 超、TOFD、相控阵、电磁测厚到常规超声自动化检测设备、相控阵自动检测设备、电磁超声检测设备。公司位于武汉东湖高新技术开发区，有 100 亩生产、制造、研发及办公产业园区，从事技术研发、检测工艺研究、机械与电气设计、机加工中心、安装调试、后勤保障、市场营销及售后服务等十余个部门约 248 人，其中各类技术人员约 150 人、中高级职称技术人员 35 人、中科院研究员 2 人，并设有超声无损检测硕士研究生学科及学位授权点。

目前我司产品主要分三大板块：常规便携式超探（“汉威”牌）、相控阵、超声自动化检测设备，超声自动化检测设备主要面向：无缝管、焊管、钢板、有色金属、铁路、航天军工、零部件等领域，掌握核心技术、强大研发实力，使我们在各个领域都能为客户量身定制提供先进检测技术，不断解决客户质量问题，提供更优秀、更先进的设备。

我公司有自己的超声检测技术产业园，该园区设有声学实验中心、电子技术实验室、机械设计中心、检测仪器研发中心、机械加工中心、组装调试车间、质量检测中心等现代化的研发基地和试验装备。中科创新将提升自身技术创新能力、优化产品品质，继续创造中国超声无损检测技术的发展努力前行。

二、管材类自动化检测设备业绩表

序号	购买单位	套数	管径范围（mm）	横梁类型
1	华油一机石油专用管材	1	89～219	原地旋转
2	华电重工（天津）	1	219～1016	地面轨道
3	烟台鲁宝钢管有限公司	1	89～219	螺旋前进
4	北京大唐联合电力	1	219～1016	地面轨道
5	成都华夏建设集团	1	89～219	原地旋转
6	成都华夏建设集团	1	219～720	原地旋转

续表

序号	购买单位	套数	管径范围（mm）	横梁类型
7	华菱衡阳钢管	1	219～720	原地旋转
8	无锡德新钢管	1	89～219	螺旋前进
9	烟台鲁宝钢管有限公司	1	89～219	螺旋前进
10	浙江格洛斯无缝钢管	1	219～1016	原地旋转
11	攀成钢成都钢铁金堂分公司	1	219～630	原地旋转
12	湖北新冶钢有限公司	1	89～273	原地旋转
13	华菱衡阳钢管	1	219～720	原地旋转
14	扬州诚德钢管	1	89～219	螺旋前进
15	浙江明贺钢管	1	89～245	原地旋转
16	河北百工实业	1	219～720	原地旋转
17	衡阳鸿源管业	1	219～720	原地旋转
18	四川三洲精密管	2	219～720	原地旋转
19	山东墨龙	1	720～1022	原地旋转
20	攀成钢成都钢铁金堂分公司	1	89～365	原地旋转
21	江苏曙光股份有限公司	1	60～168	原地旋转
22	山东威兰德精密特钢制品有限公司	1	60～180	螺旋前进
23	江苏曙光华阳钻具有限公司	1	59～168	原地旋转
24	无锡德新钢管（中国）有限公司	1	78～219	螺旋前进
25	泰州依莱特石油钻杆有限公司	1	59～168	原地旋转
26	烟台鲁宝钢管有限公司	1	135～356	原地旋转
27	江苏武进不锈股份有限公司	1	78～219	原地旋转
28	聊城鑫鹏源金属制造有限公司	1	135～426	原地旋转
29	长沙大力神液压工程有限公司	1	135～406	原地旋转
30	山东鲁星钢管有限公司	1	59～108	原地旋转
31	新疆通奥油田技术服务有限公司	1	60～114	原地旋转
32	衡阳鸿泰钢管有限公司	1	219～720	原地旋转
33	衡阳鸿大特种钢管有限公司	1	219～720	原地旋转
34	江苏武进不锈股份有限公司	1	14～114	旋转探头
35	湖北加恒实业有限公司	1	100～406	原地旋转
36	衡阳华菱钢管有限公司	1	60～139	改造
37	石家庄科瑞安液压科技有限公司	1	325～760	原地旋转
38	上海海隆石油钻具有限公司	1	60～160	原地旋转
39	湖北新冶钢有限公司	1	219～550	原地旋转
40	浙江泰朗钢管有限公司	1	114～830	原地旋转
41	浙江泰朗钢管有限公司	1	14～114	旋转探头
42	松阳泰朗不锈钢有限公司	1	10～60	涡超旋探

续表

序号	购买单位	套数	管径范围（mm）	横梁类型
43	嘉兴亚达管道系统股份有限公司	1	16～114	旋转探头
44	中船重工 725 研究所	1	219～720	原地旋转
45	重庆钢铁研究所有限公司	1	6～40	仪器
46	上海力弘精钢制品有限公司	1	12～30	旋转探头
47	无锡斯贝歇尔钢管制造有限公司	1	219～720	原地旋转
48	林州凤宝管业	1	25～114	旋转探头
49	KOMESOO（韩国）	1	10～100	旋转探头
50	天津天海高压容器有限公司	1	219～406	原地旋转
51	江苏武进不锈股份有限公司	1	273～711	原地旋转
52	武汉志达精密管业制造有限公司	1	30～85	旋转探头
53	攀钢集团攀（西）钢钒有限公司	1	8～40	旋转探头
54	山东海鑫达石油机械有限公司	1	89～325	原地旋转
55	东莞森中冈金属工业有限公司	1	8～30	旋转探头
56	河北宏润核装备科技股份有限公司	1	350～1200	原地旋转
57	北京科泰克科技有限责任公司	1	219～340	原地旋转
58	中航上大高温合金管有限公司	1	8～40	旋转探头
59	烟台元铧钢管有限公司	1	89～325	原地旋转
60	德新钢管（中国）有限公司	1	219～820	原地旋转
61	斯凯孚（大连）轴承与精密技术产品有限公司	1	相控阵	穿过式相控阵
62	山东海鑫达石油机械有限公司	1	40～140	旋转探头
63	江阴德玛斯特钻具有限公司	1	60～170	旋转探头
64	林州凤宝管业有限公司	1	32～140	旋转探头
65	上海海隆石油钻具有限公司	1	60～180	旋转探头
66	广东志达精密管业制造有限公司	1	32～80	旋转探头
67	湖南湘投金天新材料有限公司	1	12～52	旋转探头
68	浙江永立钢业有限公司	1	168～1067	原地旋转
69	江苏武进不锈股份有限公司	1	10～76	旋转探头
70	江苏武进不锈股份有限公司	1	76～273	原地旋转
71	天长市康弘石油管材有限公司	2	14～60	旋转探头
72	浙江久立特材	2	8～52	穿过式相控阵
73	浙江中达特钢股份有限公司	2	6～40 76～325	旋转探头 原地旋转
74	烟台宝钢钢管有限公司	1	219～457	原地旋转

续表

序号	购买单位	套数	管径范围（mm）	横梁类型
75	隆泰迪科技管道科技股份有限公司	1	168~710	相控阵
76	苏州罗克莱堆焊科技有限公司	1	219~610	原地旋转
77	衡阳华菱钢管（连轧管）有限公司	1	方管	相控阵
78	佛山深达美特种铝合金管材料有限公司	1	20~60	旋转探头
79	瓦卢瑞克（安徽天大）	1	114~340	相控阵
80	重庆三钢钢业	1	25~108	旋转探头
81	河北金奥管业有限公司	1	16~80	相控阵
82	中核北方核燃料元件有限公司	1	8~30	相控阵
83	江苏胜大石油	1	60~219	旋转探头
84	河北宏润核装备科技股份有限公司	1	10~100	旋转探头
85	上海海亮铜业有限公司	1	20~90	相控阵
86	印尼 CAT	1	325~630	原地旋转
87	衡阳鸿大精密制造有限公司	1	16~114	旋转探头
88	宝丰钢业集团有限公司	1	114~325	原地旋转
89	浙江益大特钢有限公司	1	457~1260	原地旋转
90	江苏武进不锈股份有限公司	1	8~40	旋转探头
91	江苏曙光华阳钻具	1	60~180	旋转探头
92	江苏泰富恒通特种材料有限公司	1	6~20	相控阵
93	攀钢集团江油长城特殊钢	1	60~130	相控阵
94	宝鸡特钢钛业股份有限公司	1	18~65	旋转探头
95	上上德盛集团股份有限公司	1	219~630	原地旋转
96	永兴特种材料科技股份有限公司	1	20~60	旋转探头
97	泰纳瑞斯（青岛）钢管有限公司	1	—	原地旋转水浸 C 扫
98	山西太钢不锈钢股份有限公司	1	60~120	相控阵
99	徐州徐工液压件有限公司	1	90~820	原地旋转
100	江苏武进不锈股份有限公司	2	8~30	旋转探头
101	瓦卢瑞克天大（安徽）股份有限公司	1	139~380	螺旋前进
102	天长市康弘精特管材有限公司	1	18~60	旋转探头
103	上海海隆石油钻具有限公司	2	60~180	相控阵
104	江苏和信石油机械有限公司	1	60~190	旋转探头
105	河南航天精工制造有限公司	1	棒材	旋转探头
106	昆山新臻泰特殊钢有限公司	1	10~40	相控阵
107	江苏圣珀新材料科技有限公司	1	10~52	旋转探头
108	攀钢集团江油长城特殊钢有限公司	1	10~20	相控阵
109	江苏申源集团有限公司	3	20~60	相控阵

三、部分业绩设备现场实物图

四、部分近年超探自动化设备（其他行业）

序号	用户单位	设备名称	检测对象
1	湖州久立不锈钢焊接管有限公司	SPUT550 型不锈钢带超声波检测设备	不锈钢带
2	北京赛诚工控科技有限责任公司	24 通道超声波探伤机	焊管
3	张家港沙钢金洲管道有限公司	直缝焊管焊缝超声波检测设备	焊管
4	南通中集罐式储运设备制造有限公司	16 通道气瓶超声波自动探伤系统	气瓶
5	宝鸡石油机械有限责任公司	专用管生产线超声波自动化探伤设备	焊管
6	浙江金盾消防器材有限公司	CBUT-180 气瓶超声波自动检测设备	气瓶
7	山东华胜荣镁业科技有限公司	B&PUT 镁合金管棒材及板材	板棒材
8	北京赛诚工控科技有限责任公司	螺旋管焊缝超声波探伤设备	焊管
9	北京赛诚工控科技有限责任公司	32 通道螺旋焊管超声波设备	焊管
10	中油宝世顺（秦皇岛）钢管有限公司	WT-4500 钢板超声波检测设备	板材
11	湖南胜利湘钢钢管有限公司	在线钢板超声波探伤设备	板材
12	北京赛诚工控科技有限责任公司	螺旋管焊缝超声波探伤设备	焊管
13	北京赛诚工控科技有限责任公司	直缝 JCOE 焊缝超声波探伤设备	焊管
14	浙江久立特材科技股份有限公司	SPUT4000 型不锈钢板超声波检测设备	不锈钢板
15	番禺珠江钢管有限公司	番禺珠江—64 通道超声波探伤设备	焊管
16	内蒙古动力机械研究所	大型壳体自动超声波探伤系统	卫星壳体
17	番禺珠江钢管（珠海）有限公司	16 通道在线管探机械部分 16、24、72 通道 超声波探伤设备（3 套）	焊管
18	番禺珠江钢管（珠海）有限公司	24、72 通道超声波探伤设备	焊管
19	龙口市丛林铝材有限公司	铝合金管圆铸棒超声波水浸探伤设备	铝合金管棒材
20	江苏武进不锈股份有限公司	SPUT-1200、SPUT-3500、WUT-1200 型直缝不锈钢焊管焊缝、管体超声波检测设备（3 套）	焊管
21	北京赛诚工控科技有限责任公司	螺旋焊缝和母材超声波探伤设备	焊管
22	番禺珠江钢管有限公司 （沙特合资公司）	64 通道（板探一套）、32 通道（水压前 UT2 套）、32 通道（水压后 UT1 套）超声波探伤设备（共 4 套）	焊管
23	河北秦天管业有限公司	螺旋焊缝和母材超声波探伤设备	焊管
24	浙江久利特材科技股份有限公司	双金属复合管管体超声波检测设备	复合管
25	番禺珠江钢管（珠海）有限公司	16 通道焊管超声波检测设备	焊管
26	番禺珠江钢管有限公司	116 通道自动超声波探伤设备	焊管
27	武汉泛州中越合金管有限公司	SST-125 型超声波自动探伤设备（2 套）	铜棒/铜管
28	邯郸市正大制管有限公司	WUT-1420 螺旋焊管焊缝及 管体超声波检测设备	焊管

续表

序号	用户单位	设备名称	检测对象
29	宝瑞通管业有限公司	WUT-1820 螺旋焊管焊缝及管体超声波检测设备	焊管
30	中石化石油工程机械有限公司沙市钢管厂	24 通道超声波探伤仪	焊管
31	浙江科宇金属材料有限公司	超声波探伤设备	汽车零部件
32	苏州撼力铜合金管材料有限公司	SST-120 型无缝铜管超声波探伤设备	汽车零部件 无缝钢管
33	武汉泰瑞新科技有限公司	KSD-8 型手推式在役钢轨超声波检测系统	钢轨
34	宝鸡住金石油钢管有限公司	全管体超声波探伤设备	焊管
35	北钢管业（营口）有限公司	WUT-1626 JCOE 直缝埋弧焊管超声波自动检测设备	焊管
36	天津巨石能源工程服务有限公司	SPUT-4500 型钢板超声波自动检测设备	焊管
37	中国原子能科学研究院	核反应堆燃料超声检测探头	核燃料棒
38	巴克（天津）承压设备制造有限公司	CUBT-180 气瓶超声波自动检测设备	气瓶
39	河北沧海核装备科技股份有限公司	WUT-762 焊缝超声检测设备	焊管
40	四川惊雷科技股份有限公司	WUT-1420 型复合钢管超声波自动检测设备	复合管
41	湖南江滨机器（集团）有限责任公司	PRT-170 型镶圈活塞（成品）双工位超声波自动检测设备	汽车零部件
42	福建省南平铝业有限公司	SST-530 型圆棒离线超声波自动探伤设备	铝合金棒材
43	四川石油天然气建设工程有限公司（内江容器制造厂）	超声波自动检测探头系列合作研制加工定制	弯管
44	中国核动力研究设计院	多通道超声波探伤设备+数据采集分析处理软件	军工
45	四川石油天然气建设工程有限公司（内江容器制造厂）	HBPT-1420 型热煨弯管超声波自动检测探头系统研制	弯管
46	番禺珠江钢管 沙特项目 JCOE 直缝埋弧焊管焊缝探伤	自动超声波探伤系统改造（2 套探架、2 套 24 通道仪器）	焊管
47	中国原子能科学研究院	核燃料棒电磁超声检测探头研制	核燃料棒
48	汶上海纬机车配件有限公司	制动盘超声波自动检测设备	机车零部件 高铁制动盘
49	天工爱和特钢有限公司	SPUT-830 型工模具钢板材超声波检测设备	板材
50	中车长江车辆有限公司武汉分部	HS-16 型轮辋超声波自动探伤机	机车零部件
51	福建省南平铝业股份有限公司	SST-127 型铝合金管圆棒数字传输旋转探头超声波自动探伤设备	汽车零部件 原材料

续表

序号	用户单位	设备名称	检测对象
52	中国人民解放军第六四五六工厂	PRT-250 型活塞镶圈超声波自动检测设备	汽车零部件
53	中国长安汽车集团股份有限公司湖南江滨活塞分公司	PRT-250 双工位活塞超声波探伤机（半成品）1 套	汽车零部件
54	中国长安汽车集团股份有限公司湖南江滨活塞分公司	PRT-250 双工位活塞超声波探伤机（成品）1 套	汽车零部件
55	北京慕迪光大技术服务有限公司	KSD4 型炉管超声波探伤系统	高压炉管
56	中国船舶重工集团第七二五研究所	超声波气密检测系统	气瓶
57	胜利油田技术检测中心	碳纤维抽油杆水浸超声在线检测装置设计	碳纤维抽油杆
58	上海力弘精钢制品有限公司	BUT-30 型探头旋转式超声波自动检测设备	汽车零部件 无缝管
59	东风格特拉克汽车变速箱有限公司	GWT-52 型齿轮焊缝超声波探伤机	汽车零部件 变速箱齿轮
60	中航上大高温合金管材料有限公司	BUT-80 型探头旋转式超声波自动检测设备	合金管棒材
61	番禺珠江钢管珠海有限公司	ERW 直缝焊管超声波探伤设备探架	焊管
62	武汉理工大学	板类及轴类零件四自由度超声检测装置	汽车零部件
63	胜利油田技术检测中心	碳纤维抽油杆水浸超声波检测装置	碳纤维 抽油杆
64	鞍钢集团长城特钢股份有限公司	BUT-40 型棒材探头旋转式超声波自动检测设备	棒材
65	东莞市森中冈金属工业有限公司	BUT-30 型探头旋转式超声波检测设备	棒材
66	攀钢集团汇裕供应链有限公司	BUT-40 型探头旋转式超声波自动检测设备	棒材
67	四川泸天化金正检测有限公司	炉管超声波自动检测系统	炉管
68	北京科泰克科技有限责任公司	CBUT-450 型无缝铝合金管及气瓶超声波自动检测设备	铝合金管气瓶
69	上海宝山钢铁股份有限公司	SPUT-4500 钢板超声波自动探伤设备	板材
70	常州丽岛新材料股份有限公司	蜂窝板相控阵超声波自动检测设备	蜂窝板
71	清华大学	电磁超声多通道检测模块及探头	仪器
72	广东精美特种型材有限公司	铝合金管圆铸棒超声波全水浸自动探伤系统	棒材
73	钢研纳克检测技术股份有限公司	HSD-64 超声波专用仪器	无缝钢管
74	西安北方华山机电有限公司	铝合金管棒超声波自动探伤线	棒材
75	宁波上中下自动变速器有限公司	7DCT 超声波探伤机	汽车零部件 变速箱齿轮

续表

序号	用户单位	设备名称	检测对象
76	湖北省特种设备检验检测研究院	基于小波反射法的超声脉冲波声场特性自动测试及水浸超声扫描系统研究	声场测试
77	四川曜诚无损检测技术有限公司	超声波检测设备多通道仪器系统	铁路
78	四川曜诚无损检测技术有限公司	钢轨在线检测设备多通道仪器系统	钢轨
79	内蒙古银河铝业	铝合金管棒材超声波自动检测设备	铝棒
80	南京金正奇交通设备有限责任公司	棒材探头旋转式超声波自动检测设备	棒材
81	陕西卓普数控科技有限公司	合金管棒材超声波自动检测设备	棒材
82	鞍钢股份有限公司大型厂	方钢在线超声探伤设备	方钢
83	鞍钢股份有限公司技术中心	钢板自动爬行检测设备仪器系统	钢板
84	斯凯孚（大连）轴承与精密技术产品有限公司	棒材相控阵自动化检测设备	零部件
85	常州久轮金属制品有限公司	棒材水浸超声波检测系统	棒材
86	南京云海金属股份有限公司	铝合金管棒材全水浸超声波自动探伤设备	铝棒
87	南通中集能源装备有限公司	气瓶超声波自动检测设备改造	气瓶
88	中石化胜利油田技术检测中心	复合材料无损检测系统加工定制项目	棒材
89	西安华山钨制品有限公司	钨合金管棒坯自动综合检验检测线	棒材（军工）
90	洛铜	铜棒超声检测	有色金属
91	福建永润欣科技有限公司	铝合金管圆铸棒超声波全水浸自动探伤系统	有色金属
92	内蒙古银河铝业有限公司	铝合金管圆铸棒超声波全水浸自动探伤系统	有色金属
93	沧州巨龙钢管有限公司	SPUT-4500 在线钢板超探	焊管
94	中石化沙市钢管厂	SPUT-4500 在线钢板超探	焊管
95	南京巨龙钢管有限公司	SPUT-4500 在线钢板超探	焊管
96	中石化沙市钢管分公司	螺旋焊管焊缝+母材超声波自动探伤设备	焊管
97	中国航空工业标准件制造有限责任公司	超声波自动检测线	部件
98	中核北方核燃料元件有限公司	BUT-30 型合金管棒材超声波全水浸自动探伤系统	棒材
99	东方蓝天钛合金管有限公司	水浸式超声探伤系统供货安装	钛合金管
100	四川石油天然气建设工程有限责任公司（容器制造厂）	弯管检测设备	弯管

续表

序号	用户单位	设备名称	检测对象
101	上海宝世威石油钢管制造有限公司	WUT-PA-1626 螺旋焊管焊缝及母材超声波检测设备	焊管
102	中车戚墅堰机车车辆工艺研究所	高铁制动盘超声波自动检测设备	刹车盘
103	扬州瑞斯乐复合金管属材料有限公司	SST-360 型铝合金管圆铸棒超声波全水浸自动探伤系统	铝棒
104	中国兵器科学研究院宁波分院	PRT-175 型活塞超声波自动检测设备	铝棒材
105	西安航天复合材料研究所	小型扩张段超声自动检测系统	壳体
106	中车北京福依特传动有限公司	DRUT-1900 型盘环件水浸超声波探伤系统	零部件
107	宝鸡钛业股份有限公司	HSD-4 超声探伤仪 2 套	钛管
108	湖南飞沃新能源科技股份有限公司	BUT-PA-60 型环线阵超声相控阵涡流联合自动检测设备	棒材
109	泰纳瑞斯（青岛）钢管有限公司	安全气囊管超声波自动检测设备 2 套	气瓶件
110	福建阿石创新材料股份有限公司	平面靶材及旋转管状靶材超声波水浸自动检测设备	靶材
111	蒙泰（上海）融资租赁有限公司	蒙泰达拉特 20 万吨/年新型铝合金管材料项目自动探伤仪	铝材
112	上海宝世威石油钢管制造有限公司	WUT-PA-1626 螺旋焊管焊缝及母材超声波检测设备	焊管
113	中石化石油机械股份有限公司沙市钢管分公司	螺旋焊管焊缝+母材超声波自动探伤设备	焊管
114	上海宝山钢铁股份有限公司	WUT-610 型 HFW 焊管串列式超声波自动探伤设备	焊管
115	南京巨龙钢管有限公司	SPUT-4500 在线钢板超声波自动探伤设备	板探
116	首钢京唐钢铁联合有限责任公司	中厚板 4300mm 产线剪切复线新增在线探伤设备	板探
117	西安航天复合材料研究所	大型壳体超声波自动探伤系统	—
118	西安航天复合材料研究所	小型扩张段超声自动检测系统	—
119	宝山钢铁股份有限公司	UOE 管端超声检测装置（两端）	焊管
120	湖南胜利湘钢钢管有限公司	直缝水压后自动超声波检测设备	焊管
121	中石化石油机械股份有限公司沙市钢管分公司	直缝钢管水压后超声波自动检测设备改造	焊管
122	中国航发哈尔滨东安发动有限公司	小直径棒材超声水浸 C 扫描自动检测设备	棒材
123	蒂森克虏伯罗特艾德（徐州）环锻件有限公司	CSCAN-6000 型环锻件超声波自动检测设备	部件
124	四川省新万兴碳纤维复合材料有限公司	复合材料超声 C 扫描自动检测系统	复合材料
125	山东省冶金设计院股份有限公司	方圆钢超声波探伤设备	方钢圆钢

注：上表仅列举最近几年非无缝钢管超声波自动检测设备业绩。

五、部分其他行业自动化超探设备现场业绩

欢迎您对我公司进行现场实地考察和交流，争取合作共赢。

4 太原磬泓机电设备有限公司

一、企业简介

太原磬泓机电设备有限公司成立于2005年，专业从事无缝钢管、焊管装备的技术研发、硬件制造。

公司是国家高新技术企业、山西省“专精特新”企业；是山西省政府授予的山西省省级企业技术中心；拥有由专家、教授、高级工程师等专业技术人员组成的研发团队。

2021年为实现公司战略转型，注册成立了山西磬泓智能装备制造股份有限公司。

近年来，磬泓人以“提供用户期盼的钢管生产设备及服务”为使命，通过“持续创新、不断迭代”，努力成为值得用户托付终身的设备供应商；发展过程中，充分发挥企业自身的科研实力，并与科研单位建立了良好的合作关系，与竞争对手形成了良性的竞争格局；使企业在自主创新、产学研合作、技术推广及应用等方面取得良好的成绩；开发并产业化了：

ϕ83mm MPM 连轧机组；

ϕ76mm A-R 精密轧管机组（管端削尖工艺技术）；

114CPE 机组；

高精度小锥角穿孔机；

智能化219ASSEL机组、各种斜轧机组前后台（小循环前台、双芯棒前台、长导辊后台）、三辊机架车床等系列新产品。

公司获得国家专利30项，其中发明专利8项，软件著作权2件。通过了ISO 90001：2015质量管理体系认证和知识产权管理体系认证。

公司坚持珍惜客户所托，超越客户期望、赢得客户依赖的服务理念，用优质的产品和完善的售后服务赢得用户的口碑，产品销售遍布全国各地，并出口到土耳其、伊朗、泰国、巴西、印度、俄罗斯等国家。

二、企业基本概况

企业名称	太原磬泓机电设备有限公司				
地址	太原市万柏林区兴华街龙头公寓西5层			邮编	030027
法人代表	张国庆	电话	13934544039	企业性质	有限责任公司
联系人	王荣刚	电话	18135144190	联系人所在部门	办公室
传真		0351-6382700	电子信箱	tyqhjd@163. com	
企业成立时间		2005年4月	企业网址	www. tyqhjd. com	
企业性质		民营	钢管设计能力（万吨/年）	—	
企业员工人数（人）		52	其中：技术人员（人）	28	
装备制造及轧制工具制造（台/套）	2020年	2021年	装备制造及轧制工具出口（台/套）	2020年	2021年
	6	4		0	2
销售收入（万元）	2020年	2021年	利润总额（万元）	2020年	2021年
	2383. 24	3452. 25		—	—

三、公司业绩一览表

序号	项目名称	用户名称	建设年份
1	ϕ159mm Assel双芯棒轧管机生产线	河南汇丰管业有限公司	2021
2	ϕ114mm Assel高端汽车管项目热轧无缝管生产线	林州凤宝管业有限公司	2019
3	ϕ76mm Assel双芯棒轧管机组	扬州龙川钢管有限公司	2019
4	ϕ60mm Assel热轧无缝管生产线	河北宏凌无缝钢管制造有限公司	2012
5	ϕ140mm Assel热轧无缝管生产线	山东聊城中正钢管制造有限公司	2011
6	ϕ140mm Assel热轧无缝管生产线	西山煤电德汇无缝钢管有限公司	2011
7	ϕ76mm Assel轧管机	聊城兴隆无缝钢管制造有限公司	2010
8	ϕ219mm Assel热轧无缝管生产线	西山煤电德汇无缝钢管有限公司	2007
9	ϕ120mm Accu-Roll热轧无缝钢管生产线	伊朗AMK Metal FZCO公司	2020
10	ϕ90mm Accu-Roll热轧无缝钢管生产线	伊朗AMK Metal FZCO公司	2020
11	ϕ90mm Accu-Roll热轧无缝管生产线	山东淄博弘扬石油设备集团有限公司	2018
12	ϕ273mm Accu-Roll热轧无缝管生产线	林州凤宝管业有限公司	2017
13	国内首台套具有管端削尖技术的ϕ60mm二辊斜轧无缝钢管生产线	常州富润精密钢管有限公司	2015
14	ϕ219mm Accu-Roll热轧无缝钢管生产线	河北宽城升华压力容器制造有限责任公司	2014
15	ϕ114mm Accu-Roll热轧无缝钢管生产线	巴西钢铁集团公司	2013

续表

序号	项目名称	用户名称	建设年份
16	ϕ180mm Accu-Roll 热轧无缝钢管生产线	聊城市京鑫无缝钢管制造有限公司	2009
17	国内第一套导板式 ϕ140mm Accu-Roll 机组生产线	聊城市京鑫无缝钢管制造有限公司	2008
18	ϕ180mm Accu-Roll 热轧生产线工厂设计	山东聊城鑫鹏源金属制品有限公司	2008
19	ϕ140mm Accu-Roll 机组工厂设计	河北双平天成无缝钢管有限公司	2006
20	ϕ140mm Accu-Roll 热轧无缝钢管生产线及工厂设计	森泰无缝钢管有限公司	2005
21	ϕ140mm Accu-Roll 机组工厂设计任务	河北汇科无缝钢管有限公司	2005
22	ϕ89mm CPE 热轧无缝管生产线	山东中汇管业有限公司	2020
23	ϕ89mm 短流程二辊四机架连轧机组	辽宁天丰特殊工具制造股份有限公司	2012
24	世界首台 ϕ100mm 三辊斜连轧机	太原科技大学	2010
25	ϕ40mm 高精密穿孔机	成都西图恒泰工程技术有限公司	2020
26	ϕ426mm 延伸机组	大冶市新冶特钢责任公司	2018
27	ϕ120mm 自动轧管机生产线	山东聊城申昊金属制品有限公司	2017
28	ϕ90mm 自动轧管机生产线	山东聊城申昊金属制品有限公司	2017
29	76 自动轧管机生产线中的 26 机架张减机电气控制系统	山东金宝诚管业有限公司	2016
30	ϕ50mm 高精密穿孔机组	常宝普莱森钢管有限公司	2016
31	ϕ50mm 高精密穿孔机组	聊城市金山钢管有限公司	2016
32	ϕ180mm 自动轧管机生产线	山东金宝诚管业有限公司	2015
33	ϕ168mm 自动轧管机生产线	山东冠群金属制品有限公司	2014
34	ϕ60mm 穿孔机组	山东中德金属材料有限公司	2012
35	十四机架 400mm 微张力减径机	聊城光大金属制品有限公司	2011
36	ϕ57mm 焊管无缝化机组	河北承德隆城钢管制造有限公司	2010
37	ϕ340mm Accu-Roll 机组中定径机、矫直机组	江阴长江无缝钢管厂	2007
38	ϕ273mm Accu-Roll 机组设计了定径机、矫直机组	山东墨龙股份有限公司	2006
39	七机架 530 定径机	聊城鑫鹏源金属制品有限公司	2006
40	三机架 640 定径机	江阴长江无缝钢管厂	2005

5　长葛市一鸣机械有限公司

一、企业简介

长葛市一鸣机械有限公司（简称一鸣公司）坐落于长葛市董村开发区。企业安置就业人员达 30 人。公司是集研发、设计、制造、安装、调试成套设备的科技型小微企业。公司是一家从事热轧无缝钢管不同材质特殊工艺技术的研发和成套设备制造的专业公司，拥有“豫鸣”注册商标。

公司自创办以来，围绕我国钢管行业中小口径热轧无缝钢管生产工艺装备的短板，与高校、科研单位和国内知名专家组成研发团队，不断优化设计，创新发展。研发新工艺，新技术及新设备，拥有22项国家专利。其中发明专利5项，实用新型专利17项。

我国每年小口径（≤ϕ114mm）热轧无缝钢管市场需求占比约25%，以冷拔及冷轧工艺为主，该工艺环境污染大、成材率低、生产工艺复杂周期长。特别是不锈钢、合金管钢的薄壁管研究十余年开发出第三代连轧管机组，替代了大部分冷拔冷轧工艺，使小口径热轧无缝钢管以高效、高质、低成本大量生产制造。

公司研制的三辊/二辊双芯棒联合轧管机，一套机组既能生产中厚壁无缝钢管，又能生产中薄壁无缝钢管，一机多用。使厂家投资一套机组满足常年市场的不同产品的生产，机组满负荷生产，极大的降低生产投资和生产成本。研发的工艺技术与轧管设备得到广大客户的首肯和市场的认可。

公司三辊热轧机组已开发到“第六代YM系列轧机”，连轧机组开发到“第三代YM系列限动/浮动连轧管机组”。

研发的第二代、第三代三辊双芯棒轧管机远销山东、河北、广西、重庆等全国各地共计40台（套），国内市场占有率达95%以上。

二、公司具有自主知识产权专利汇总

（一）YM-80/YM-400三辊/二辊双芯棒联合轧机专利汇总表

序号	专利名称	专利类型	专利号	专利申请日
1	三平行复合锥辊热精轧机	实用新型专利	ZL 2006 2 0030784. 3	2006年7月24日
2	三辊热精轧机的进料机构	发明专利	ZL 2007 1 0055072. 6	2007年8月31日
3	三辊热精轧机的进料机构	实用新型专利	ZL 2007 2 0091075. 4	2007年8月31日
4	三辊热精轧机的芯棒随动机构	发明专利	ZL 2007 1 0055071. 1	2007年8月31日
5	三辊热精轧机的芯棒随动机构	实用新型专利	ZL 2007 2 0091706. 9	2007年8月31日
6	无缝钢管三辊热轧机锁紧开启机构	实用新型专利	ZL 2011 2 0263793. 8	2011年7月25日
7	无缝钢管三辊热轧机可调整轧辊机构	实用新型专利	ZL 2011 2 0263787. 2	2011年7月25日
8	无缝钢管三辊热轧机导板调整机构	实用新型专利	ZL 2011 2 0263786. 8	2011年7月25日
9	液压限动芯棒机构	实用新型专利	ZL 2011 2 0455833. 9	2011年11月17日
10	双芯棒连轧装置	实用新型专利	ZL 2015 2 0093471. 1	2015年2月10日
11	一种双芯棒联合轧机生产热轧无缝钢管的方法	发明专利	ZL 2016 1 0610400. 3	2016年7月29日
12	无缝钢管旋转进料机构	实用新型专利	ZL 2017 2 0387174. 7	2017年4月13日
13	一种新型三辊热轧机轧辊布置锁紧开启结构	实用新型专利	ZL 2017 2 0602428. 2	2017年5月26日
14	新型旋转进料机构	实用新型专利	201822069575. 5	2018年12月11日
15	双芯棒移动平台平衡装置	实用新型专利	201822069573. 6	2018年12月11日
16	双液压限动机构	实用新型专利	201822069571. 7	2018年12月11日
17	双芯棒移动平台架滚轮装置	实用新型专利	201822070455. 7	2018年12月11日
18	双芯棒热轧无缝钢管跑车架机构	实用新型专利	ZL20212301543. X	2021年12月3日

（二）YM-60 型限动/浮动芯棒连轧管机组专利汇总表

序号	专利名称	专利类型	专利号	专利申请日
1	小口径特薄壁无缝钢管热轧工艺	发明专利	ZL 2013 1 0156361.0	2013 年 5 月 2 日
2	一种小口径无缝钢管浮动芯棒连轧机组	实用新型专利	ZL 2015 2 0093549.X	2015 年 2 月 10 日
3	小口径无缝钢管浮动芯棒连轧机组及无缝钢管生产工艺	发明专利	ZL 2015 1 0068531.9	2015 年 2 月 10 日
4	限动多芯棒二辊纵轧机组	实用新型专利	ZL 2017 2 0447523.X	2017 年 4 月 26 日
5	一种小口径薄壁管双芯棒二辊限动连轧机组	实用新型专利	201921287429.8	2019 年 8 月 9 日

三、公司销售业绩

（一）YM 系列双芯棒三辊热轧机组生产线

序号	顾客名称	轧制	设备型号
1	聊城市科环新材料科技有限公司	碳管、合金管	YM-180 型双芯棒三辊热轧机组生产线
2	聊城市新申昊智能装备有限公司	碳管、合金管	YM-160 型双芯棒三辊热轧机组生产线
3	山东大洋钢管有限公司	碳管、合金管	YM-180 型双芯棒三辊热轧机组生产线
4	聊城市日通钢管有限公司	碳管、合金管	YM-90 型双芯棒三辊热轧机组生产线
5	聊城市龙英钢管有限公司	碳管、合金管	YM-159 型双芯棒三辊热轧机组生产线
6	聊城市亚科钢管制造有限公司	碳管、合金管	YM-130 型双芯棒三辊热轧机组生产线
7	东营市精诚无缝钢管有限公司	碳管、合金管	YM-219 型双芯棒三辊热轧机组生产线
8	聊城市金运管业有限公司	碳管、合金管	YM-159 型双芯棒三辊热轧机组生产线
9	聊城市诚盛金属制品有限公司	碳管、合金管	YM-90 型双芯棒三辊热轧机组生产线
10	聊城宋氏永安管业制造有限公司	碳管、合金管	YM-114 型双芯棒三辊热轧机组生产线
11	聊城市开发区鹏飞钢管制造有限公司	碳管、合金管	YM-80 型双芯棒三辊热轧机组生产线

（二）YM 系列单芯棒三辊热轧机组生产线（部分客户）

序号	企业名称	轧制品种	设备型号
1	聊城三特能源装备有限公司	碳管、合金管	YM-160 型单芯棒三辊热轧机组生产线
2	聊城市兴隆钢管有限公司	碳管、合金管	YM-90 型单芯棒三辊热轧机组生产线
3	河北圣天集团无缝钢管有限公司	碳管、合金管	YM-90 型单芯棒三辊热轧机组生产线
4	聊城市宋氏永安管业制造有限公司	碳管、合金管	YM-80 型单芯棒三辊热轧机组生产线
5	聊城市和硕金属制品有限公司	碳管、合金管	YM-90 型单芯棒三辊热轧机组生产线
6	聊城市钢花钢管有限公司	碳管、合金管	YM-90 型单芯棒三辊热轧机组生产线
7	聊城市华正钢管有限公司	碳管、合金管	YM-80 型单芯棒三辊热轧机组生产线
8	聊城市诚盛金属制品有限公司	碳管、合金管	YM-90 型单芯棒三辊热轧机组生产线
9	聊城市兴华管业有限公司	碳管、合金管	YM-90 型单芯棒三辊热轧机组生产线
10	河北沧州康泰龙管业有限公司	碳管、合金管	YM-114 型单芯棒三辊热轧机组生产线
11	河北沧州屹城管业有限公司	碳管、合金管	YM-90 型单芯棒三辊热轧机组生产线

续表

序号	企业名称	轧制品种	设备型号
12	重庆奥冠管业有限公司	碳管、合金管	YM-80 型单芯棒三辊热轧机组生产线
13	重庆奥冠管业有限公司	碳管、合金管	YM-70 型单芯棒三辊热轧机组生产线
14	聊城市祥云钢管有限公司	碳管、合金管	YM-70 型单芯棒三辊热轧机组生产线
15	聊城市顺方圆管业有限公司	碳管、合金管	YM-80 型单芯棒三辊热轧机组生产线
16	聊城市喜瑞管业有限公司	碳管、合金管	YM-80 型单芯棒三辊热轧机组生产线
17	聊城市百炼管业有限公司	碳管、合金管	YM-80 型单芯棒三辊热轧机组生产线
18	聊城市光泽管业有限公司	碳管、合金管	YM-80 型单芯棒三辊热轧机组生产线
19	聊城市润鑫管业有限公司	碳管、合金管	YM-70 型单芯棒三辊热轧机组生产线
20	聊城市兴荣管业有限公司	碳管、合金管	YM-70 型单芯棒三辊热轧机组生产线
21	聊城市金正管业有限公司	碳管、合金管	YM-80 型单芯棒三辊热轧机组生产线
22	聊城市振通钢管有限公司	碳管、合金管	YM-80 型单芯棒三辊热轧机组生产线

（三）定径机组生产线

序号	顾客名称	轧制	设备型号
1	重庆奥冠钢管有限公司	碳管、合金管	十二机架 275 定径机组
	重庆奥冠钢管有限公司	碳管、合金管	十四机架 275 定径机组
2	河北圣天无缝钢管有限公司	碳管、合金管	六机架 275 定径机组
3	河北沧州康泰龙钢管有限公司	碳管、合金管	五机架 275 定径机组
4	沧州屹诚钢管有限公司	碳管、合金管	五机架 275 定径机组
5	聊城市兴隆钢管有限公司	碳管、合金管	七机架 275 定径机组
6	聊城市兴华管业有限公司	碳管、合金管	七机架 275 定径机组
7	聊城市鑫能管业有限公司	碳管、合金管	儿机架 275 定径机组
8	沧州市楚富管道有限公司	碳管、合金管	五机架 275 定径机组
9	新疆聚能石油装备再制造管业有限公司	碳管、合金管	七机架 275 定径机组

6　欧亚佳汇投资有限公司

一、企业简介

欧亚佳汇投资有限公司于 2015 年 3 月成立于北京，注册资本 10000 万元。公司聚焦石油化工、新能源、投融资服务、国际贸易、环境综合治理、建筑等领域，业务涉及光伏、储能、再生资源回收处置、生活垃圾处理、智能制造产业园、国际大宗物资采购、建筑工程等方面，欧亚佳汇致力于打造资源整合平台，推动资本、资源配置与区域发展的融合，集合优势资源与专业技术，向地方政府、用户提供专业定制服务。

二、主营业务

善用彼此的资源，创造共同利益。打造资源整合平台，推动资本、资源配置与区域发展的融合，集合优势资源与专业技术，向地方政府、用户提供专业定制服务。

三、企业资源

四、行业资源

电力/新能源

石油化工/燃气

投资/金融

环保/再生资源

粮油/其他大宗贸易

建筑/市政

7 黄冈市华窑中洲窑炉有限公司

一、企业简介

黄冈市华窑中洲窑炉有限公司成立于1999年，公司注册资本5168万元，是一家以窑炉科研设计、加工制造、工程总承包一体化为主营业务的国家级高新技术企业，是窑炉施工“GB/T 9001、ISO 14001、OHSAS18001”三体系认证企业。

中洲窑炉工业园坐落于湖北黄冈西湖工业园区，占地面积120亩，建筑面积6万多平方米，拥有各类加工、制造、检测设备300多台套，年生产各类热工设备100余台套，是国内首家集各式窑炉研发、加工制造、装配于一体的生产基地。

公司现有员工300余人，中高级职称技术人员100余人，一级注册建造师5人，二级建造师15人，2人享受国家津贴，2人获省政府津贴，1人获市政府津贴。

公司自成立以来，在全国各大设计院、校及有关单位的鼎力支持与合作下，以开发研制适合国情的高质量低能耗的窑炉精品为己任，不断追求与探索，在冶金、耐火材料、陶瓷、化工、有色金属、新型建材等窑炉领域中取得了长足的进步与发展。国家窑炉节能中心、中国硅酸盐学会陶瓷分会窑炉热工专业委员会、中国陶瓷工业协会窑炉及耐火材料委员会、武汉理工大学研究生创新基地等均设在本公司内，大大加强了科研的力量，确保公司科学技术的研发工作保持在国内前沿。

作为窑炉制造的市场经营主体，公司全力推行体制创新、管理创新和技术创新，以人为本，规范运作，紧贴国际化运作模式。多年来，公司不断开发和引进先进的窑炉技术，博采众长、精心打造先进、环保型精品窑炉，并与俄罗斯、德国、意大利、澳大利亚、英国等国家及国内的科研院所、大专院校、知名专业窑炉公司进行广泛的合作交流。公司业务范围辐射全国，产品出口美国、印度、马来西亚、印度尼西亚、俄罗斯、泰国、伊朗、越南等国家和台湾地区。公司先后承建了各种窑炉 1000 余座，合格率 100%，创优率 98%。

公司坚持诚信为本，追求科技创新、质量兴业。公司开发研制的系列窑炉多次被列入国家“火炬计划”、倍增计划、创新基金、“国家重点新产品”、“九五”国家重点科技攻关计划优秀科技成果。“中洲窑炉”系列产品被授予“中国陶瓷名牌产品”称号，“中洲”商标被评为湖北省著名商标，公司现有发明专利、实用新型专利 100 余项，是湖北省专利示范企业，湖北省守合同重信用企业、湖北省科技创业明星企业、湖北省诚信单位、黄冈市“十强”建筑业企业、黄冈市直工业企业税收贡献大户。

近年来，公司在冶金行业的加热炉和热处理炉开发上投入大量的人力和物力，先后开发出应用于钢管热处理的气氛保护炉、步进梁式热处理炉 、台车式热处理炉、辊底式热处理炉等热处理炉型、步进式加热炉、环形加热炉、台车式加热炉，公司凭借先进的智能控制、节能燃烧等技术成为中建材、宝武钢铁、太原钢铁、江苏银环、江苏诚德、江苏振达、衡阳华菱、湖北新冶钢、山东聊城中钢联、山东聊城鑫鹏源、林州凤宝等国内知名钢管制造企业的稳定供货商，并为企业带来了良好的经济效益，深受用户好评。

公司立足于市场，严格于质量，着眼于管理，优胜于服务。恪守“信守合同，质量第一，优质服务，用户至上”的企业宗旨，以“优质的服务、先进的管理”造就了中洲公司精良的产品；以“诚信至上、一丝不苟”赢得了广大客户；以“不断进取，追求卓越”抢占了中国窑炉产业先机。随着业务市场的不断开拓开发，公司生产经营和经济效益持续健康发展，我们将继续坚持“科技兴司”的发展战略，不断加强企业科研力量投入，不断打造新的高科技含量产品，进一步推进企业技术进步，为我国窑炉事业的发展作出应有的贡献。

二、企业基本概况

企业名称	黄冈市华窑中洲窑炉有限公司				
地址	黄冈市宝塔大道 169 号			邮编	438000
法人代表	余阳春	电话	13907257558	企业性质	有限责任公司
联系人	樊向荣	电话	13971702208	联系人所在部门	办公室
传真		0713-8690758	电子信箱	zhongzhouyaolu@126. com	
成立（投产）时间		1999 年 2 月	网　址	www. zhongzhoukiln. com	
企业规模		中型	设计能力	年设计生产窑炉 100 余座	
员工人数（人）		350	其中：技术人员（人）	110	

8　江苏智蝶数字科技有限公司

一、企业简介

金蝶国际软件集团始创于1993年，是中国企业管理软件市场的领跑者。常州金蝶软件有限公司是金蝶集团在常州地区的分支机构，连续22年金蝶集团十大优秀伙伴。

公司成立于1999年，公司现有员工88人，91%以上为本科学历，拥有2名MBA人才，累计客户6600多家。

公司连续三年获得常州市“三位一体”优秀智能制造服务商，常州市企业信息化优秀服务商和常州市企业信息化科普优秀机构。2020年获“江苏省智能制造领军服务机构”，1999—2020年智能制造系统解决方案领域专利、计算机软件著作权累计授权21件。常州普华智能技术有限公司是常州金蝶软件有限公司的全资子公司，公司成立于2015年，专业自主研发“普华MES”“普华条形码系统”“普华WMS（物流中心）”等自主产品。

公司主要客户包括中车戚研所、新城集团、常柴股份、雷利电器、千红生化、长海股份、天晟集团、国茂集团、江苏恒立、亚邦集团、百兴集团、美吉特集团、宝尊集团、腾龙、兴荣高科、神力电机、博格思众、安费诺、诺赫德、凡登、瓦卢瑞克、莱克斯诺、现代等众多上市及国内外知名企业。公司以“竭尽所能协助广大企业基业长青”“质量第一”为核心文化，每年为数千家企业提供高质量的信息化服务。

公司建有常州国家高新区普华企业云工程技术研究中心，通过了CMMI3级认证，具有较强的研发实力，其中自主研发的“普华MES”“普华条形码系统”“普华WMS（物流中心）”“财金企业管理”和“成本还原”等多个软件产品已经广泛应用于数百家企业，不断为推动国内企业管理进步作出贡献。为了更好地推动常州地区企业信息化的进程，常州金蝶软件有限公司和常州地区的著名高校开展产、学、研的系列活动，并与河海大学常州校区、常州信息技术职业学院、江苏理工学院、常工院等九所大中专院校签订联合办学协议，设立了ERP培训基地。

二、企业基本概况

企业名称	江苏智蝶数字科技有限公司				
地址	江苏省常州市新北区太湖东路9-2号创意大厦25楼			邮编	213000
法人代表	周磊	电话	17397965006	企业性质	有限公司
联系人	杨建辉	电话	13961226022	联系人所在部门	市场部
传真		0519-85173832	电子信箱	market@czkingdee. com	
企业成立时间		1999年6月	企业网址	http: //www. czkingdee. com/	
销售收入（万元）	2020年	2021年	利润总额（万元）	2020年	2021年
	3382. 84	3453. 18		254. 96	274. 25

三、经营特色

（一）优势业务

金蝶云是公司在移动互联网时代基于最新技术研发的一款战略性 ERP 产品。帮助客户实现多组织异地协同、财务精益化集中管控、全渠道 O2O 营销平台供应链高效管理、生产制造智能化，同时，其线上部署模式，让客户随时随地轻松办公，相比传统线下模式，有效降低 70%成本，助力客户快速向云端转型。

基于智慧制造的 PHMES 执行管理系统，有效解决 PHMES 系统内部各应用系统之间以及 PHMES 系统与企业其他应用系统信息交换与集成问题，如 PDM、ERP、SCM 以及底层控制系统之间的信息交换与集成是企业信息化需要重点解决的问题。系统采用 MVVM 模式进行开发，将数据和视图分离，灵活的控件组合，用户可以自定义 UI 界面，支持 3D 图形，支持金蝶全系 ERP 产品的数据库自动传输，支持用友、SAP 等主流 ERP 采用 XML 数据交换平台进行数据传输，加入“嵌入式定制”技术，实现定制模块和平台的无缝融合。

云之家是中国企业移动互联网领域的领导品牌。它通过移动办公与团队协作 APP 应用，打破部门壁垒与地域限制，凝聚企业共识，激发员工创新，提高协作效率。以组织、消息、社交为核心，通过应用中心接入第三方合作伙伴，向企业与用户提供丰富的移动办公应用，同时可连接企业现有业务（ERP），帮助企业/团队打破部门与地域限制，提高沟通与协作效率，帮助企业快速实现移动化转型。

（二）研发能力

公司现有研发及中试场地 693 平方米，建有常州国家高新区普华企业云工程技术研究中心，拥有一支技术开发实力较强的研发团队，项目实施的核心成员 9 人，全部为本科以上学历的具有计算机、会计、工商管理等专业学科背景的技术人员。技术人员年龄结构合理，项目开发协作经验丰富。对外与常州大学、常州工学院等高校开展产学研合作，不断提升自身的科技创新及服务能力。公司现有研发设备 55.72 万元，可基本满足项目实施的设施设备要求。

（三）实施能力

公司专业从事企业管理软件（ERP）领域，至今拥有 21 年研究开发历史，拥有 6600 多家用户。公司以“竭尽所能协助广大企业基业长青”“质量第一”为核心文化，每年为数千家企业提供高质量的信息化服务。公司建有常州国家高新区普华企业云工程技术研究中心，通过了 CMM3 认证，具有较强的研发实力，其中自主研发的“普华 MES”“普华条形码系统”“普华 WMS（物流中心）”“财金企业管理”和“成本还原”等多个软件产品已经广泛应用于数百家企业。公司主要客户包括南车戚研所、新城集团、常柴股份、雷利电器、千红生化、长海股份、天晟集团、国茂集团、江苏恒立、亚邦集团、百兴集团、美吉特集团、宝尊集团、腾龙、兴荣高科、神力电机、博格思众、安费诺、诺赫德、凡登、瓦卢瑞克、莱克斯诺、现代等众多上市及国内外知名企业，年客户订单在3000万元以上。随着公司发展规模的不断扩大，未来公司将向多领域发展，为加快不同产业的信息化进程做出贡献。

（四）服务保障

常州普华智能提供智慧工厂一体化的解决方案，从设计研发、生产报工、仓库作业、质量追溯、现场管控、设备集成等多方面，剖析企业管理过程中的问题和瓶颈，帮助企业做出更准确的管理决策，提高企业的整体水平，降低决策风险，降低企业的营运成本。2019年公司与常州本地企业包括凡登（常州）新型金属材料技术有限公司、常柴股份有限公司、江苏国电新能源装备有限公司、江苏国贸减速机股份有限公司、江苏国强镀锌实业有限公司、常州市宏发纵横新材料科技股份有限公司、常州华利达服装集团有限公司、常州朗企威电器有限公司、江苏三联星海医疗器械股份有限公司、碳元科技股份有限公司、中车戚墅堰机车车辆工艺研究所有限公司、溧阳市中纺联针织有限公司、华生管道科技有限公司等众多中小型企业提供智能制造外包服务。2019年实现在岸服务外包收入2167.40万，有效提升了相关企业的创新能力。

（五）人才队伍

公司拥有一支技术开发实力较强的人才队伍，现拥有专业技术人员34人，核心成员9人，全部为本科以上学历的具有计算机、工商管理等专业学科背景的技术人员。技术人员年龄结构合理，项目开发协作经验丰富，大都具有10年以上的企业管理软件开发服务经验。

技术带头人谷牧，制造业资深顾问。2000年中国矿业大学机电专业本科毕业，2010年9月获河海大学商学院SMBA。2000年7月至2005年8月在永盛包装机械信息部任部门经理。2005年8月至今，常州金蝶软件实施部任部门经理。服务客户（ERP项目开发&实施）包括：卡尔迈耶（中国）有限公司ERP开发&实施、天合光能ERP开发&实施（上市公司）、中盛光电ERP开发&实施（上市公司）、常柴股份ERP开发&实施（上市公司）、顶呱呱彩棉服饰有限公司ERP开发&实施、南车戚研所ERP开发&实施（上市公司）、康辉医疗器械ERP开发&实施（上市公司）、江苏国茂减速机集团有限公司、凡登（常州）新型金属材料技术有限公司、江苏国强镀锌实业有限公司、瓦卢瑞克（中国）有限公司等。

技术骨干之一孙彬，1976年生，1999年河海大学会计学本科毕业，2012年取得河海大学项目管理领域工程硕士学位。1999年7月至1999年11月任常林股份有限公司财务部会计，1999年11月至今加入常州金蝶软件有限公司历任实施服务顾问、服务部经理、服务总监等职务，现担任公司总经理职务，分管客户服务、培训、公司流程管理和IT管理。

四、典型案例介绍

瓦姆（常州）石油天然气勘探开发特殊设备有限公司（现瓦卢瑞克天大（安徽）股份有限公司）MES应用案例介绍如下。

（一）项目介绍与建设情况

瓦卢瑞克是全球顶级的管材产品及解决方案供应商，主要服务于能源工业及其他行业。瓦卢瑞克有 18600 名员工，设有综合制造厂和研发中心，在全球二十多个国家开展业务，向客户提供全球创新解决方案，帮助他们解决二十一世纪的能源挑战。

瓦姆（常州），由法国瓦卢瑞克集团和日本住友集团联合在瓦姆控股香港有限公司旗下，于 2006 年 9 月底正式成立了。公司总投资约 6000 万美元，专业生产应用于石油和天然气开采和运输的高科技无缝管道和接箍的螺纹。公司于 2007 年 11 月份顺利完成了工厂建设，并正式投入生产。

瓦姆从建厂就使用了 SAP R/3 中的财务及供应链标准模块、定制开发了生产汇报模块；生产汇报模块是由法国 IT 团队开发及维护，使用中经常发生异常，且服务响应滞后、费用高昂，应用扩展更是困难重重；原先生产线指令需要操作工手工录入，经常出错，考核罚款也无法改善，所以迫切需要将车间模块与喷漆线直接对接。瓦姆管理层经过反复评估最终选择常州金蝶的 PHMES 系统，业务范围包括：产品建模、任务分配、现场报工、异常处理、质量管理、设备集成、统计分析等，该项目实施时间为 2019 年 4 月初至 2019 年 6 月底。

（二）项目实施方案与技术路线

1. 业务模型

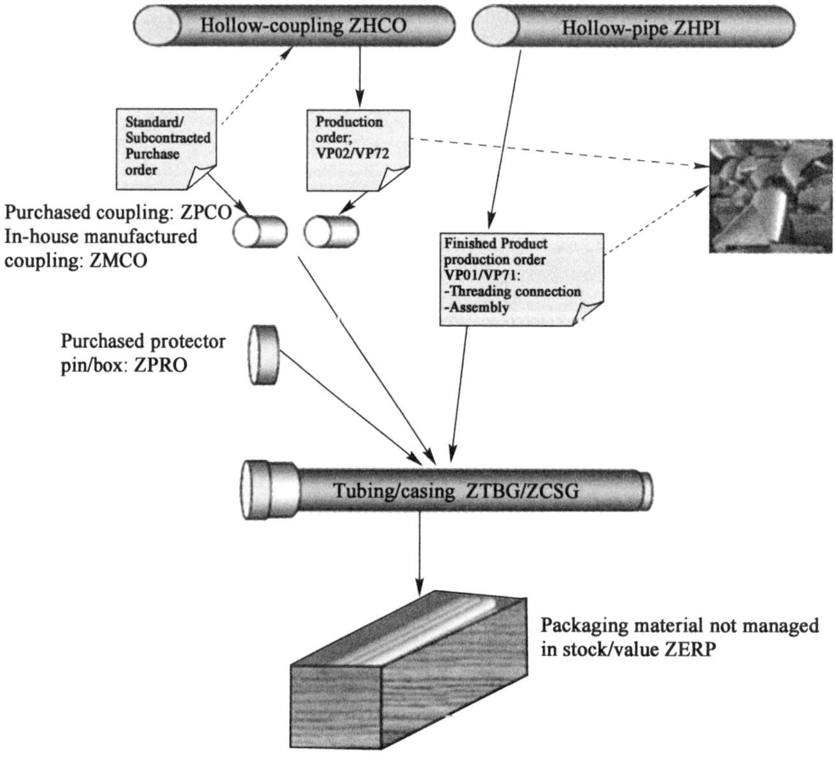

2. 工艺流程

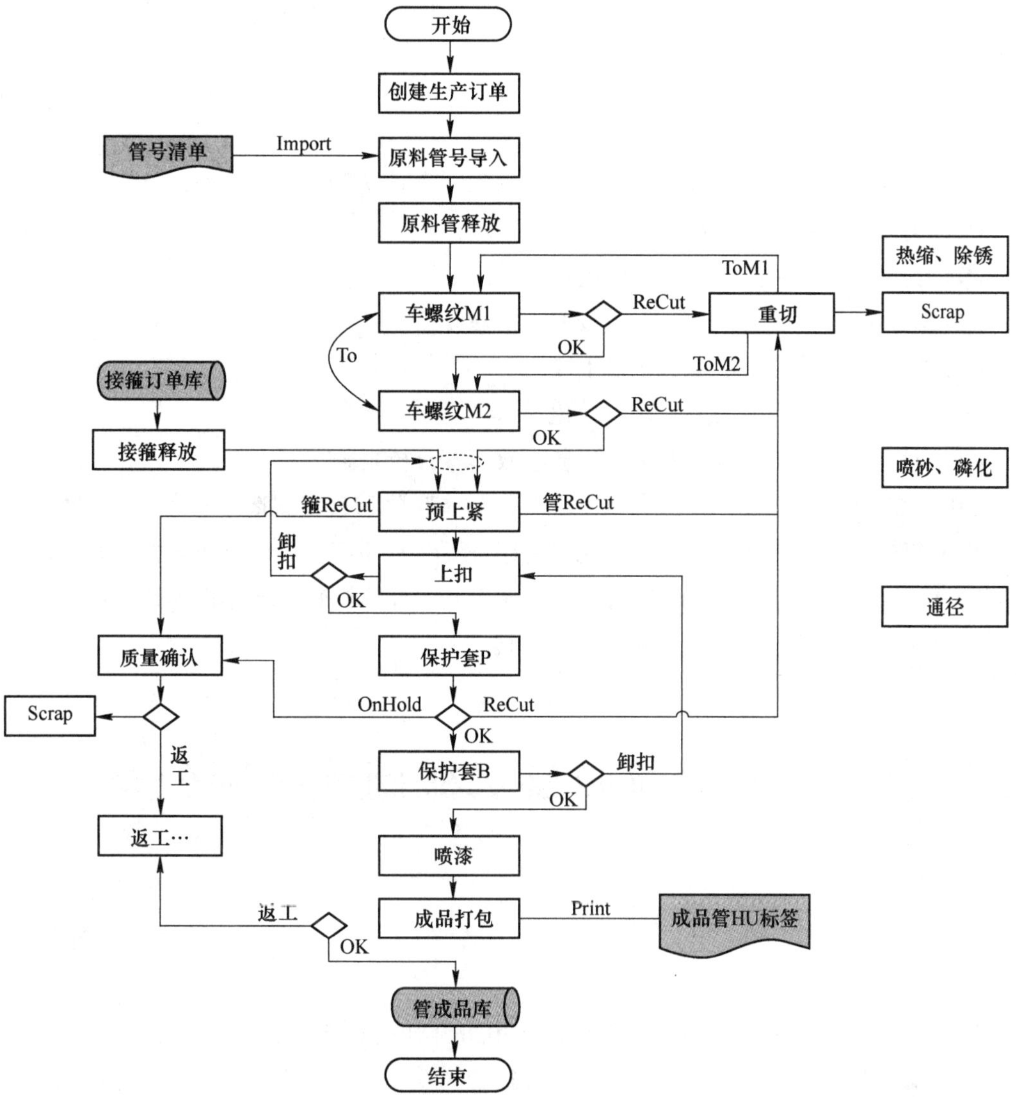

(三) 项目关键技术难点与经验总结

普华 MES 完善了工厂的业务模型，有效衔接人、机、料、法等环节。技术难点：质量追溯。

普华 MES 追溯模块涵盖了原料采购、生产过程、质量检验、产品交货等全制造流程。普华 MES 追溯模块可以对任意单件/批次产品追溯以下信息：

原料来源：如供应商、原料规格、批号/序列号、采购日期、进货检验信息等；

产品工艺实绩：实际加工路径及工艺，如员工、工位、关键工艺数据，实现责任到人；

质量检验：实际质检数据，包含过程检验、终验等。

同时普华 MES 追溯模块可以反查原料/零部件批次涉及的产品范围，实现精确定位、降低风险、提高追踪效率。

（四）项目成果与实施成效

（1）实现了生产订单实时全程跟踪，现场问题及时发现、及时处理；

（2）满足了对产品质量管理的可追溯性需求；

（3）实现了实时对员工实际工时进行绩效评估；

（4）工位间信息传递及时，整体效率大幅提升；

（5）提供了有效的工位防错防呆手段；

（6）关键设备的数据采集实现自动化；

（7）创建了丰富的机台、人员、任务、效率等分析报告。

2018—2020 年连续三年获得常州市“三位一体”优秀智能制造服务商。

2019 年被认定为常州市企业信息化优秀服务商和常州市企业信息化科普优秀机构。

1999—2020 年智能制造系统解决方案领域专利、计算机软件著作权累计授权 21 件。

2020 年获“江苏省智能制造领军服务机构”。

9　陕西恒凯诚盛机械制造有限公司

一、企业简介

陕西恒凯诚盛机械制造有限公司成立于 2020 年 12 月 15 日，公司地处于陕西省韩城市龙门镇凤山南路装备制造产业园，注册资金 1700 万元，现有厂房三个，总面积 7320 平方米。

公司成立以来瞄准市场前景，把握市场先机，通过良好的运营和管理，秉持以“顾客至上，质量一流”生产经营理念，实现公司不断的发展壮大。

经营范围：专用设备制造（不含许可类专业设备制造）；石油钻采专用设备制造；互联网设备销售；机械电器设备制造；机械设备租赁；劳务服务（不含劳务派遣）；技术服务、技术开发、技术咨询、技术交流、技术转让、技术推广；采矿行业高效节能技术研发；电力行业高效节能技术研发；机械设备研发；五金产品研发；电子、机械设备维护（不含特种设备）；五金产品制造；再生资源销售；水资源专用机械设备制造；互联网设备制造；污水处理及其再生利用；普通机械设备安装服务；机械设备销售；五金产品批发；五金产品零售（除依法须经批准的项目外，凭营业执照依法自主开展经营活动）。

二、公司取得业绩

2021 年为延长石油修复 ϕ73. 02×5. 51J55 油管 97 万平方米。

2021 年为中国石油煤层气集团公司修复及安装内衬 ϕ73. 02×5. 51J55 油管 16 万平方米。

为延长石油接箍扒皮 60 余万件。

为延长石油生产短节 6000 余根。

为延长石油生产井用工具 534 件。

三、公司生产能力

厂房一：现有车床 15 台，均为 2021 年 5 月完成安装，设备运行状态良好。其中 5 台采购自宝鸡机床厂，10 台采购自大连机床厂。可满足各种规格接箍、短节及井用工具加工管生产。

接箍镗孔扒皮加工能力：

ϕ120~200mm　3000 件/日

ϕ60~120mm　3500 件/日

现有油管修复及内衬生产线两条，所有设备均由洛阳水星天成石油设备有限公司安装调试。

修复能力：修复油管及内衬　150 万平方米

货物到达现场后两个厂家均需进行外观初步筛选，存在螺纹损伤可以修复的进入下道加工工序，管体损伤的下线。

采用中频加热方式，鑫业利用燃气锅炉对油管表面油脂进行热水清洗。

利用高压水对内外壁进行冲洗。

利用漏磁设备对管体进行探伤，合格的进行下道工序加工，不合格的进行标识。

对现场端损伤段进行切除，重新加工螺纹并检查。

对接箍进行检查，存在损伤的进行接箍更换。

经更换接箍和丝扣加工的油管，转入试压工序。油管试验压力为 26MPa，稳压 30S 不渗不漏为合格（也可根据甲方合同要求提升试验压力和稳压）。

对合格和不合格品分类，放置不同台架。

对加工的螺纹涂抹螺纹脂。

对合格品螺纹套护丝进行保护。

油管经机械手逐根自动转入喷漆线，对外壁进行喷漆防腐。防腐漆采用专用环氧带锈防锈清漆。油管防腐处理后，自动转入晾干架。

在距油管接箍 300mm 处打上本厂修复油管标识，再转入专用包装架，摆放整齐，并用钢带对油管分三段包装，每段分为三条，每 19 根/捆，然后转入产品合格暂存架。

钢结构生产线一条，包括电脑切割机一台，除锈设备一台，全自动电焊机 5 台，切断机 2 台。每年可生产钢结构 15 万吨。

四、公司优势

（1）公司为政府重点建设和扶持项目，园区能源供应充足，可满足整年的生产。

（2）公司所处位置地理优势较强，产品运输便捷，可做到陕西省境内加工产品当日发运当日达到现场，满足客户生产需求。

（3）公司有很好的管理和运营团队，运行成本低，具有较强的成本优势，秉承顾客至上的理念，快速响应顾客需求。

（4）公司设备为国内一线品牌，性能稳定，公司技术人员及操作人员素质高，经验丰富，产品质量高，具有很强的竞争优势。

10　晋义机械设备（上海）有限公司

一、企业简介

晋义机械设备（上海）有限公司是一家专注于“管类自动化生产加工设备解决方案”的企业，目前有上海金山工厂和上海青浦工厂，研发方向定位于汽车、石油、核电、工程机械、健身器材、物流输送、制冷行业、管材加工成套解决方案，主要以无屑切管机、双头倒角、弯管、钢管检测、钢管定尺线、钢管码垛打包线、管内抛光打磨、管件冲孔、管端成型、机器人自动化流水线、公司主要围绕上述领域和生产工艺为客户提供技术解决方案、工艺方法、品质管理、产线布局、产线装备以及人员培训和售后服务。

公司自创业以来，始终坚持“以用户为中心，质量第一，服务最好”的经验理念，始终贯彻“科学管理，持续改进；精益求精，品质卓越；技术创新，铸就品牌”的质量方针，以“引导绿色智能未来，让更多的信息技术参与工业制造，增加人与环境的和谐”的伟大愿景，专心致志发展管材加工业的智能化装备，以技术和服务推动中国管材加工业的发展，从而打造一个“三满意”“四卓越”的企业，树百年大计。

二、企业基本概况

企业名称	晋义机械设备（上海）有限公司				
地址	上海市金山区吕巷镇朱吕公路 6363 号			邮编	201500
法人代表	江爱云	电话	13585966862	企业性质	自然人投资
联系人	张义喜	电话	13818318236	联系人所在部门	销售
传真		021-57271078	电子信箱	13818318236@139.com	
企业成立时间		2018 年 10 月 12 日	企业网址	www.vip-jinyi.com	

续表

企业性质		自然人投资	钢管设计能力（万吨/年）	30	
企业员工人数（人）		45	其中：技术人员（人）	8	
装备及轧制工具制造（台/套）	2020 年	2021 年	装备及轧制工具出口（台/套）	2020 年	2021 年
	30	50		2	3
销售收入（万元）	2020 年	2021 年	利润总额（万元）	2020 年	2021 年
	3000	5000		—	—

11　南京中轻机械设备制造有限责任公司

一、企业简介

南京中轻公司是国企下的混合体制企业，成立于 1998 年，是国内唯一有央企性质的焊管设备制造单位，企业有员工 80 人。6000 平方米的装配车间，有两个机加工分厂，有加工中心和数控车床 30 多台。

公司专门致力于精密高端焊管设备的研究开发，公司的主打产品是柔性成型的大口径厚壁、高强度的焊管设备制造，FFX 成型机组已从 ϕ89 型到 ϕ711 型形成了系列产品，国内的大部分 FFX 成型设备均是本公司生产。

等刚性直接成方机组是公司的另一代表产品，克服了现有直接成方机组的刚性不足，稳定性差的缺点，并且在宝武集团、攀钢集团、涟钢集团得到运用。公司的高精度多道次冷弯型钢机组在建筑幕墙行业也是广泛得到运用。

二、企业基本概况

企业名称	南京中轻机械设备制造有限责任公司				
地址	南京市江宁区滨江开发区喜燕路 8 号			邮编	—
法人代表	林加荣	电话	13914755434	企业性质	股份制
联系人	刘静	电话	13851773918	联系人所在部门	办公室
传真		—	电子信箱	njzq001@126. com	
企业成立时间		1998 年	企业网址	www. njzqgs. com	
企业性质		股份制	钢管设计能力	加工中心及数控机床 30 台	

续表

企业员工人数（人）		80	其中： 技术人员（人）	20	
装备及轧制工模具制造	2020 年	2021 年	装备及轧制工具出口	2020 年	2021 年
	ϕ377mm ERW 生产线 1 条，ϕ508mm ERW 生产线 1 条，小规格 ERW 生产线 10 条	ϕ426mm ERW 生产线 1 条，200 方生产线 3 条，纵剪生产线 2 条；小规格 ERW 生产线 8 条		ϕ114mm ERW 生产线（印尼）1 条	ϕ219mm 和 ϕ89mm ERW 生产线（俄罗斯）2 条
销售收入（亿元）	2020 年	2021 年	利润总额（万元）	2020 年	2021 年
	1	1.3		—	—

12　扬州市管件厂有限公司

一、企业简介

扬州市管件厂有限公司成立于 1993 年 12 月，位于江苏宝应经济开发区，员工约 300 人，技术人员 55 人，公司系国家重点专精特小巨人企业、国家高新技术企业，“远扬”品牌荣获中国金属管件行业标志性品牌、中国驰名商标。公司总经理周家峰被推荐随习近平总书记、李克强总理出访德国、匈牙利、爱沙利亚、印尼、马来西亚、英国、希腊等国参加贸促商务活动。

业务领域：碳钢、合金钢、不锈钢、镍基合金管件（无缝、焊缝），品种包括弯头、三通、异径管、管帽、弯管等产品，配套于石油化工、海工、核电、油气输送等行业。

核心技术、技术领先性和创新性：拥有发明专利 10 项，承担过 10 多项省市级项目建设，参与 7 项国家及行业标准的制修订。近年来研究开发了“低温环境下油气输送用高强度大口径感应加热弯管”，可在中俄东线低温环境下使用，填补国内空白，达到国际先进水平。

经营战略：将主攻高端特种管件研发生产，强化与三大油等国有大型企业及外资化工巨头配套合作。与行业上下游龙头建立协同创新关系，与宝武、宝钛、太钢、华菱钢管、天津钢管等国有大型企业合作，为特殊行业的特殊材料进行专项研发，形成补链固链的基础条件。

主要客户群：是中石化、中石油、中海油、中国神华以及德国拜耳、巴斯夫、南非沙索公司等知名企业的核心供应商，参与秦山、红沿河、台山、福清、恰希玛、岭澳、昌江、阳江等核电建设项目。

公司在产业链中位置和地位：取得国家“专、精、特、新”小巨人、江苏省科技小巨人、江苏省质量信用AAA级、扬州市市长质量奖、江苏精品等称号，建有省企业技术中心、省工程技术研究中心、省工程研究中心、省博士后创新实践基地、省企业研究生工作站5个省级研发平台，与南京航空航天大学、哈尔滨工业大学、西北有色金属研究院、重庆大学、中石油管材所等高校院所有长期合作关系，取得美国、德国、法国、英国、中国等国船级社工厂认可、欧盟PED、俄罗斯CU-TR、加拿大CRN等国际认证。

二、企业基本概况

企业名称	扬州市管件厂有限公司				
地址	江苏省宝应经济开发区泰山东路66号			邮编	225800
法人代表	周家峰	电话	0514-88232888	电子邮箱	webmaster@yzsgjc.com
联系人	陆恒平	电话	0514-88203809	联系人所在部门	总经理办公室
传真		0514-88234143	电子信箱	webmaster@yzsgjc. com	
企业成立时间		1993年12月	企业网址	www. yzsgjc. com	
企业性质		民营股份制	管件设计能力（万吨/年）	4	
企业员工人数（人）		300	其中：技术人员（人）	55	
管件产量（万吨）	2020年	2021年	管件出口量（万吨）	2020年	2021年
	21100	20560		2688	2765
销售收入（万元）	2020年	2021年	利润总额（万元）	2020年	2021年
	46637	47453		—	—

三、管件生产工艺技术装备及产量情况

机组类型及型号		台套/条	产品规格范围（mm）	设计产能（t）	投产时间（年）
碳钢管件成型、焊接生产线	中频推制大煨弯机-WZG-D1220	1	最大 $\phi1220\times50$	6000	2017
	中频推制大煨弯机 WZG-D1620	1	最大 $\phi1620\times50$	6000	2017
	液压推制机-EDW-Q1067X55	1	最大 $\phi1067\times55$	3000	2017
	液压二步推制机 FZG-ⅡB	1	最大 $\phi720\times40$	3000	2015
	液压推制机 TW27r-480	1	最大 $\phi480\times40$	3000	2015
	液压二步推制机-EZG-ⅡB	1	最大 $\phi325\times40$	2500	2015
	液压二步推制机-EZG-ⅡB	1	最大 $\phi219\times30$	2000	2015
	四柱液压机-YX32-3000t	1	压力1500t，功率88kW	—	2019
	四柱液压机-YX32-500t	1	压力500t，功率45kW	—	2016

续表

机组类型及型号		台套/条	产品规格范围（mm）	设计产能（t）	投产时间（年）
碳钢管件成型、焊接生产线	四柱液压机-YX32-315t	4	压力 315t，功率 45kW	—	2017
	弯头自动埋弧焊-WGJ50	1	ϕ610～1820，壁厚大于 10	3000	2019
	弯头埋弧焊-SAW20	1	ϕ610～2220，壁厚大于 10	3000	2019
	弯头自动埋弧焊-SAW30	1	ϕ610～3020，壁厚大于 10	3000	2019
	合计	13			
不锈钢管件型生产线	冷挤弯头成型机 YWT-630/4200	1	最大 ϕ630×50	3000	2018
	冷挤弯头成型机 YB32-500-600t	1	最大 ϕ426×40	3000	2018
	冷挤弯头成型机 YB32-160-200t	1	最大 ϕ168×25	2000	2018
	冷挤弯头成型机 YK72-100t/90t	1	最大 ϕ114×20	1000	2018
	三通冷挤成型机 YKST-2500t/1200t×2	1	最大 ϕ610×30	3000	2019
	三通冷挤成型机 YKST-1200t/800t×2	1	最大 ϕ273×30	3000	2019
	三通冷挤成型机 YKST-400t/350t×2	1	最大 ϕ114×20	2000	2019
	合计	7			

四、企业管件主导产品

产品名称	规格范围（外径范围×壁厚范围）（mm）	执行/采用标准	实际产量（t）	
			2020 年	2021 年
管线钢管件	(33.4～1219) × (3.38～38.89)	SY/T 0609 MSS SP-75	1220	1180
流体钢管件	(21.3～2820) × (2.77～30.96)	GB/T 12459 ASME B16.9	9350	6380
高压锅炉管管件	(21.3～610) × (2.77～46.02)	GB/T 12459 ASME B16.9	1950	2550
低温钢管件	(21.3～1422) × (2.77～30.96)	GB/T 12459 ASME B16.9	2300	3300
奥氏体不锈钢管件	(21.3～2422) × (2.11～30.96)	GB/T 12459 ASME B16.9	6280	7150

13　河南省南阳市西峡县三胜新材料有限公司

一、企业简介

西峡县三胜新材料有限公司位于中国中部的河南省南阳市西峡县境内，距离南阳机场

110km，每天有飞机直飞北京、上海、广州、深圳、济南、成都、杭州、南宁、海口、天津、大连等十余座城市，距离南阳高铁站100km，每天有高铁通达全国各大城市，境内高速公路及铁路四通八达，地理位置优越，交通方便。

公司占地面积50000多平方米，建筑面积35000多平方米，固定资产5508万元，有3个生产厂区，分别从事润滑剂、水性漆及油性漆、石墨选矿及深加工、炼钢辅料的生产，有多种自动化生产设备200多台（套），为现代化的花园式工厂。

公司成立于1998年，已于2006年通过ISO 9001：2008质量管理体系认证、ISO 14001：2004环境管理体系认证、OHSAS18001：2007职业健康安全管理体系认证。

公司目前产品销往中国国内二十余个省市的150余家客户，并出口韩国、泰国、印度、美国等市场。西峡地处中国暖温带和亚热带气候分界线中部，秦岭山脉南坡，山清水秀，四季分明，景色壮美秀丽，我们热情欢迎国内外朋友和客户来公司考察和指导工作。

二、公司主要产品

（1）高温润滑剂与防氧化剂生产，其中：高温润滑剂：年生产能力30000吨；防氧化剂：年生产能力10000吨；该类产品国内市场占有率达80%以上。

（2）特种涂料：功能性涂料：阻尼涂料、疏油疏水涂料、超爽滑涂料；智能涂料：变色涂料。

（3）中、重防腐涂料：防腐等级达C4、C5级，用于港口机械、码头设施、船舶、炼油化工设施等。

（4）交通车辆用水性漆与油性漆：二轮、三轮、四轮电动和机械动力车用各种颜色水性、油性漆的生产：年生产能力20000吨，其中油性涂料年生产能力8000吨，水性涂料年生产能力12000吨。

（5）各种管道、钢结构用防腐油性、水性涂料：年生产能力各8000吨，共16000吨。

（6）炼钢用辅助材料：引流装置、各种保护渣、无缝钙线、烧结剂、喷煤剂等，年生产能力30000吨以上。

（7）特种金属高温热处理用防氧化保护涂层：年生产能力3000吨。

目前产品销往中国国内二十余个省市的150余家客户，并出口韩国、泰国、印度、美国、俄罗斯等市场。西峡地处中国暖温带和亚热带气候分界线中部，秦岭山脉南坡，山清水秀，四季分明，景色壮美秀丽，我们热情欢迎国内外朋友和客户来公司考察和指导工作。

三、水性漆分类说明

起重机行业：目前主要市场为河南长垣，以河南矿山起重机为主的四十余家客户，以单组分自干底漆和面漆为主，少量双组分环氧富锌底漆、双组分云铁中涂漆、双组分聚氨酯面漆，2015年后半年至2017年上半年以试用为主，2017年6月11日第一批8吨水性漆送达客户现场，开始正式使用至今，平均每天用货量5吨左右。

管道行业：主要用于油田，我公司生产此类漆已有十多年历史，为中期防腐漆，全部为单组分底面合一漆，国内外客户使用我公司油漆和水性漆的钢管类产品每年不低于 150 万吨，以黑色为主，少量为透明漆，每年漂洋过海出口的钢管产品不少于 50 万吨，2018 年 7 月以后约一半客户转用水性漆。

机械配件行业：以水性单组分自干或低温烘烤浸涂漆为主，目前每月供货量 50 吨左右。

电动车行业：以水性双组分或氨基烤漆为主，人工喷涂，目前每月供货量 30 吨左右。

煤矿机械行业：目前客户主要为郑煤机和下属企业综机公司，以水性单组分自干和低温烘烤漆为主，少量的双组分底漆、双组分面漆。

轮毂行业：目前供应的客户有：洛阳万路达洛阳豪邦山东导航山东中通山东统一车轮等。

四、企业资质和荣誉

（1）营业执照；（2）企业名称变更核准通知书；（3）开户许可证；（4）信用机构代码证；（5）高新技术企业证书；（6）建筑业企业资质证书（防水防腐保温工程专业承包贰级）；（7）环评报告；（8）排污许可证；（9）ISO 9001：2015 质量管理体系认证；（10）ISO 14001：2015 环境管理体系认证；（11）OHSAS18001：2007 职业健康安全管理体系认证；（12）商标注册证；（13）“2019 年度长垣国际起重装备博览交易会”优秀供应商；（14）河南省科技型中小企业证书；（15）河南省著名商标；（16）实用新型专利证书；（17）2019 年度防腐行业“口碑诚信企业”；（18）中国化工学会涂料涂装专业委员会会员单位；（19）河南省涂料行业协会第二届会员单位；（20）北京钢结构协会会员单位；（21）民企参军一站式综合服务平台会员单位；（22）中国高科技产业化研究会、军民两用技术创新工作委员会会员单位；（23）中国石油和石化工程研究会、石油化工技术装备专业委员会会员单位；（24）南阳市防腐涂装涂料工程技术研究中心；（25）2020 年石油化工行业重点推荐供应商；（26）企业荣誉墙。

14　无锡中油瑞德防腐科技有限公司

一、企业简介

无锡中油瑞德防腐科技有限公司是由防腐行业具有丰富经验的专业团队共同创办，公司致力于成为防腐行业提供一站式服务的优秀企业。

公司以技术为先导，积极引进与研发先进的防腐技术和工艺，我们的防腐生产设备和防腐技术拥有多项实用新型专利，公司被授予瞪羚企业、科技型中小企业、高新技术企业。

我们专注于石油输送钢质管道、天然气及特殊气体输送钢质管道、航空及舰艇燃油输送钢质管道、饮用水输送钢质管道、矿浆输送钢质管道、各种管道配套管件、储罐等外表面和内表面的防腐、保温等多种类型的防腐工艺，有效的延长了管道、管件、储罐等使用寿命，节约大量后期维护及更换成本。

为了更好的服务客户，我们已在包头、烟台、靖江成立了分支机构，靠近钢管生产厂，大幅度节约物流成本。

我们建立了完善的管理体系并取得了体系认证证书和防腐行业相关认证证书。同时，我们已经建立 ERP 信息管理系统，利用强大的软件平台提升了客户服务能力。

我们凭借优异产品质量和售前、售中、售后的专业服务，取得了良好的市场口碑。我们的防腐产品出口美国、俄罗斯、阿尔及利亚、阿曼、澳大利亚、柬埔寨、伊拉克、伊朗、印度、马来西亚、墨西哥、巴基斯坦、乌兹别克斯坦、土库曼斯坦、苏丹、泰国、巴拿马、秘鲁、智利、西班牙、沙特、委内瑞拉等 20 多个国家。

无锡中油瑞德防腐科技有限公司成立于 2014 年，截止到 2022 年，我们围绕优秀钢管制造厂家，陆续成立了包头分公司（毗邻包钢无缝钢管厂）、烟台子公司（毗邻宝武集团鲁宝钢管厂）和靖江子公司（毗邻中信特钢旗下靖江特殊钢公司），后续我们还将继续布局全国，为客户提供更好和更优的服务。

我们建立了完善的质量管理体系、职业健康安全管理体系和环境管理体系，并取得了 GB/T 19001—2016，ISO 9001—2015（API），GB/T 45001—2020 和 GB/T 24001—2016 的体系认证证书。针对防腐行业，我们取得了国家质量监督检验检疫总局颁发的 TS 压力管道元件防腐生产许可（AX 级）、防水防腐保温工程专业承包壹级资质证书和美国石油协会的 API Q1 防腐生产认证证书。

我们于 2020 年建立 ERP 信息管理系统，利用强大的软件平台提升了客户服务能力。目前我司客户共计约 200 个，遍布国内和海外 20 个国家和地区。自 2019 年我们的销售额均超过亿元，并不断向新的高度进发。

未来，瑞德人将以“专业、专注、专心”为导向，不断提升服务能力；紧紧围绕客户的核心需求，继续推进防腐技术和设备研发，为客户提供更加优质的防腐产品和服务；打造全领域能源防腐系统安全运行优质服务的平台。

二、企业基本概况

企业名称	无锡中油瑞德防腐科技有限公司				
地址	无锡市惠山区洛社镇枫杨路 10 号			邮编	214187
法人代表	于瑞祥	电话	15061808738	电子邮箱	yu. ruixiang@readycoating. cn
联系人	秦守城	电话	15852740519	联系人所在部门	销售部
传真		0510-83301589	电子信箱	yu. ruixiang@readycoating. cn	
企业成立时间		2014 年 5 月 19 日	企业网址	www. readycoating. net	

续表

<table>
<tr><td colspan="2">企业性质</td><td>民营</td><td>钢管设计能力（万吨/年）</td><td colspan="2">防腐加工产能：50</td></tr>
<tr><td colspan="2">企业员工人数（人）</td><td>120</td><td>其中：技术人员（人）</td><td colspan="2">25</td></tr>
<tr><td rowspan="2">钢管产量（万吨）</td><td>2020 年</td><td>2021 年</td><td rowspan="2">钢管出口量（万吨）</td><td>2020 年</td><td>2021 年</td></tr>
<tr><td>15（110 万平方米）</td><td>25（160 万平方米）</td><td>—</td><td>—</td></tr>
<tr><td rowspan="2">销售收入（万元）</td><td>2020 年</td><td>2021 年</td><td rowspan="2">利润总额（万元）</td><td>2020 年</td><td>2021 年</td></tr>
<tr><td>6000</td><td>12000</td><td>—</td><td>—</td></tr>
</table>

三、生产能力和主要设备

（一）生产能力

外防腐生产组距：外径 22～1620mm；外防腐类型包括 FBE、2FBE、2LPE、3LPE、3LPP、防腐保温、热缠带以及各类液态环氧涂层。

内防腐生产组距：60～1620mm；内防腐类型包括：油管和钻杆专用内涂层、FBE、液态环氧减阻涂层（输气）、无溶剂液态环氧涂层（输水）、酚醛类环氧涂层（输油）、环氧陶瓷涂料等多种类型内涂层。

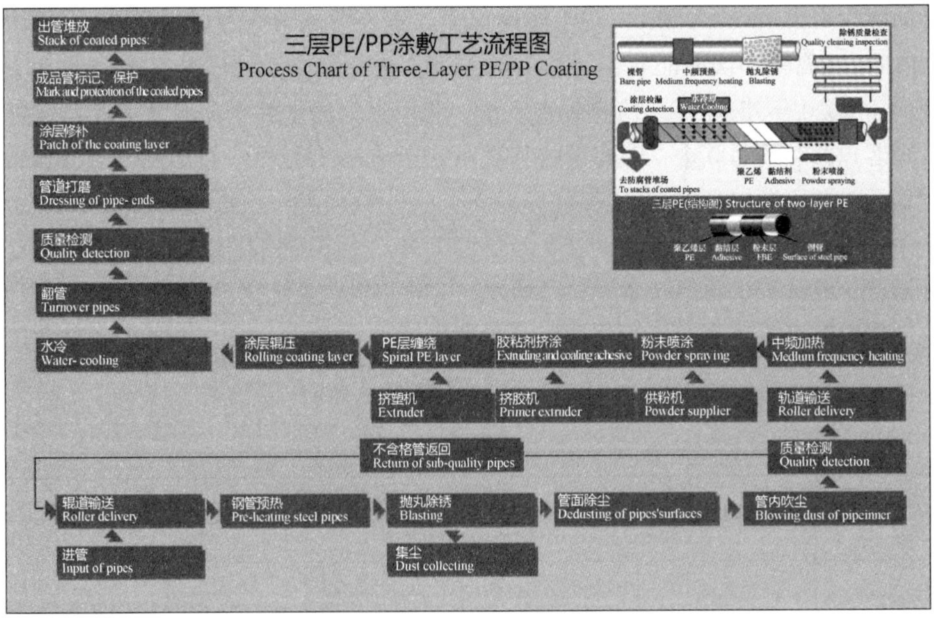

无锡公司、包头分公司、烟台子公司和靖江子公司的年涂敷生产能力均为 300 平方米，折合钢管及管件约 20 万吨。各分支机构协同服务客户，根据不同的防腐类型，分支机构除了常规的内外防腐生产线以外，还各有特色防腐线配置。

无锡公司：管件 PE/PP 缠绕生产线，目前已供货多家知名公司。

包头公司：油套管 FBE 内防腐生产线，已完成供货长庆油田 73×5.51 油管 FBE 内防腐 96kM。

烟台子公司：包覆式 3PE 防腐生产线，适用于 32～168mm 组距的小口径钢管 3PE 防腐，已经完成 100kM 小口径钢管 3PE 防腐聚氨酯发泡保温生产线，可以一步法和二步法，已完成京博项目 70kM 保温项目和大港油田埕海项目 24kM 的保温项目。

靖江子公司：油套管 FBE 内防腐生产线，弯管 PE/PP 防腐生产线。

（二）防腐原材料及主要设备

为了保证产品质量，我们常用原材料均为中石油防腐公司甲级供应商名录的原材料，也可以根据客户需要订购指定原材料。

常用 FBE 供应商：威士伯，天津立邦，天津瑞远。

常用 AD 供应商：鹿山、鹏达。

常用 PE/PP 供应商：鹿山、佳合、东方普洛、余姚、幅员。

公司以技术为先导，积极引进与研发先进的防腐技术和工艺，我们的防腐生产设备和防腐技术拥有多项实用新型专利，用科技武装设备，提供生产效率和产品质量，我们生产设备的使用新型专利超过 10 项，还在不断更新中。检测设备齐全，涂层检测规范，操作人员经验丰富。目前，我们已在筹建江苏省技术中心和申请国家 CNAS 实验室认证，将进一步提升公司的检测能力。

（三）包装防护措施

对于来料的吊装转移、裸管的堆存和防腐成品的堆存，公司有规范的程序文件，并严格按照相关要求执行，符合公司 HSE 规定。吊装由专业人员负责，保护客户财产安全，数据准确。防腐成品合理防护，避免涂层损伤。

吊装转移：起重设备和对应的吊具满足卸货的重量要求，起重设备经过认证，禁止超负荷吊装。裸管的吊装宜采用尼龙吊带或带防护的挂钩，严禁钢丝绳直接接触管体导致管体划伤同时避免挂钩损失管端。吊装索具必须做好防护，避免损坏钢管管端和涂层。严禁在涂敷管道上使用链条和非防护吊索。起吊时应特别小心，避免被涂敷的管道相互撞击和其他硬物。

裸管堆存：裸管堆放场地不得有油脂类以及其他影响裸管或涂层的污染物。如室内堆放，用于堆放裸管的场地需硬化平整，并且有合适的堆垛防护和隔离设施和加固设施。如室外堆放，需先平整地面，并提供不低于 100mm 高度的有效支撑，一般支撑距离不超过 3m。室外场地还需具备良好的排水系统。

防腐成品堆存：防腐管应按规格分开堆放，并应排列整齐、有明显标识。防腐成品管堆放场地，地面要做保护。堆放场地应平整，地面防护需高度不小于 60mm 的垫木或者高度不小于 80mm 的草袋或沙袋等软物支垫，保证防腐管离地面至少为 50mm。柔性支撑间距不超 3m（至少需 3 道支撑），且支撑宽度至少 50mm。对于有立柱隔离分区的堆放场地，需对立柱用宽尼龙带、塑料瓦楞板、橡胶板等软物防护，防护厚度不低于 10mm，防护物必须覆盖立柱和防腐管可能接触的所有地方。堆放过程中应避免硬物混入管垛，导致防腐层的损坏。防腐成品管露天存放时间若需存放 60 天以上时，用不透明遮盖物对防腐管进行遮盖。

（四）物流方案

瑞德公司及各分支机构均选择优越的地理位置，为客户提供多种运输方案，节约物流成本。主要物流方案有：公路汽车运输、铁路车皮运输、公路/铁路集装箱运输和水路驳船运输。选择合理的物流方案，做好对应的防护措施以避免涂层损伤也是重点工作之一。

公路汽车运输：底板防护：车辆的底部放高度不小于 50mm 的垫木或者高度不小于 80mm 的草袋，防腐管离车辆底板至少为 50mm。立柱防护：侧面立柱和防腐管接触部分需做好防护，宽尼龙带、塑料瓦楞板、橡胶板或草袋等软物防护，防护厚度不低于 10mm。装车过程中应避免硬物混入管垛损坏防腐层。装车完成以后如果需对整车钢管进行捆紧加固，加固必须用尼龙带，不得使用铁链、细绳等容易导致防腐层损坏的索具。

铁路车皮运输：每个火车底板需用二道直径不小于 50mm 的布质硬防撞绳进行隔离保护，避免防腐管和火车车皮底板直接接触。每个火车侧板需要用二道直径不小于 50mm 的布质硬防撞绳隔离保护，且防撞绳需用透明胶带固定在火车侧板，避免防腐管直接接触火车侧板。

公路/铁路集装箱运输：每个集装箱底板需用三道直径不小于 50mm 的布质防撞绳进行隔离保护，避免防腐管和集装箱底板直接接触。每个集装箱侧板需要用三道直径不小于 50mm 的布质防撞绳进行隔离保护，且防撞绳需用透明胶带固定在瓦楞面的突出面上，避免防腐管直接接触集装箱侧板。集装箱内货物的重量应前后左右相对均匀，避免出现集装箱的前后或者左右明显偏重情况。

水路驳船运输：船舱底部和船身两侧应安放木质或木质边缘支撑条，每垛钢管所使用的支撑条不少于 4 根；对于不规则的船舱应设有能承载的支撑架，以固定船舱内的钢管，但支撑架与钢管接触部位应安放木条、草垫或胶皮保护；运载时，每一根钢管都应和相邻的钢管、木块完全接触。为防止海水腐蚀，钢管应用防雨布盖好。

四、产品介绍

（一）防腐类型

FBE / 2FBE / 耐UV FBE

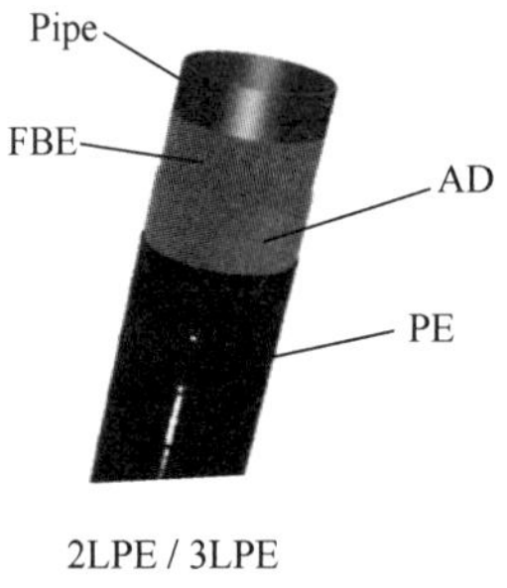

2LPE / 3LPE

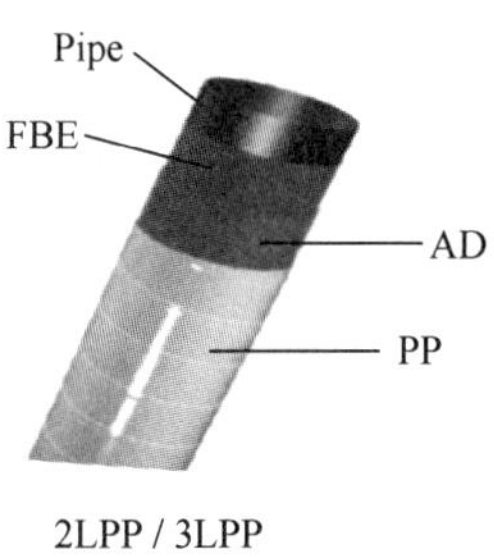

2LPP / 3LPP

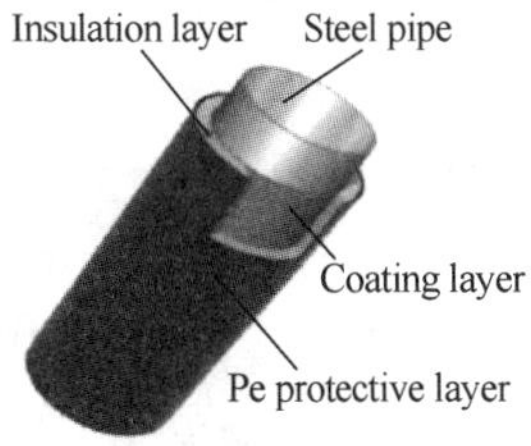

聚氨酯发泡保温

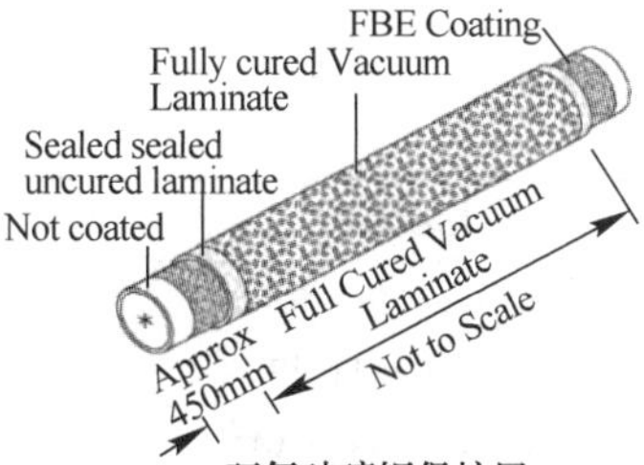

环氧玻璃钢保护层

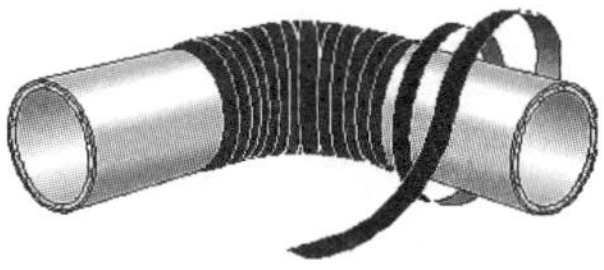
PE / PP 缠带

外防腐类型示意图

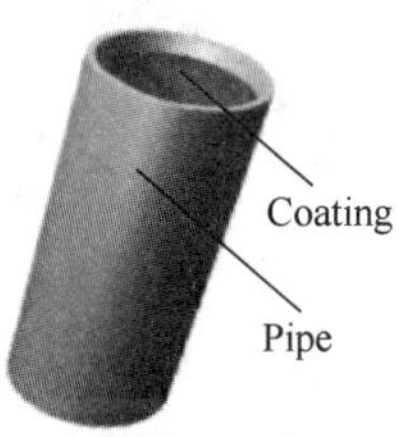

FBE

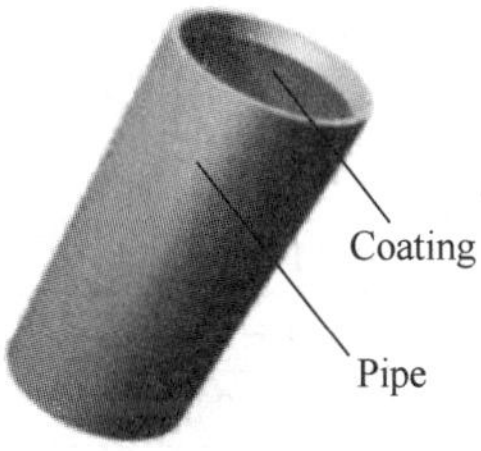

液态环氧

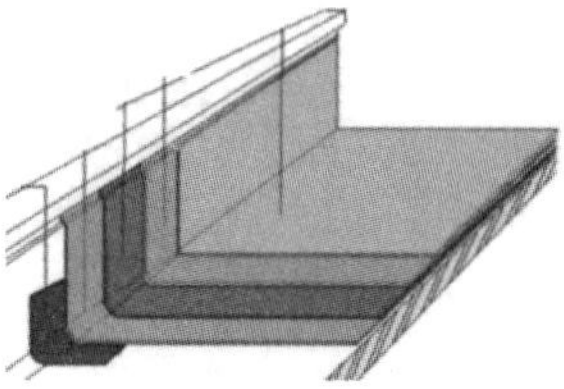
其他特殊涂层

内防腐类型示意图

耐紫外线2FBE

FBE

2FBE

碳钢管3LPE

不锈钢管3LPE

黄夹克3LPE

碳钢管3LPP

不锈钢管3LPP

钻杆内涂层

油管内涂层

FBE内涂层

环氧酚醛+FBE

输气环氧内涂层

输水环氧内涂层

航空煤油环氧内涂层

环氧陶瓷内涂层

（二）防腐标准

涂层类型	标准名称	国家、地区及企业
外防腐：2LPE 及 3LPE	DIN 30670—2012	德国
	ISO 21809-1：2018	国际
	CSA Z245. 21—2018	加拿大
	NF A 49-710—1988	法国
	GIS 06-403—2007	BP
	DEP 31. 40. 30. 31-GEN—2017	SHELL
	GB/T 23257—2017	中国
	JIS G 3469—2010	日本
	DNV RP F106—2003	挪威
外防腐：3LPP	DIN 30678—2013	德国
	ISO 21809-1：2018	国际
	NF A 49-711—1992	法国
	GIS 06-403—2007	BP
	DEP 31. 40. 30. 31-GEN—2017	SHELL
	SY/T 7041—2016	中国
外防腐：聚氨酯发泡保温	EN 253—2009	欧盟
	GB/T 50538—2010	中国
外防腐：PE/PP 缠带	ISO 21809-1：2016	国际
	SY/T 0414—2017	中国
	GB/T 23257—2017	中国
外防腐：液态环氧涂层	ISO 12944-5—2007	国际
	AWWA C210—2015	美国
内防腐：FBE 类涂层	AWWA C213—2015	美国
	SY/T 0442—2010	中国
	SY/T 0544—2010	中国
内防腐：液态环氧涂层	AWWA C210—2015	美国
	API RP 5L2—2002	美国
	SY/T 0457—2010	中国
外防腐：FBE 及 2FBE	CSA Z245. 20—2018	加拿大
	ISO 21809-2：2014	国际
	AWWA C213—2015	美国
	API RP 5L9—2001	美国
	NACE RP 0394—2002	美国
	DNV RP F106—2003	挪威
	SY/T 0315—2013	中国

第四篇

2020—2021 年中国钢管行业生产企业产量及主要品种统计

表 4-1　2020 年钢管分会会员企业无缝钢管主要经营指标及主要品种统计表

序号	企业名称	年产量（万吨）	出口量（万吨）	销售额（万元）	利润（万元）	主要品种产量（万吨）														
						油井管	管线管	流体管	高压锅炉管	低中压锅炉管	气瓶管	结构管	机械管	低温管	液压支柱管	油缸管	汽车管	火车管半轴管	钻探管	三化用管
1	天津钢管制造有限公司	223.78	25.07			66	15	64	6	1	9	7	1	2	3	5				
2	宝钢股份钢管条钢事业部	154.2	13.32	1176437	29516	56.95	7.13	49.24	20.42	1.51	1.24	6.95		1.28	0.01		2.58	0.36	2.82	
3	衡阳华菱钢管有限公司	155.8	29.8	913235.45	21816.33	38.06	24.49	29.97	11.8	1.76	9.06	7.94	9.05	1.9	9.81		8.62			
4	鞍钢股份无缝钢管厂	20.55		81946	−21905	5.04	0.09		0.84	0.34					0.02					
5	内蒙古包钢钢管有限公司	133.32	1.37	580000		31.17	8.19	65.23	2.56	1.78	2.73	8.15	0.2	0.41	0.49		5.33			3.89
6	大冶特殊钢有限公司	89	14	1900000	150000	3.5	1.2	0.3	7.1	0.2	3.4	16	48	0.2	2.5		4.5			2.1
7	黑龙江建龙钢铁有限公司	61.78	0.94	986222	42548	27.8	0.53			0.13	0.38	28.45			1.1				1.964	
8	林州凤宝管业有限公司	118.69	2.85	535819	13876.23	34.95	2.97	43.96	0.24	0.13	0.12	7.18			18.37					

续表 4-1

序号	企业名称	年产量（万吨）	出口量（万吨）	销售额（万元）	利润（万元）	主要品种产量（万吨）														
						油井管	管线管	流体管	高压锅炉管	低中压锅炉管	气瓶管	结构管	机械管	低温管	液压支柱管	油缸管	汽车管	火车管半轴管	钻探管	三化用管
9	江阴华润制钢有限公司	33.81	1.86	184265	558	7.37	1.6	16.6	0.74	2.91	2.55		7.57		1.6					
10	山东磐金钢管制造有限公司	192.5	40.5	825115	18055			192.5												
11	常熟市无缝钢管有限公司	3.31	0.49	26015	345			2.5031	0.0727	0.0127		0.343	0.16	0.0598			0.1602			
12	上海天阳钢管有限公司	0.9	0.05	11000	520			0.4					0.4				0.5			
13	扬州诚德钢管有限公司	8.42	3.94	108861	3556	0.058		0.267	4.529	1.019	0.761		0.443	0.8				（核电管）0.02		1.323
14	德新钢管（中国）有限公司	13.86	1.31	142000	5500	无缝不锈管 0.4	0.16	6.05	1.51	1.12	2.1	0.35								1.73
15	浙江久立特材科技股份有限公司	4.96（焊管 5.93）	4.6	49.55 亿元（包括焊管）	7.71 亿元（包括焊管）															

续表 4-1

序号	企业名称	年产量（万吨）	出口量（万吨）	销售额（万元）	利润（万元）	主要品种产量（万吨）														
						油井管	管线管	流体管	高压锅炉管	低中压锅炉管	气瓶管	结构管	机械管	低温管	液压支柱管	油缸管	汽车管	火车管半轴管	钻探管	三化用管
16	浙江伦宝金属管业有限公司	4.7		25695	2145			0.88		0.1		1.23	0.7				1.1			
17	鑫鹏源智能装备集团有限公司	75.67	3.39	335747.43	5036.21	0.32（钛合金管）		46.12				28.12			1.43					
18	邯郸新兴特种管材有限公司	0.7	0.23	13491	2230															
19	磐石铸诚无缝钢管有限公司	12.9		61575	220	4.12	1.47	4.27	0.28	0.59		0.16	0.2	0.2	0.2		0.61			0.1
20	江苏立万精密制管有限公司	8	1	42000	1500							0.5	1				0.5			
21	苏州钢特威钢管有限公司	0.6	0.06	21000	1800	无缝不锈管 0.6														
22	山东大洋钢管制造有限公司	32	0.3	150000	50							20	3		0.5		0.25			

续表 4-1

序号	企业名称	年产量（万吨）	出口量（万吨）	销售额（万元）	利润（万元）	主要品种产量（万吨）														
						油井管	管线管	流体管	高压锅炉管	低中压锅炉管	气瓶管	结构管	机械管	低温管	液压支柱管	油缸管	汽车管	火车管半轴管	钻探管	三化用管
23	江苏界达特异新材料股份有限公司	9.5	0.5	83000	35000				0.2				1.8	2.5	0.5		2			
24	江苏宏亿钢管有限公司	4.5（含焊管）		40000	4500												1.6			
25	山东永安昊宇制管有限公司	10		26000	1050		0.5	2	2	2		3.5								
26	天津正安无缝钢管股份有限公司	3.2		21000	1589			0.4	2.2	0.4										
27	浙江华丰新材料股份有限公司					连续缠绕玻璃钢夹砂管（简称CWFP）														
28	常州盛德鑫泰新材料股份有限公司	9.11	0.3	81800	5600		0.7		8.2	0.2										

续表 4-1

序号	企业名称	年产量（万吨）	出口量（万吨）	销售额（万元）	利润（万元）	主要品种产量（万吨）														
						油井管	管线管	流体管	高压锅炉管	低中压锅炉管	气瓶管	结构管	机械管	低温管	液压支柱管	油缸管	汽车管	火车管半轴管	钻探管	三化用管
29	山东临沂金正阳管业有限公司	103.39	2.58	372110.37	24743.48			103.39												
30	天津天钢石油专用管制造有限公司	4.6																		
31	浙江五洲新春集团股份有限公司	1.6		196000	6700	轴承钢管 ϕ17～91mm														
32	山东金宝诚管业有限公司	27.28		138345	−606			16.02		4		7.26								
33	湖北加恒实业有限公司	5.65		38000							0.12		0.2	3.9			0.05			
34	瓦卢瑞克天大（安徽）股份有限公司	25	15	186188	40590	13	4	5	2								2.22			
35	河北金奥精工制造股份有限公司	2.22	0.35	14308.6	32															

续表 4-1

序号	企业名称	年产量（万吨）	出口量（万吨）	销售额（万元）	利润（万元）	主要品种产量（万吨）														
						油井管	管线管	流体管	高压锅炉管	低中压锅炉管	气瓶管	结构管	机械管	低温管	液压支柱管	油缸管	汽车管	火车管半轴管	钻探管	三化用管
36	江苏常宝钢管股份有限公司	43.45	13.11	342489	34728	25.05=22.35+2.7（钻具）	1.49	1.55	12.95	0.0337	0.02	1.22	1.05	1.25	0.24	6.95	0.52			
37	靖江特殊钢有限公司	56	8.78	432222	20000	6.79	6.24	10.98	6.83	0.87	14.02		2.16							
38	浙江博盛钢业集团有限公司	1.022	0.0226	21654	632		0.04	0.48	0.05	0.26		0.08								0.54
39	江苏新长江无缝钢管制造有限公司	25.86	1	86065	2086	0.35	0.96	17.27	5.49	0.26	0.55			0.19	0.15					0.45
40	上上德盛集团股份有限公司	1.432	0.001	44395	1254	新工艺不锈管 1.55	0.0123	0.6253	0.7431		0.032	0.0193								
41	江苏省常熟市异型钢管有限公司	3.5	1.052	29336	2206				1.7	1.08		0.46								
42	河南豫龙管业有限公司第一分公司	12		85000					10		1				1					

续表 4-1

序号	企业名称	年产量(万吨)	出口量(万吨)	销售额(万元)	利润(万元)	主要品种产量(万吨)														
						油井管	管线管	流体管	高压锅炉管	低中压锅炉管	气瓶管	结构管	机械管	低温管	液压支柱管	油缸管	汽车管	火车管半轴管	钻探管	三化用管
43	云南曲靖钢铁集团凤凰钢铁有限公司	10		80000	1000				10											
44	无锡市东群钢管有限公司	7.0091		48703					2.5	2.8										
45	无锡大金高精度冷拔钢管有限公司	2.69	0.26	22000									2.96							
46	扬州龙川钢管有限公司	31	11	286766																
47	山东汇通工业制造有限公司	63	3.1	247079		1		5	0.1	1.5		5	32	0.5	10		0.6			
48	内蒙古北方重工业集团有限公司	3.04		49000					3.04											
合计		1849.2731	202.1356																	

表 4-2　2021 年中国钢管行业无缝钢管企业产量及主要品种统计

序号	企业名称	年产量（万吨）	出口量（万吨）	销售额（万元）	主要品种产量（万吨）														
					油井管	管线管	流体管	高压锅炉管	低中压锅炉管	气瓶管	结构管	机械管	低温管	液压支柱管	油缸管	汽车管	火车管汽车半轴	钻探管	三化用管
1	天津钢管制造有限公司	256.14	37.47		78	26	60	4	1	13	8	1	3	1	8	2			
2	宝钢股份钢管条钢事业部	144.56	18.27	1386795	58.37	8.95	36.79	15.35	1.31	2.82	7.85		0.87	0.01		2.16	0.11	1.66	
3	衡阳华菱钢管有限公司	169.4	39.7	1260557.23	50.48	26.02	28.51	11.94	1.97	16.51	7.68	10.48	1.05	6.76		5.77		0.09	
4	鞍钢股份无缝钢管厂	7.12		34015	1.59	0.03	3.1	0.21	0.28		0.61			0.1			0.38		4.51
5	内蒙古包钢钢管有限公司	156.91	2.62	820000	41.8	9.06	76.58	2.82	2.88	4.25	6.86	0.34	0.7	1.43		3.5			2.2
6	大冶特殊钢有限公司	90	18	2300000	3.4	1.4	0.2	7.4	0.3	3.7	16	48		2.6		4.5			
7	黑龙江建龙钢铁有限公司	68.76	2.13	1194755	41.2	0.76				0.89	20.39		0.3	1.84				1.58	
8	林州凤宝管业有限公司	121.14	3.86	632363	32.9	3.53	37.07	0.79	0.49	0.56	12.04		0.038	20.51	0.12	5.88		0.53	
9	江阴华润制钢有限公司	33.71	2.61	185405	8.44	1.55	16.05	0.69	3.89	2.93		8.54		1.55					

续表 4-2

序号	企业名称	年产量（万吨）	出口量（万吨）	销售额（万元）	主要品种产量（万吨）														
					油井管	管线管	流体管	高压锅炉管	低中压锅炉管	气瓶管	结构管	机械管	低温管	液压支柱管	油缸管	汽车管	火车管 汽车半轴	钻探管	三化用管
10	山东磐金钢管制造有限公司	248		1420553			248												
11	常熟市无缝钢管有限公司	3. 86	0. 41	33464			2. 9387	0. 1395	0. 0082		0. 2492	0. 22	0. 1059			0. 186			
12	上海天阳钢管有限公司	1	0. 05	13000			0. 4					0. 5				0. 5			
13	扬州诚德钢管有限公司	8. 54	3. 03	118029	0. 082		0. 056	4. 978	1. 272	1. 463		0. 334					（核电管）0. 252		0. 103
14	德新钢管（中国）有限公司	14. 31	1. 54	150000	无缝不锈管 0. 05	0. 15	5. 38	1. 47	1. 08	2. 21	0. 38		0. 73						1. 86
15	浙江久立特材科技股份有限公司	5. 56		590000（含焊管）															
16	浙江伦宝金属管业有限公司	5. 4		34033			0. 71		0. 1		1. 39	0. 75					1		
17	鑫鹏源智能装备集团有限公司	80. 71	2. 19	471274. 21	0. 32（钛合金管）		32. 37				47. 87			0. 47					

续表 4-2

序号	企业名称	年产量（万吨）	出口量（万吨）	销售额（万元）	主要品种产量（万吨）														
					油井管	管线管	流体管	高压锅炉管	低中压锅炉管	气瓶管	结构管	机械管	低温管	液压支柱管	油缸管	汽车管	火车管汽车半轴	钻探管	三化用管
18	邯郸新兴特种管材有限公司	1.2	0.35	16020															
19	磐石铸诚无缝钢管有限公司	12.65		78462	0.79	2.45	6.45	0.12	1.32		0.36		0.21	0.11		0.67			0.17
20	江苏立万精密制管有限公司	9	1	54200							0.5	1				0.5			
21	苏州钢特威钢管有限公司	0.7	0.07	30000	无缝不锈管 0.7														
22	山东大洋钢管制造有限公司	58	0.2	220000							25	4		0.6		0.25			
23	江苏界达特异新材料股份有限公司	10	0.5	95000				0.3				2	2.5	0.5		2			
24	江苏宏亿钢管有限公司	2.4		60000												2.4			
25	山东永安昊宇制管有限公司	20		105000		1	5	2	5		4		0.5						
26	天津正安无缝钢管股份有限公司	3.6		25000			0.6	2.6	0.3										

续表 4-2

序号	企业名称	年产量（万吨）	出口量（万吨）	销售额（万元）	主要品种产量（万吨）														
					油井管	管线管	流体管	高压锅炉管	低中压锅炉管	气瓶管	结构管	机械管	低温管	液压支柱管	油缸管	汽车管	火车管汽车半轴	钻探管	三化用管
27	浙江华丰新材料股份有限公司				连续缠绕玻璃钢夹砂管（简称CWFP）														
28	常州盛德鑫泰新材料股份有限公司	10.08	0.4	10360		0.8		9.1	0.2										
29	山东临沂金正阳管业有限公司	101.28	2.32	418473.02			94.65												
30	天津天钢石油专用管制造有限公司	6																	
31	浙江五洲新春集团股份有限公司	1.9		247000	轴承钢管 ϕ17~91mm														
32	山东金宝诚管业有限公司	19.69		126047			10.09		3		6.6								
33	湖北加恒实业有限公司	3.78		36000						0.2		0.31		4.6		0.05			
34	瓦卢瑞克天大（安徽）股份有限公司	24	10	201717	10	5	5	2.5											

续表 4-2

序号	企业名称	年产量（万吨）	出口量（万吨）	销售额（万元）	主要品种产量（万吨）														
					油井管	管线管	流体管	高压锅炉管	低中压锅炉管	气瓶管	结构管	机械管	低温管	液压支柱管	油缸管	汽车管	火车管汽车半轴	钻探管	三化用管
35	河北金奥精工制造股份有限公司	2.1	0.46	15744												2.12			
36	江苏常宝钢管股份有限公司	53.04	15.31	408323	26.08＝23.38+3.25（钻具）	1.61	1.82	17.4		0.44	1.81			0.3		0.75			0.52
37	靖江特殊钢有限公司	50	6.3	558000	4.47	4.2	10.6	4.46	0.74	14.23		1.21	0.74		8.63				
38	浙江博盛钢业集团有限公司	0.94	0.08	26683		0.02	0.49	0.06	0.28		0.04								0.54
39	江苏新长江无缝钢管制造有限公司	27.14	2.3	139031	0.37	1.02	16.42	0.57	4.66	0.053		0.607	0.2	0.23					0.9
40	上上德盛集团股份有限公司	1.9	0.006	59335	新工艺不锈管 1.91	0.024	0.832	0.9045		0.065	0.0745								
41	江苏省常熟市异型钢管有限公司	3.9	1.432	31332				1.82	1.12		0.87								
42	河南豫龙管业有限公司第一分公司	25		175000			20			3				2					
43	云南曲靖钢铁集团凤凰钢铁有限公司	25		140000			25												

续表 4-2

序号	企业名称	年产量（万吨）	出口量（万吨）	销售额（万元）	主要品种产量（万吨）														
					油井管	管线管	流体管	高压锅炉管	低中压锅炉管	气瓶管	结构管	机械管	低温管	液压支柱管	油缸管	汽车管	火车管汽车半轴	钻探管	三化用管
44	无锡市东群钢管有限公司	7.6112		52700				2.7	3.1										
45	无锡大金高精度冷拔钢管有限公司	2.8	0.25	25000								3.2	4.3	0.4					
46	扬州龙川钢管有限公司	26	1.7	222895	0.4	7.2	1.5	3.8	1.5		0.3	2.1							
47	山东汇通工业制造有限公司	66	2.05	343984	1.5		6	0.2	1.8		3	24	1	11		1			
48	内蒙古北方重工业集团有限公司	4.18		71000				4.18											
49	天长市康弘石油管材有限公司	11.23	0.7	86873	0.47	1.34	1.47	0.92	1.49		0.28	0.32	0.49			0.21			1.94
50	河北宏润核装备科技股份有限公司	2.6		36000															
51	武汉重工铸锻有限责任公司（WHHI）	2.6	0.13	41300	核电管 0.3			1.7				0.1							0.4
合计		2034.88	177.3		360.342	102.1	755.08	105.12	34.2102	66.32	164.71	106.49	15.6839	53.77	16.75	34.236	1.49	3.86	10.803
占比（%）		75.94	8.72		17.71	5.02	37.11	5.17	1.69	3.29	8.16	5.27	0.77	2.66	0.83	1.69			0.54

表 4-3　2020 年中国钢管行业焊接钢管企业产量及主要品种统计

序号	企业名称	年产量（万吨）	出口量（万吨）	销售额（万元）	主要品种产量（万吨）										
					热镀锌管	衬塑复合管	涂塑复合管	方矩管	热镀锌方矩管	直缝高频焊管	螺旋缝埋弧焊管	直缝埋弧焊管	油井管	管线管	汽车精密管
1	天津友发钢管集团公司	1794.56	24		496	21	3	364	124	771.44	19				
2	天津源泰德润钢管制造集团有限公司	430	15.2	2200853				430	160		8				
3	宝钢股份钢管条钢事业部	47.37								17.2		30.17			
4	济南迈科管道科技有限公司	10.11	4.44	98250	5	0.8	2.7								
5	宝鸡石油钢管有限责任公司	117	2	710000									20		
6	番禺珠江钢管（珠海）有限公司	18.85	0.93	64746							7.64	11.17			
7	河北敬业精密制管有限公司	40.76		143200				16.2						17.1	
8	渤海石油装备制造有限公司	70.73												28.32	
9	上海宝世威石油钢管制造有限公司	10.03	0.91	51118						5.2	28.32	37.21			

续表 4-3

序号	企业名称	年产量（万吨）	出口量（万吨）	销售额（万元）	主要品种产量（万吨）										
					热镀锌管	衬塑复合管	涂塑复合管	方矩管	热镀锌方矩管	直缝高频焊管	螺旋缝埋弧焊管	直缝埋弧焊管	油井管	管线管	汽车精密管
10	番禺珠江钢管（连云港）有限公司	15	1.3	60664						0.3	3.4	11			
11	浙江金洲管道科技股份有限公司	80.33		360612	67	6.5	3.9								
12	天津市利达钢管集团有限公司	178		301583.47	51	5									
13	浙江久立特材科技股份有限公司	5.93	4.6	49552.46											
14	浙江德威不锈钢管业股份有限公司	4	0.92	13.58											
15	江苏玉龙钢管科技有限公司	47.2	0.5	275763				6.9			21	19.3			
16	江苏宏亿钢管有限公司	1.4		40000											1.4
17	江苏立万精密制管有限公司	8	1	42000											5
18	江苏乐家冷弯型钢股份有限公司	28		90000				30							
19	山东华舜重工集团有限公司	12	3	80000				12							

续表 4-3

序号	企业名称	年产量（万吨）	出口量（万吨）	销售额（万元）	主要品种产量（万吨）										
					热镀锌管	衬塑复合管	涂塑复合管	方矩管	热镀锌方矩管	直缝高频焊管	螺旋缝埋弧焊管	直缝埋弧焊管	油井管	管线管	汽车精密管
20	广东荣钢管道科技有限公司	25.5		21383.76	25.5	1.82	0.22								
21	佛山市三水振鸿钢制品有限公司	44		71000	44										
22	佛山市松岗南骅钢制品厂	25													
23	佛山市汇力联机械制造有限公司	23													
24	佛山市首刚钢铁贸易有限公司	18		90000				18							
25	辽宁奥通钢管有限公司	13.14		45298											
26	天津博爱管道科技集团有限公司	31.28		127758						26.49	4.79				
27	河北沧州市鑫宜达管道有限公司	29.2		137985											5.6
28	天津市万里钢管有限公司	22		77280											
29	天津市宝来工贸有限公司	58.5		217408											

续表 4-3

序号	企业名称	年产量（万吨）	出口量（万吨）	销售额（万元）	主要品种产量（万吨）										
					热镀锌管	衬塑复合管	涂塑复合管	方矩管	热镀锌方矩管	直缝高频焊管	螺旋缝埋弧焊管	直缝埋弧焊管	油井管	管线管	汽车精密管
30	宁夏青龙管业集团股份有限公司	3.6		19000											
31	唐山金隅管业科技有限责任公司	16		82016				16							
32	江苏新澎复合材料有限公司	2.5		26000		2.5									
33	江苏迪欧姆股份有限公司	5.3		35000											3.8
34	河北敬业精密制管有限公司	40.76		143200				16.2							
35	江苏圣珀新材料科技有限公司	0.264		49000											
36	徐州光环钢管（集团）有限公司	6.6		27218				3.7（输送托管）							2.3
37	浙江博盛钢业集团有限公司														
38	黑龙江华明管业有限公司														
39	上海中油天宝巴圣钢管有限公司														

续表 4-3

序号	企业名称	年产量（万吨）	出口量（万吨）	销售额（万元）	主要品种产量（万吨）										
					热镀锌管	衬塑复合管	涂塑复合管	方矩管	热镀锌方矩管	直缝高频焊管	螺旋缝埋弧焊管	直缝埋弧焊管	油井管	管线管	汽车精密管
40	上上德盛集团股份有限公司	0.42	0.008	0.105				0.42（薄壁不锈管	0.3673				0.0166		
41	邯郸市正大制管有限公司	726.2	2.35	1776660											
42	河北天创管业有限公司	119	5	76000	95	3									
43	京华日钢管业有限公司	650	20		486	11.8	2	10	35	73	30		1		
合计		4005.874	66.158		1269.5	52.42	11.82	923.42	319.3673	99.49	61.79	30.47	21.0166	45.42	18.3

表 4-4　2021 年中国钢管行业焊接钢管企业产量及主要品种统计

序号	企业名称	年产量（万吨）	出口量（万吨）	销售额（万元）	主要品种产量（万吨）										
					热镀锌管	衬塑复合管	涂塑复合管	方矩管	镀锌方矩管	直缝高频焊管	螺旋缝埋弧焊管	直缝埋弧焊管	油井管	管线管	汽车精密管
1	天津友发钢管集团公司	1809.57	29		484.42	28.54	5	378.21	130.86	760.89	19.75				
2	天津源泰德润钢管制造集团有限公司	442	15.8	2600892				442	170		8				
3	宝钢股份钢管条钢事业部	60.92								17.48		43.44			

续表 4-4

序号	企业名称	年产量（万吨）	出口量（万吨）	销售额（万元）	主要品种产量（万吨）										
					热镀锌管	衬塑复合管	涂塑复合管	方矩管	镀锌方矩管	直缝高频焊管	螺旋缝埋弧焊管	直缝埋弧焊管	油井管	管线管	汽车精密管
4	济南迈科管道科技有限公司	10. 31	4. 85	117630	5	0. 7	2. 3								
5	宝鸡石油钢管有限责任公司	125	9	860000						2	56	33	34		
6	番禺珠江钢管（珠海）有限公司	21. 43	6. 54	90307							7. 12	14. 45			
7	河北敬业精密制管有限公司	41. 8		371706				20. 9			7. 55			13. 34	
8	渤海石油装备制造有限公司	105. 4								1. 1	33. 2	71. 1			
9	上海宝世威石油钢管制造有限公司	7. 25	3. 49	55190							7. 25				
10	番禺珠江钢管（连云港）有限公司	20	3. 2	378						0. 7	0. 5	18. 9			
11	浙江金洲管道科技股份有限公司	90. 29		506986	77	7. 2	4. 9								
12	天津市利达钢管集团有限公司	132		355402. 14	40	4. 6				92					

续表 4-4

序号	企业名称	年产量（万吨）	出口量（万吨）	销售额（万元）	主要品种产量（万吨）										
					热镀锌管	衬塑复合管	涂塑复合管	方矩管	镀锌方矩管	直缝高频焊管	螺旋缝埋弧焊管	直缝埋弧焊管	油井管	管线管	汽车精密管
13	浙江久立特材科技股份有限公司	6.28		590000（含无缝）											
14	浙江德威不锈钢管业股份有限公司	5	1.3	18.39											
15	江苏玉龙钢管科技有限公司	46.8	0.6	337478				8			19.1	19.7			
16	江苏宏亿钢管有限公司	1.6		60000											1.6
17	江苏立万精密制管有限公司	9	1	54200											5.5
18	江苏乐家冷弯型钢股份有限公司	32		135000				40							
19	山东华舜重工集团有限公司	15	4	100000				15							
20	广东荣钢管道科技有限公司	27		37000.51	27	1.55	0.22								
21	佛山市三水振鸿钢制品有限公司	48		120000	48										
22	佛山市松岗南骅钢制品厂	23								23					

续表 4-4

序号	企业名称	年产量（万吨）	出口量（万吨）	销售额（万元）	主要品种产量（万吨）										
					热镀锌管	衬塑复合管	涂塑复合管	方矩管	镀锌方矩管	直缝高频焊管	螺旋缝埋弧焊管	直缝埋弧焊管	油井管	管线管	汽车精密管
23	佛山市汇力联机械制造有限公司	25						23							
24	佛山市首刚钢铁贸易有限公司	21.6		108000				21.6							
25	辽宁奥通钢管有限公司	11.6		63123							11.6				
26	天津博爱管道科技集团有限公司	27.94		143183						24.44	3.5				
27	河北沧州市鑫宜达管道有限公司	27.4		153407							27.4				
28	天津市万里钢管有限公司	16		73462						16					
29	天津市宝来工贸有限公司	57.5		217408						57.5					
30	宁夏青龙管业集团股份有限公司	4.2		32000											
31	唐山金隅天材管业科技有限责任公司	12		110963				12							
32	江苏新澎复合材料有限公司	3		35000		3									
33	江苏迪欧姆股份有限公司	5.4		43000											4

续表 4-4

序号	企业名称	年产量（万吨）	出口量（万吨）	销售额（万元）	主要品种产量（万吨）										
					热镀锌管	衬塑复合管	涂塑复合管	方矩管	镀锌方矩管	直缝高频焊管	螺旋缝埋弧焊管	直缝埋弧焊管	油井管	管线管	汽车精密管
34	河北敬业精密制管有限公司	41.8		371706				20.9			7.55				
35	江苏圣珀新材料科技有限公司	0.61		67000											
36	徐州光环钢管（集团）有限公司	6		32368				3.9（输送托管）							1.6
37	浙江博盛钢业集团有限公司	0.18		5400				0.0326（薄壁不锈）					0.0582		
38	黑龙江华明管业有限公司	24.25			0.9			13		13.9					
39	上海中油天宝巴圣钢管有限公司														
40	上上德盛集团股份有限公司	0.37	0.023	0.9183											
41	邯郸市正大制管有限公司	1035	3.3		293.92	5.3		242.55	162.23	279.94	27.92				
42	河北天创管业有限公司	85	12	53000	72	4.5									
43	京华日钢管业有限公司	680	25		500	15	3	15	36	75	30		2		
合计		5164.5	119.103		1548.24	70.39	15.42	1221.21	499.09	1368.75	266.44	200.59	36.058	46.54	12.7
占比（%）		87.78	2.31		29.98	1.36	0.30	23.62	9.66	26.48	5.16	3.88	0.70	0.9	0.25

注：表中天津源泰德润钢管集团 2021 年总产量方矩管 442 万吨（450 万吨）（其中，含镀锌方矩管 170 万吨、8 万吨螺旋缝埋弧焊管）。

第五篇

钢管企业生产经营情况汇总分析

2021年是中国开启新征程，步入新时代之年，是“十四五”开局之年，也是中国钢管行业开启高质量发展的新阶段。

展望新阶段，钢管行业将继续立足于满足国内需求，进入以国内大循环为主体，国内国际双循环相互促进的新发展格局。未来中国钢管行业高质量发展方向就是绿色、低碳和智能制造。

为了深入分析总结钢管行业企业在“十四五”开局之年的经营情况，在行业各企业的大力支持下，中国钢结构协会钢管分会秘书处征集了2020年和2021年度会员企业和在行业内有一定影响力的非会员钢管生产企业及相关的装备制造、制管工模具、制管辅料等制造企业的基本经营情况，汇总了各企业主要经营指标和主要品种的产量情况，现将汇总情况分析总结如下。

一、钢管企业的基本情况

汇编总计涉及110个厂家，其中，会员企业83家，占138家会员单位的60.14%。

汇编共征集到53家无缝钢管生产企业，其中，会员企业41家，非会员企业12家；焊接钢管生产企业43家，其中，会员企业35家，非会员企业8家；与钢管行业有关的制管装备及工模具制造等企业14家，其中，会员企业7家，非会员企业7家。

二、钢管企业的产量及产品出口情况

从征集汇编钢管企业的主要经营指标来看，2021年钢管累计汇总产量为7199.38万吨，占2021全年钢管产量8563.20万吨（钢管分会估算无缝钢管值+国家统计局焊管快报值）的84.07%，详见图5-1。

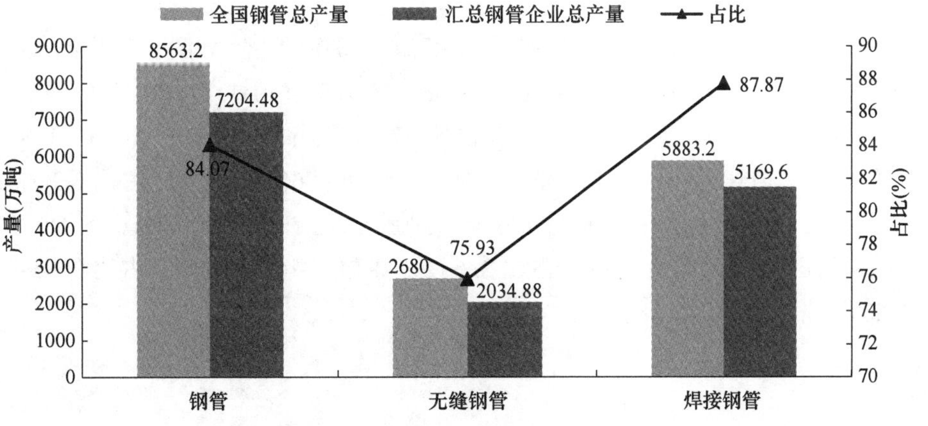

图5-1　2021年汇编钢管企业累计产量在全国钢管产量中的占比

（一）无缝钢管

无缝钢管累计汇总产量为2034.88万吨，占2021年无缝钢管产量2680万吨的75.93%；

2021年无缝钢管行业内主要国有企业和民营企业的产量均处于增长态势，产量超过

200 万吨以上的有磐金钢管和天津钢管，分别为 248 万吨和 216. 14 万吨，同比增长 28. 50%和-3. 41%。

产量超过 100 万吨以上的有衡阳钢管、包钢钢管、宝钢股份和凤宝管业，2021 年产量分别为 169. 40 万吨、156. 91 万吨、144. 56 万吨和 121. 14 万吨，同比分别增长 8. 73%、17. 69%、-8. 04%和 2. 06%。

山东金正阳、大冶特殊钢、黑龙江建龙和汇通钢管，2021 年度产量分别为 94. 65 万吨、90 万吨、68. 76 万吨和 66 万吨，同比分别增长-8. 45%、1. 12%、11. 30%和 4. 75%，详见图 5-2。

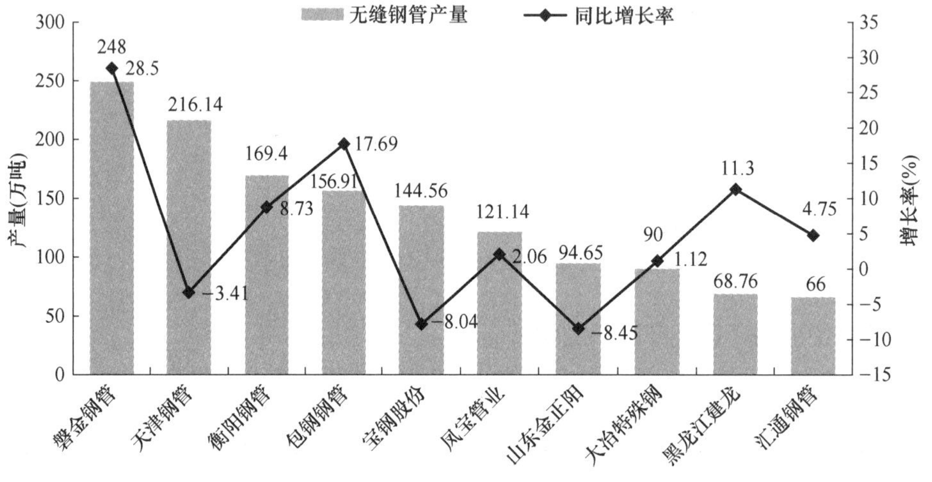

图 5-2　2021 年中国无缝钢管产量前十位企业排序

2021 年无缝钢管出口量及主要品种产量在汇总产量中的占比如图 5-3 所示，无缝钢管出口量为 177. 31 万吨，占比 8. 72%；油井管 360. 34 万吨，占比 17. 71%；管线管 102. 11 万吨，占比 5. 02%；流体管 755. 08 万吨，占比 37. 11%；高压锅炉管 105. 12 万吨，占比 5. 07%；低中压锅炉管 34. 21 万吨，占比 1. 69%；气瓶管 66. 32 万吨，占比 3. 29%；结构管 164. 71 万吨，占比 8. 16%；机械管 106. 49 万吨，占比 5. 27%；低温管 15. 68 万吨，占比 0. 77%；液压支柱管 53. 77 万吨，占比 2. 66%；油缸管 16. 75 万吨，占比 0. 83%；三化用管 18. 80 万吨，占比 0. 57%。

（二）焊接钢管

焊接钢管累计汇总产量约为 5169. 60 万吨，占 2021 全年焊接钢管产量 5883. 20 万吨的 87. 87%。

从图 5-4 中可看出，2021 年焊接钢管行业内的主要国企产量处于增长趋势，宝鸡钢管、渤海石油装备和宝钢股份的产量分别为 125. 0 万吨、105. 4 万吨和 60. 92 万吨，同比分别增长 6. 84%、50. 0%和 27. 91%，宝鸡钢管、渤海石油装备的产量均超过百万吨。

民企的产量处于跌宕起伏的增长态势，天津友发集团、邯郸正大集团、京华日钢管业、源泰德润集团和天津利达钢管，2021 年产量分别为 1809. 57 万吨、1035 万吨、680. 0

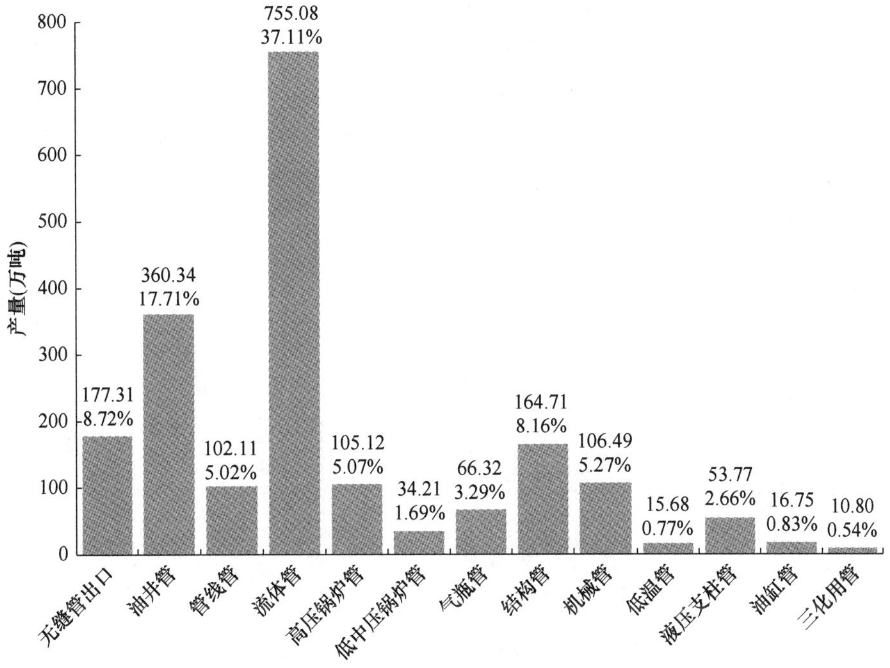

图 5-3　2021 年无缝钢管出口量及主要品种在汇总产量中的占比

万吨、442.0 万吨和 132.0 万吨，同比分别增长 0.84%、42.52%、4.62%、27.91%、-25.84%和 12.40%，天津友发集团和邯郸正大集团是超过千万吨以上的两家公司。京华日钢管业、源泰德润集团、天津利达钢管、宝鸡钢管、渤海石油装备是超过百万吨以上的五家公司，详见图 5-4。

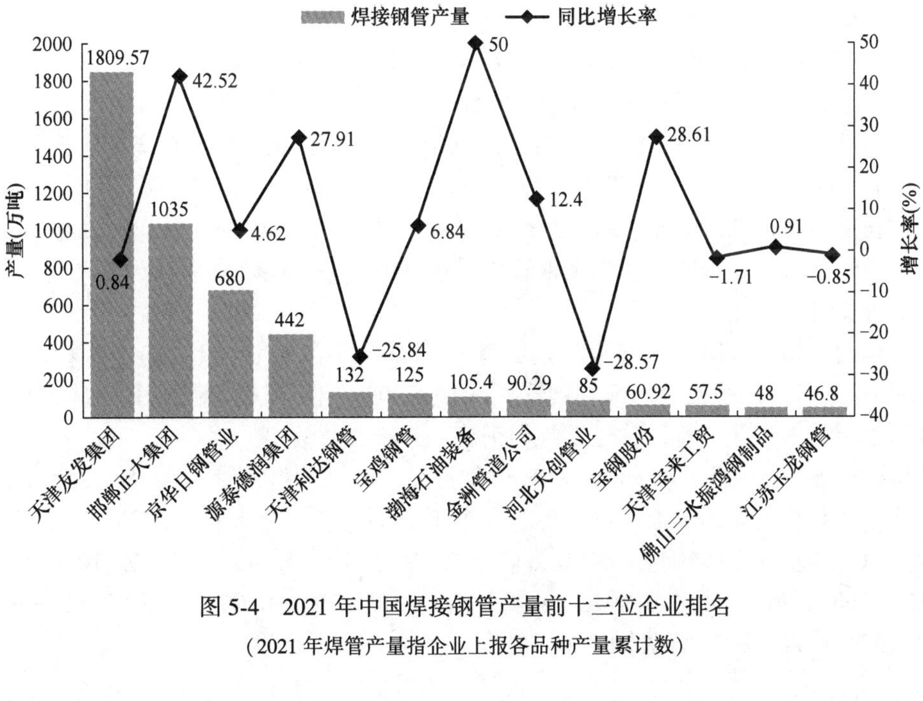

图 5-4　2021 年中国焊接钢管产量前十三位企业排名

（2021 年焊管产量指企业上报各品种产量累计数）

其中，直缝高频焊接钢管产量前 10 位企业详见图 5-5，超 500 万吨的只有天津友发集团达到 760.89 万吨，超百万吨的有邯郸正大集团 279.94 万吨，超过 50 万吨有天津利达钢管、京华日钢管业和天津宝来工贸三家企业，其余均在 10 万吨以上。

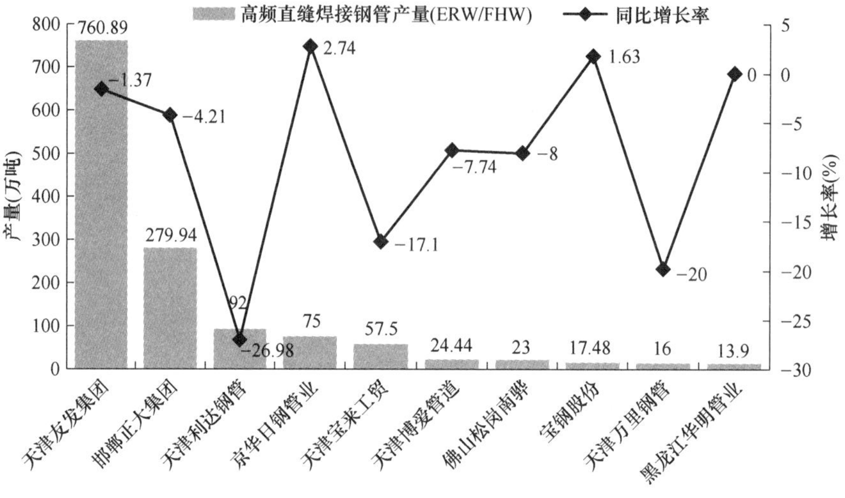

图 5-5　2021 年直缝高频焊接钢管产量前十位企业排序

（各企业直缝高频焊管产量一般指成品（黑）管内、外销售数量，如友发集团直缝高频焊管产量=内部自销量+对外销售量）

宝钢股份采用 API Spec 5CT 或 API Spec 5L 标准，以油套管或管线管品种交货。天津友发集团等企业均执行 GB/T 3091《低压流体输送用焊接钢管》、GB/T 13793《直缝电焊钢管》、GB/T 6725《冷弯型钢通用技术要求》、GB/T 6728《结构用冷弯空心型钢》、GB/T 9711《石油天然气工业　管线输送系统用钢管》等标准，以机械、建筑结构、结构用冷弯空心型钢等品种交货。

国企和民企虽然均采用同一方式——直缝高频焊接生产钢管，但是其生产的产品品种不同，前者产品以中高档位主导产品，后者以中低档为主导产品。

直缝埋弧焊接钢管产量前 7 位企业，渤海石油装备、宝钢股份、宝鸡钢管、江苏玉龙钢管、番禺珠江钢管（连云港）、番禺珠江钢管（珠海）和源泰德润集团的产量分别为 71.01 万吨、43.44 万吨、33.0 万吨、19.7 万吨、18.9 万吨、14.45 万吨和 8.0 万吨，同比分别增长 91.09%、43.98%、94.12%、2.07%、71.82%、29.36%和 0%，详见图 5-6。

渤海石油装备、宝钢股份、宝鸡钢管均采用 API Spec 5L 标准，以石油天然气输送用管线管品种交货。

源泰德润集团、番禺珠江钢管（连云港）和番禺珠江钢管（珠海）均以 SY/T 5037《低压流体输送管道用螺旋缝埋弧焊钢管》、GB/T 3091《低压流体输送用焊接钢管》GB/T 9711《石油天然气工业　管线输送系统用钢管》标准交货。

螺旋缝埋弧焊接钢管产量超 10 万吨的企业有 8 家，宝鸡钢管、渤海石油装备、京华日钢管业、邯郸正大集团、沧州鑫宜达、江苏玉龙钢管、天津友发集团和辽宁奥通公司，分别为 56.0 万吨、33.15 万吨、30.0 万吨 、27.92 万吨、27.40 万吨、19.10 万吨、19.0 万吨和 11.60 万吨，同比分别增长 -25.33%、17.22%、0.0%、-7.92%、-6.16%、-9.04%、0%和-11.72%，详见图 5-7。

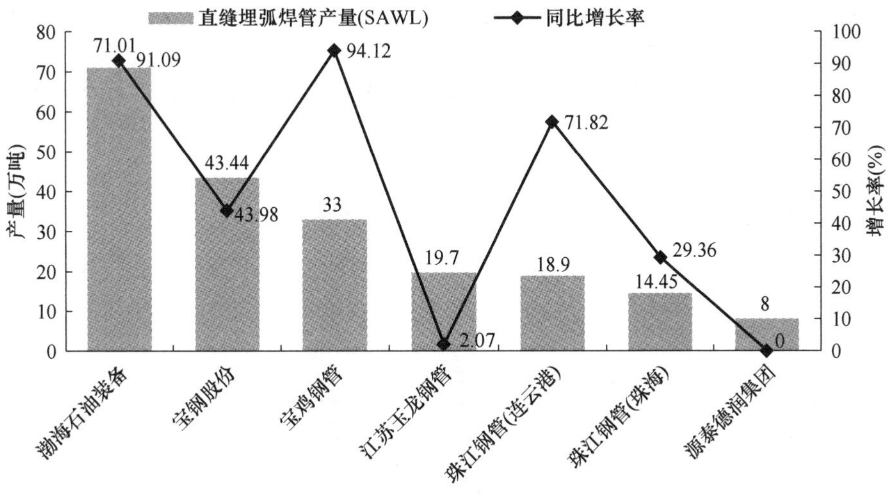

图 5-6　2021 年直缝埋弧焊接钢管产量前七位企业排序

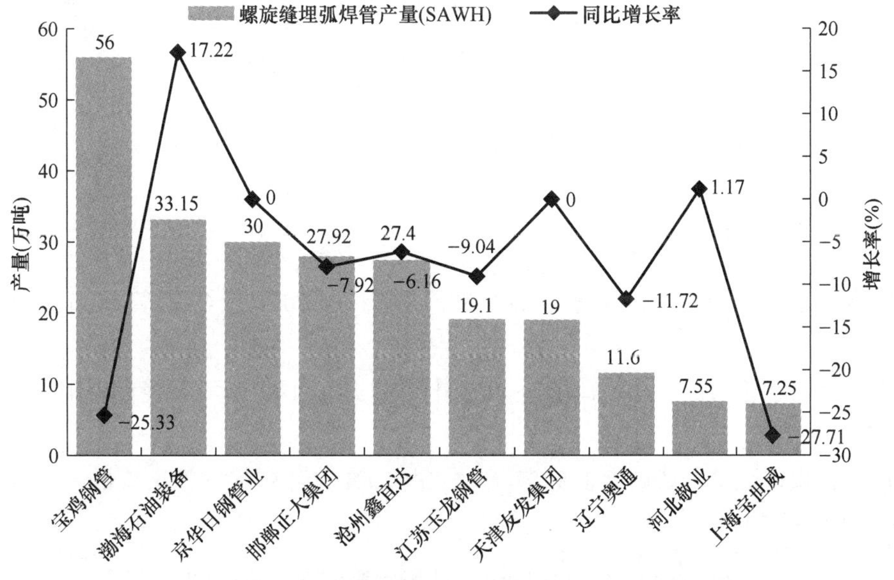

图 5-7　2021 年螺旋缝埋弧焊接钢管产量前十位企业排序

宝鸡钢管、渤海石油装备制造和江苏玉龙钢管均采用 API Spec 5L 标准，以石油天然气输送用管线管品种交货。

邯郸正大集团、京华日钢管业、沧州鑫宜达、天津友发集团和辽宁奥通公司均以 SY/T 5037《低压流体输送管道用螺旋缝埋弧焊钢管》、GB/T 3091《低压流体输送用焊接钢管》、GB/T 9711《石油天然气工业　管线输送系统用钢管》标准交货。

2021 年焊接钢管出口量及主要品种产量在汇总产量中的占比如图 5-8 所示，焊接钢管出口量为 119. 10 万吨，占比 2. 31%；热镀锌管 1548. 20 万吨，占比 29. 89%；衬塑复合管 70. 39 万吨，占比 1. 36%；涂塑复合管 15. 42 万吨，占比 0. 30%；方矩管 1221. 21 万吨，占比 23. 62%；热镀锌方矩管 499. 09 万吨，占比 9. 66%；直缝高频焊管 1368. 75 万吨，占比 26. 48%；螺旋缝埋弧焊管 232. 49 万吨，占比 4. 50%；直缝埋弧焊管 200. 59 万吨，占比 3. 88%；油井管 36. 06 万吨，占比 0. 70%；汽车精密管 12. 70 万吨，占比 0. 25%。

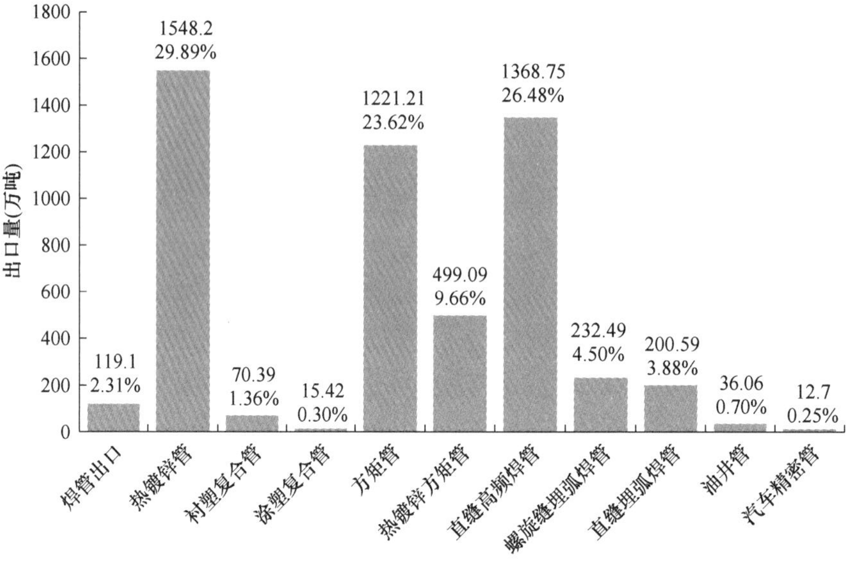

图 5-8　2021 年焊管出口量及主要品种在汇总出口量中的占比

（三）钢管出口情况

2021 年钢管累计汇总出口量为 296. 88 万吨，占 2021 全年钢管出口量 717 万吨的 41. 41%；

其中，无缝钢管累计汇总出口量为 177. 31 万吨，占 2021 全年无缝钢管出口量 339. 52 万吨的 52. 22%；

焊接钢管累计汇总出口量为 119. 57 万吨，占 2021 全年焊接钢管出口量 377. 48 万吨的 31. 68%，详见图 5-9。

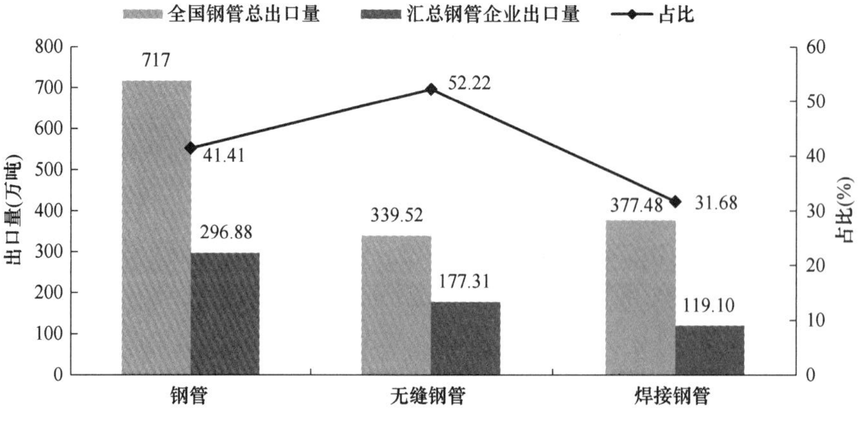

图 5-9　2021 年钢管企业累计出口量在全国出口量中的占比

2021 年无缝钢管出口量超过 10 万吨的企业有 6 家，4 家国企有衡阳钢管、天津钢管、宝钢股份和大冶特殊钢，分别出口 39. 70 万吨、37. 47 万吨、18. 27 万吨和 18 万吨，同比分别增长 33. 22%、49. 46%、37. 16%和 20%。

常宝钢管和瓦卢瑞克（中国）公司分别出口 15. 31 万吨和 10. 0 万吨，同比分别增长 116. 78%和−33. 33%，详见图 5-10。

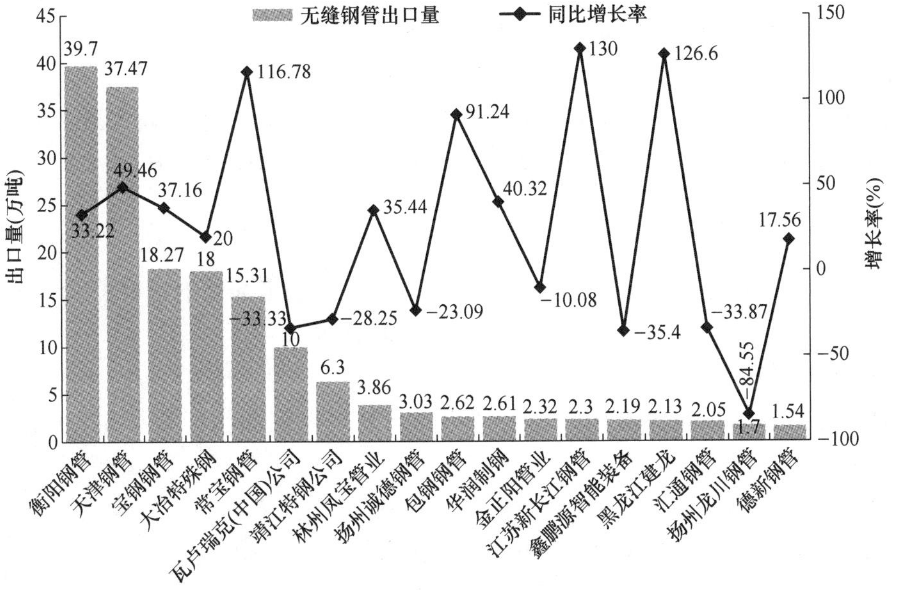

图 5-10　2021 年无缝钢管出口量（>1 万吨）十八家企业排序

2021 年焊接钢管出口量超过 10 万吨的企业有 4 家，天津友发集团、京华日钢管业、源泰德润集团和河北天创管业，分别出口 29. 0 万吨、25. 0 万吨、15. 80 万吨和 12. 0 万吨，同比分别增长 20. 83%、25. 0%、3. 95%和 140. 0%，详见图 5-11。

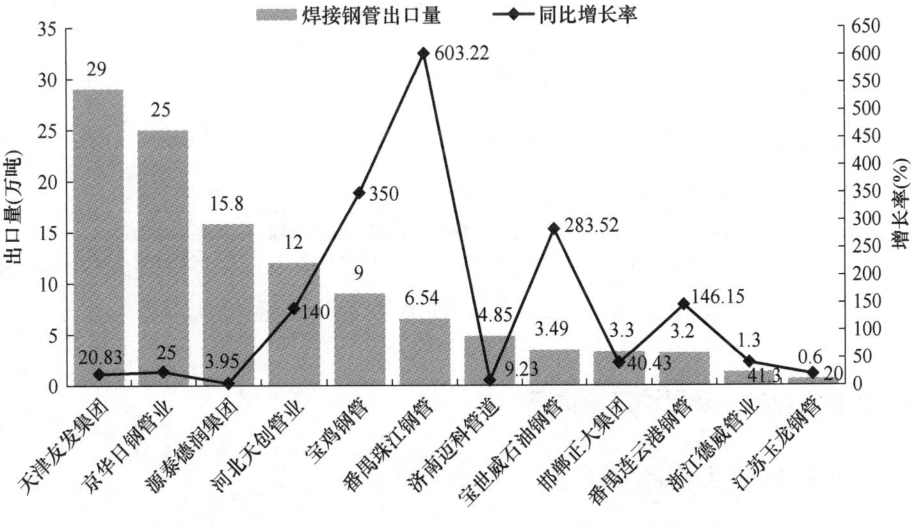

图 5-11　2021 年焊接钢管出口量前十二位企业排序

三、钢管企业盈利情况

（一）无缝钢管生产企业

1. 国企及国有控股企业

从已填报实际利润指标的 8 家国企及国有控股企业来看，盈利单位占比为 66. 67%，累计利润指标为 196582. 56 万元，同比增长 1. 38%。

2. 民营企业、外资企业、私营企业和上市公司

民营企业、外资企业、私营企业和上市公司填报利润指标的企业 35 家，其中，盈利企业 26 家，占比为 74. 29%，累计利润 1113585. 81 万元，同比增长 10. 81%。

（二）焊接钢管生产企业

焊接钢管企业填报实际利润指标的 21 家，其中，利润指标处于正增长 13 家（包括国企宝鸡钢管），占比 61. 90%。负增长 8 家，占比 38. 10%。

1. 国企/国有控股

2021 年以宝鸡石油钢管有限责任公司为例，其当年利润指标为 8907 万元，同比增长 22. 58%。

2. 民营企业、外资企业、私营企业和上市公司

12 家民企累计利润 157542. 8576 万元，同比增长 25. 08%。

图 5-12 为国有企业与民营企业累计利润指标增长示意。

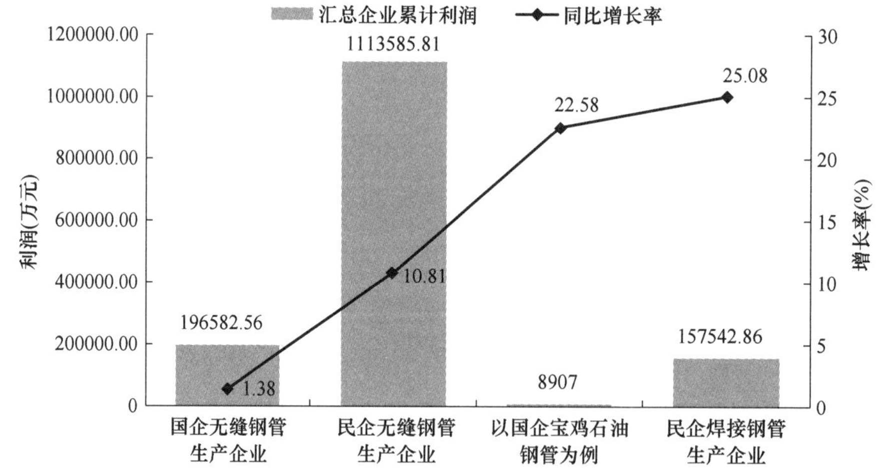

图 5-12　2021 年国有企业与民营企业累计利润总额的增长趋势

四、钢管企业的主要品种产量情况

（一）无缝钢管主要品种产量

2021 年油井管产量超过 50 万吨的企业有 3 家，天津钢管、宝钢股份和衡阳钢管分别

生产油井管78.0万吨、58.37万吨和50.48万吨，分别增长18.18%、2.49%和32.63%，详见图5-13。

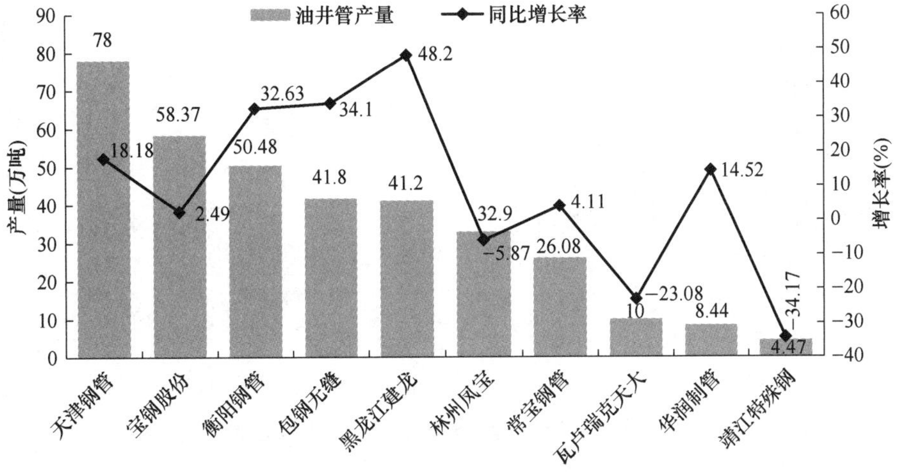

图5-13　2021年无缝油井管产量前十位企业排序

2021年管线管产量超过5万吨的企业有5家，衡阳钢管、天津钢管、包钢无缝、宝钢股份和瓦卢瑞克（中国）公司，分别生产管线管26.02万吨、26.0万吨 、9.06万吨、8.95万吨和5.0万吨，分别增长6.25%、73.33%、10.62%、25.53%和25.0%，详见图5-14。

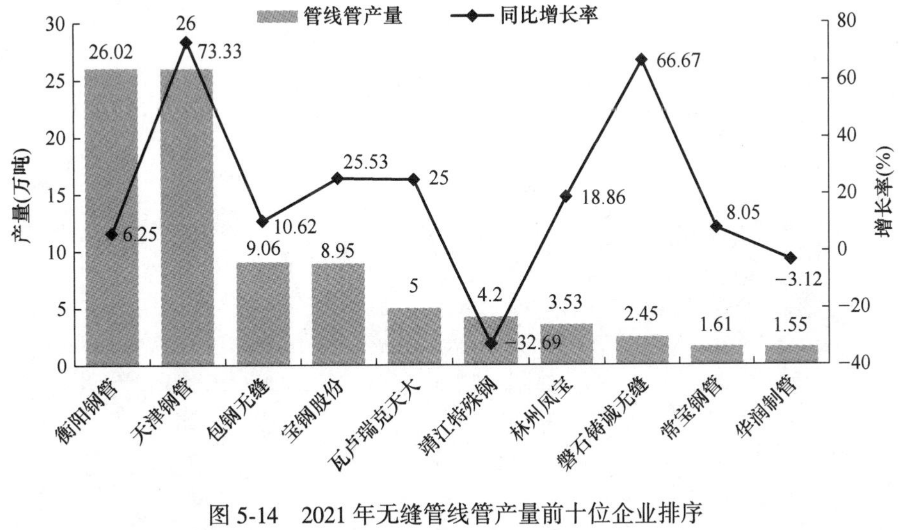

图5-14　2021年无缝管线管产量前十位企业排序

2021年流体管产量超过30万吨的企业有7家，磐金钢管、金正阳管业、包钢无缝、天津钢管、林州凤宝、宝钢股份和鑫鹏源智能装备，分别生产流体管248万吨、94.65万吨、76.58万吨、60.0万吨、37.07万吨、36.79万吨和32.37万吨，分别增长28.83%、-8.45%、15.63%、-6.25%、-15.67%、-25.28%和-29.81%，详见图5-15。

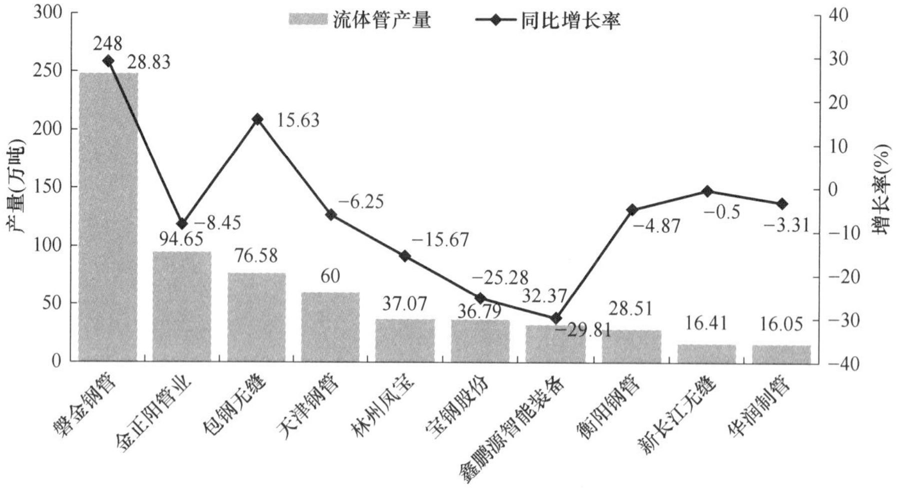

图 5-15　2021 年无缝流体管产量前十位企业排序

2021 年高压锅炉管产量超过 4 万吨的企业有 8 家，常宝钢管、宝钢股份、衡阳钢管、常州德盛鑫泰、大冶特殊钢、靖江特殊钢、北方重工和天津钢管，分别生产高压锅炉管 17.4 万吨、15.35 万吨、11.94 万吨、9.10 万吨、7.40 万吨、4.46 万吨、4.18 万吨和 4.0 万吨，分别增长 34.36%、-24.83%、1.19%、10.98%、4.23%、-34.70%、37.50% 和 -33.33%，详见图 5-16。

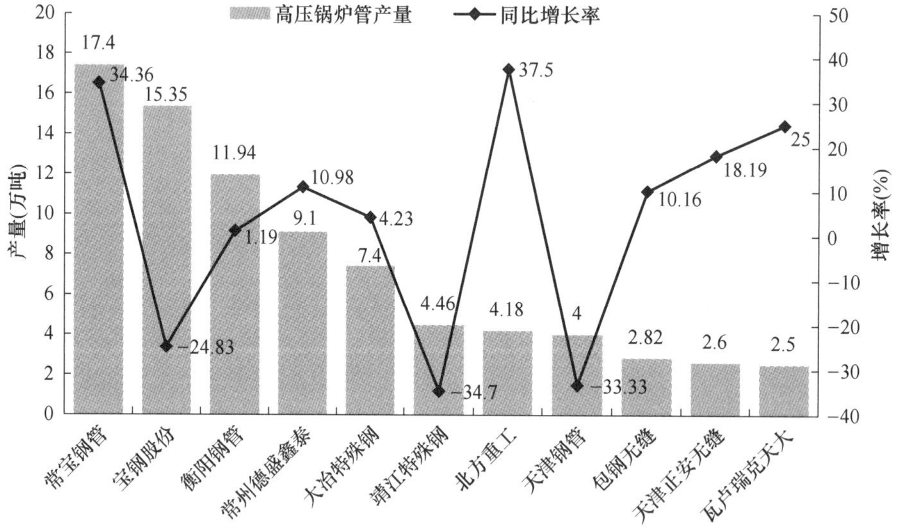

图 5-16　2021 年高压锅炉管产量前十一位企业排序

2021 年气瓶管产量超过 10 万吨的企业有 3 家，衡阳钢管、靖江特殊钢和天津钢管，分别生产气瓶管 16.51 万吨、14.23 万吨和 13.0 万吨，分别增长 82.23%、1.50% 和 44.44%，详见图 5-17。

2021 年结构管+机械管产量超过 20 万吨的企业有 5 家，大冶特殊钢、鑫鹏源智能装

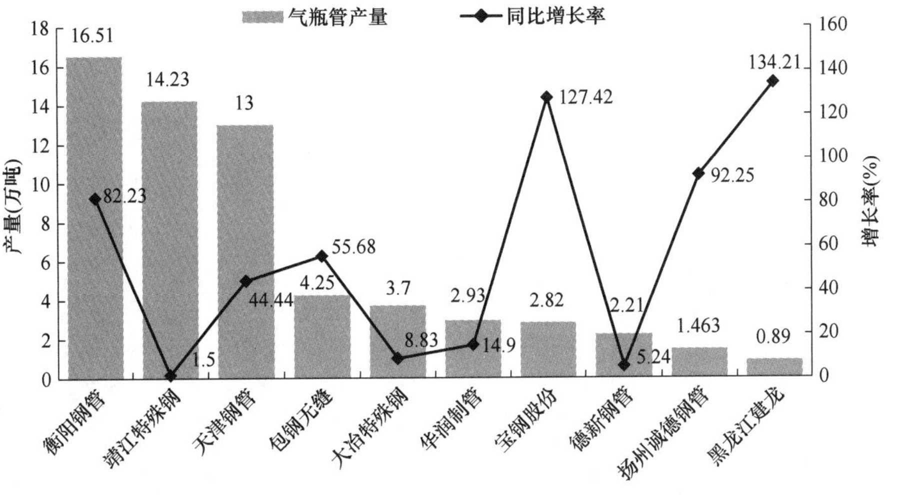

图 5-17　2021 年无缝气瓶管产量前十位企业排序

备、大洋钢管、汇通钢管和黑龙江建龙，分别生产结构管+机械管 62.0 万吨、47.87 万吨、29.0 万吨、27.0 万吨和 20.39 万吨，分别增长 20.51%、70.24%、26.09%、3.85% 和 -28.33%，详见图 5-18。

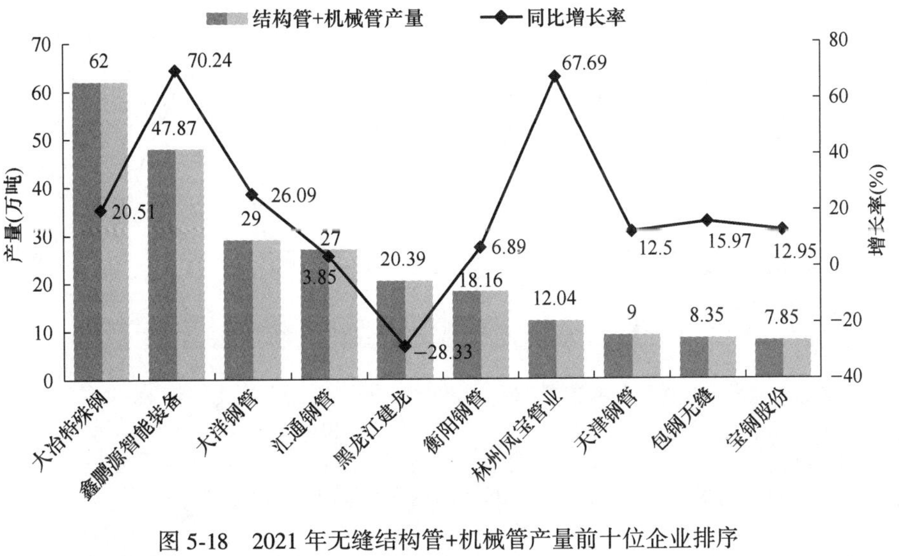

图 5-18　2021 年无缝结构管+机械管产量前十位企业排序

2021 年液压支柱管产量超过 5.0 万吨的企业有 3 家，林州凤宝管业、汇通工业和衡阳钢管，分别生产液压支柱管 20.51 万吨、11.0 万吨和 6.76 万吨，分别增长 11.65%、10.0%和-41.97%，详见图 5-19。

2021 年汽车用管产量超过 2 万吨的企业有 7 家，林州凤宝管业、衡阳钢管、大冶特殊钢、包钢无缝、宏亿钢管、天津钢管、宝钢股份和河北金奥精工，分别生产汽车用管 5.88 万吨、5.77 万吨、4.50 万吨、3.50 万吨、2.40 万吨、2.16 万吨、2.16 万吨和 2.10 万吨，分别增长-23.93%、-33.06%、0%、-34.33%、50%、100%、-16.28%和-5.41%，详见图 5-20。

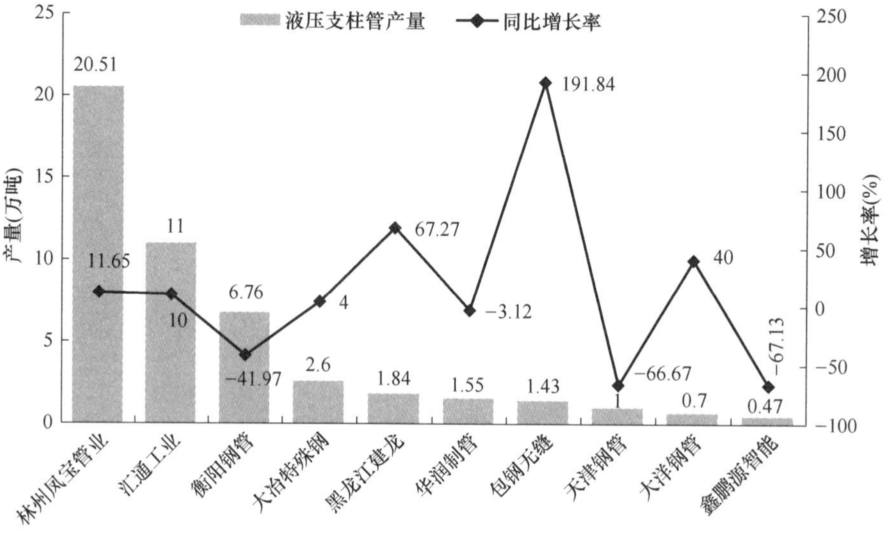

图 5-19　2021 年液压支柱管产量前十位企业排序

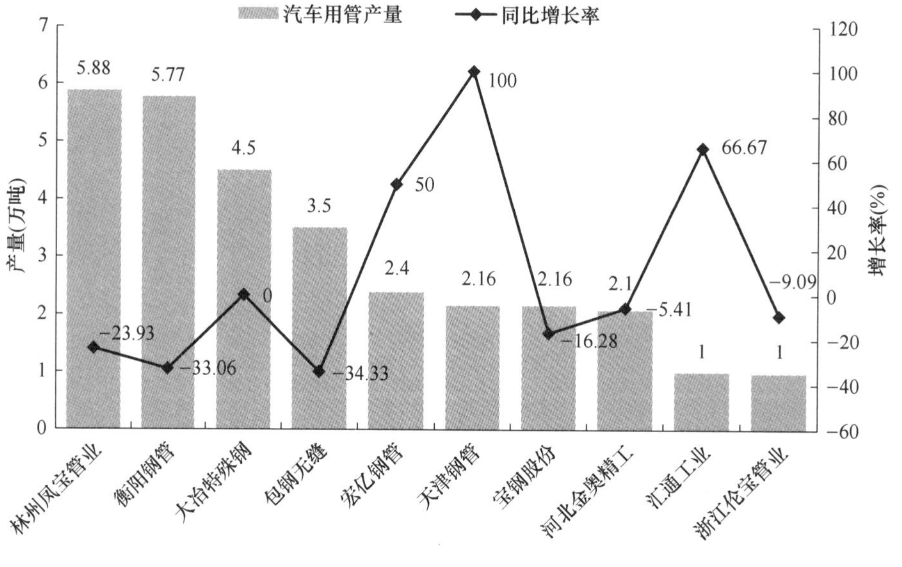

图 5-20　2021 年汽车用无缝钢管产量前十位企业排序

2021 年低温管产量超过 1.0 万吨的企业有 3 家，天津钢管、衡阳钢管和汇通工业，分别生产低温管 3.0 万吨、1.05 万吨和 1.0 万吨，分别增长 50.0%、-44.74%和 100%，详见图 5-21。

2021 年生产油缸管的企业有 3 家，靖江特殊钢、天津钢管和林州凤宝管业，分别生产油缸管 8.63 万吨、8.0 万吨和 0.12 万吨，分别增长 24.17%、60.0%和 0%，详见图 5-22。

（二）焊接钢管主要品种产量

2021 年热镀锌管产量达到 500 万吨的企业有 2 家，友发钢管集团和京华日钢管业，分

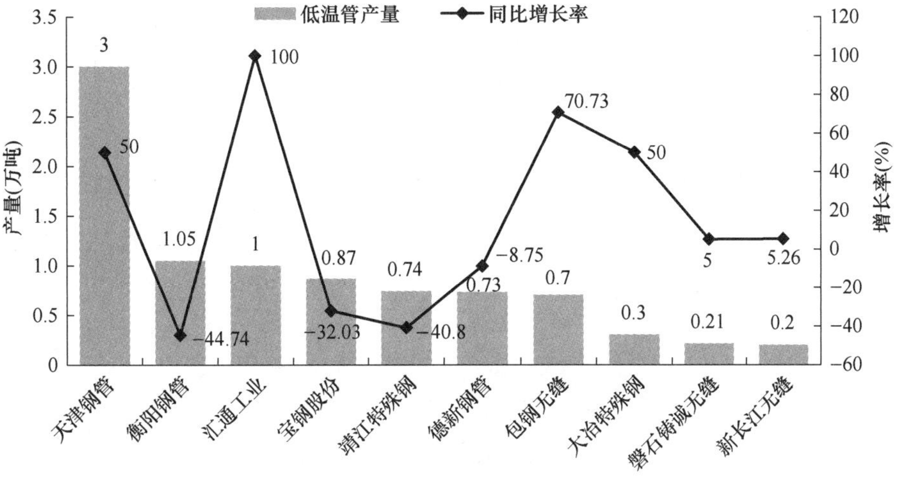

图 5-21　2021 年低温管产量前十位企业排序

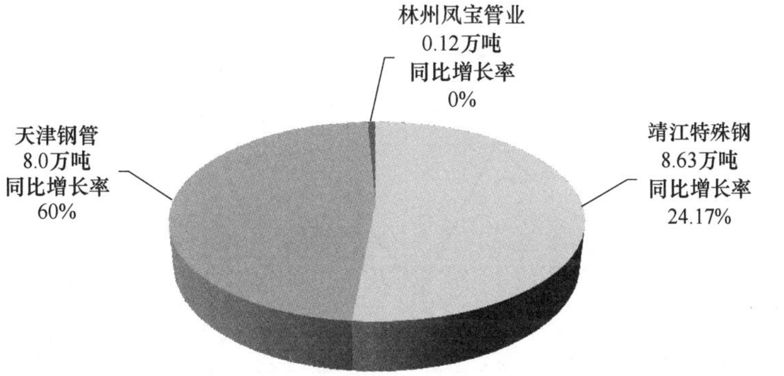

图 5-22　2021 年油缸管产量前三位企业排序

别增长 0.81%和 2.88%；邯郸正大集团、金洲管道公司和河北天创管业，分别生产热镀锌管 293.92 万吨、77.0 万吨和 72.0 万吨，分别增长 29.37%、14.93%和−24.21%；佛山三水振鸿、天津利达钢管和广东荣钢管道分别达到 48.0 万吨、40.0 万吨和 27.0 万吨，分别增长 9.09%、−21.57%和 5.88%，详见图 5-23。

2021 年方矩管产量超过 200 万吨的企业有 3 家，源泰德润集团、友发钢管集团和邯郸正大集团，分别生产方矩管 442.0 万吨、375.0 万吨和 242.55 万吨，分别增长 2.79%、3.02%和 13.27%，详见图 5-24。

2021 年热镀锌方矩管产量超过 100 万吨的企业有 3 家，源泰德润集团、邯郸正大集团和友发钢管集团，分别生产热镀锌方矩管 170 万吨、162.23 万吨和 130.0 万吨，分别增长 6.25%、14.01%和 4.84%；京华日钢管业 36 万吨，同比增长 2.86%，详见图 5-25。

2021 年衬塑复合管产量超过 1.0 万吨的企业有 8 家，友发钢管集团、京华日钢管业、金洲管道公司、邯郸正大集团、天津利达钢管、河北天创管业、广东荣钢管道和济南迈科管道，分别生产衬塑复合管 23.0 万吨、15.0 万吨、7.2 万吨、5.3 万吨、4.6 万吨、4.5

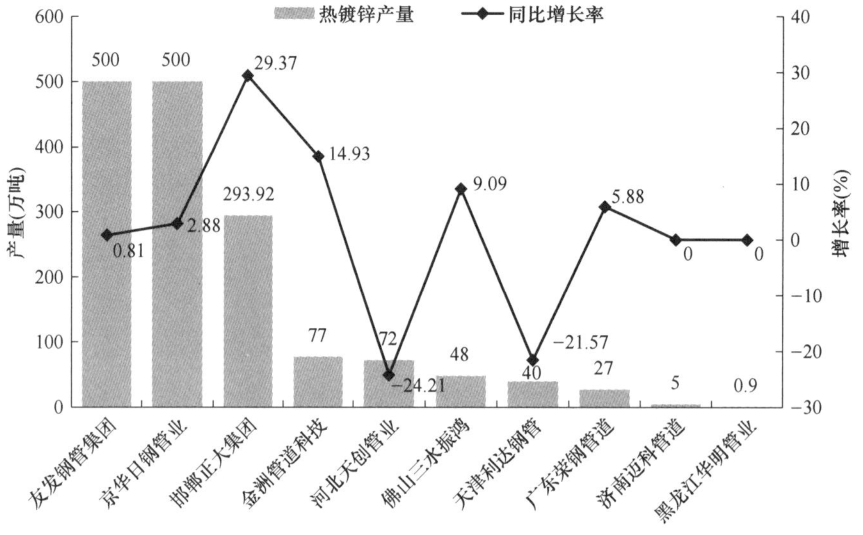

图 5-23　2021 年热镀锌钢管产量前十位企业排序

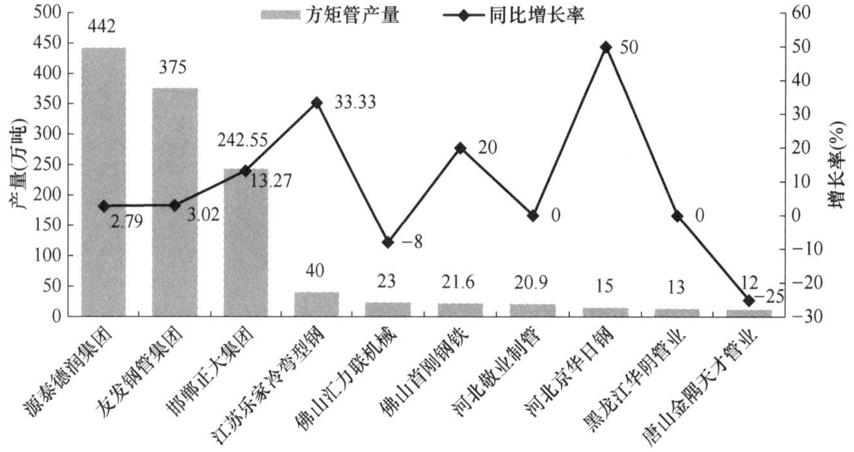

图 5-24　2021 年方矩管产量前十位企业排序

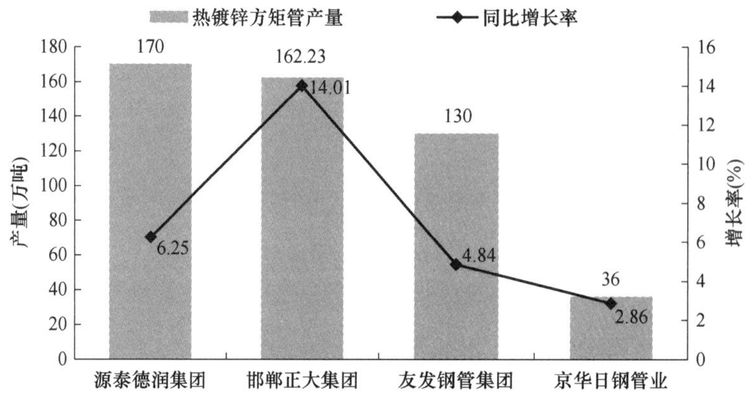

图 5-25　2021 年热镀锌方矩管产量前四位企业排序

万吨、1.55 万吨和 0.70 万吨，分别增长 9.52%、27.12%、10.77%、25.89%、-8.0%、50.0%、-14.84%和-12.50%，详见图 5-26。

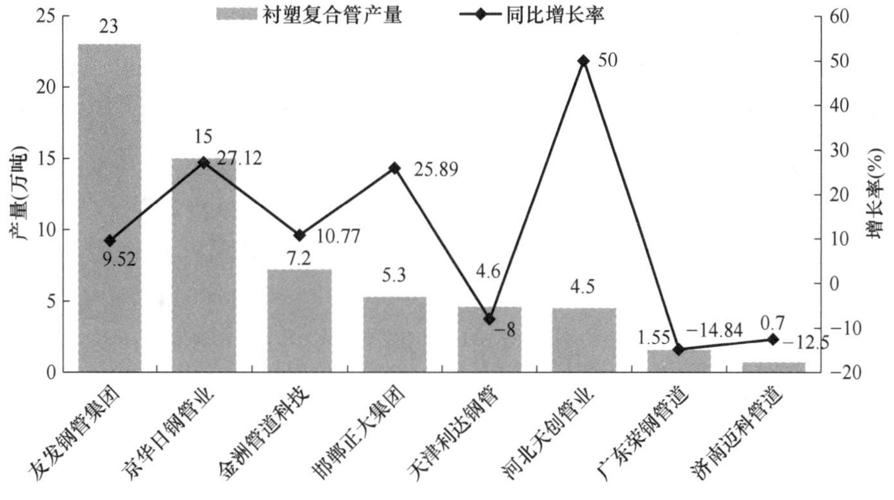

图 5-26　2021 年衬塑复合管产量前八位企业排序

2021 年涂塑复合管生产企业前 5 家，友发钢管集团、金洲管道公司、京华日钢管业、济南迈科管道和广东荣钢管道，分别生产涂塑复合管 5.0 万吨、4.9 万吨、3.0 万吨 、3.0 万吨和 0.22 万吨，分别增长 66.67%、-9.26%、0.50%、6.25%和-4.35%，详见图 5-27。

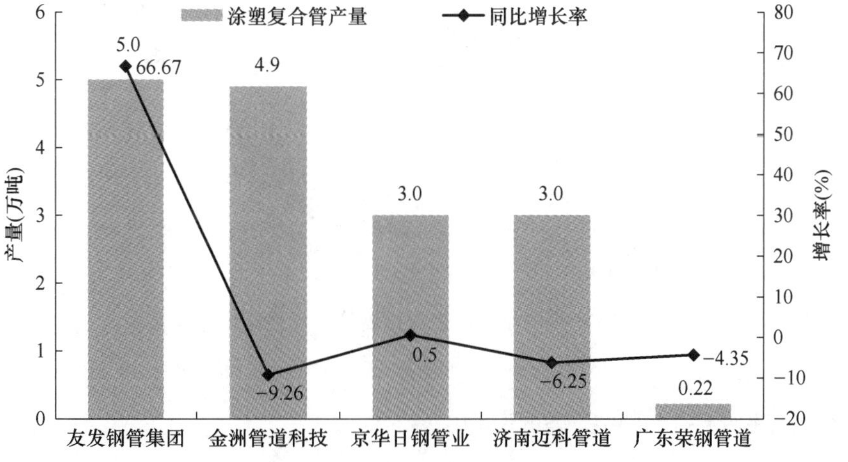

图 5-27　2021 年涂塑复合管产量前五位企业排序

2021 年 FBE/2PE/3PE 防腐钢管生产企业前 6 家，江苏玉龙钢管、番禺珠江钢管（连云港)、番禺珠江钢管（珠海)、宝世威钢管、宁夏青龙管业和京华日钢管业，分别生产 FBE/2PE/3PE 防腐钢管 170 万平方米、81.0 万平方米、15.5 万平方米、4.7 万平方米、4.2 万平方米和 3.0 万平方米，分别增长 21.43%、24.62%、27.05%、74.07%、16.67%和 200.0%，详见图 5-28。

2021 年汽车用精密焊管生产企业前 4 家，江苏立万精密制管、江苏迪欧姆股份、徐州

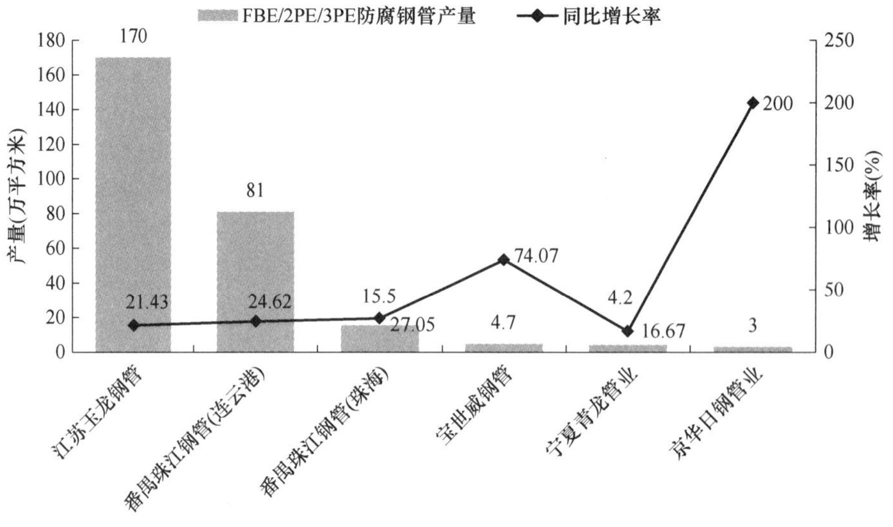

图 5-28　2021 年 FBE/2PE/3PE 防腐钢管产量前六位企业排序

光环钢管和江苏宏亿钢管，分别生产汽车用精密焊管 5.5 万吨、4.0 万吨、1.6 万吨和 1.6 万吨，分别增长 10.0%、5.26%、-30.43%和 14.29%，详见图 5-29。

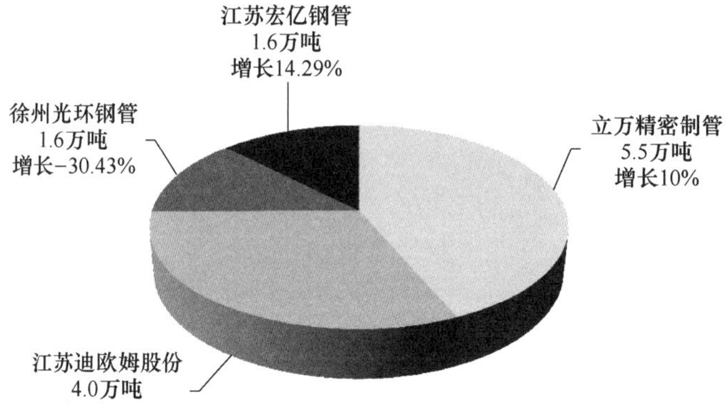

图 5-29　2021 年汽车用精密焊接钢管产量前四位企业排序

五、有关非钢管生产企业的情况说明

钢管行业企业与轧制钢管设备制造，轧制钢管工模具制造以及轧制钢管过程中消耗的各种辅料制造单位与其密切相关。

例如，**山东省四方技术开发集团有限公司**是专业从事钢管及冷弯型钢用工模具创新、研发、生产，产品属于本行业“四基”之一的核心基础零部件，是制约钢管及冷弯型钢行业轧钢技术发展水平的先决条件。

该公司坚持专精特新和持续创新的科工贸一体化道路，以“国际先进水平”和“努力创造中国的民族自主品牌”为目标，恪守“用户的技术问题和现场的技术难题，就是我们的课题”的研究方向、“不在模仿，重在创新；不在跟踪，重在跨越；不在大，而在精”的研究原则，采用“把材料、生产工艺研究与设备、备件结构研究相结合”的研究方法，取得了十多项具有完全自主知识产权的成果，转化成十几项引领行业的高新技术产品，评为国家重点新产品、中国冷弯型钢行业十大品牌，省和市著名商标，省和市名牌产品。

该公司拥有完全自主的知识产权，已获授权发明专利 14 项，其中美国发明专利 1 项；获授权实用新型专利 13 项，其中德国实用新型专利 1 项。这些专利均属钢管及冷弯型钢用新型工模具范畴，内容涉及新材料、新技术、新工艺。

该公司成果从材料到成型方法完全颠覆了国内外传统制造同类产品的理论，在国内外首创了采用新型高铬合金管近终铸造成型的方法，产生了节能 70%、节材 40%的良好效果。产品使用效果达到和超过了美国 D2、德国 X155CrVMo121、日本 SKD11 锻造模具钢同类产品的水平，达到了国际领先或国际先进。

该公司成果理论入选行业教科书，走上改写手册、标准之路，公司主持制定了国家标准 GB/T 31936—2015《焊接钢管轧辊》、行业标准 YB/T 4556—2016《冷弯型钢轧辊》，在国内外业内杂志、报刊发表论文十多篇，引领了行业发展。

该公司完成国家、省级重大专项、省市级科技项目几十项。获得中国冶金科技二等奖、省科技进步二等奖、市技术发明一等奖、中国专利优秀奖、山东省专利一等奖。

该公司的创新发展实践获得了充分肯定，《科技日报》、《求是》杂志专刊、《人民文摘》专刊、《中央电视台中文国际频道》、《火炬之光报》、《山东卫视》、《大众日报》等均做了专题报道，给予高度评价。

该公司在国内外业界享有高的知名度。公司主要产品“高铬合金管钢管矫直辊”已被国内全部大型钢管企业采用，国内市场覆盖面达到 80%；“ERW 焊管及冷弯型钢用新型高铬合金管轧辊”广泛应用于引进和国产机组，实现了高档轧辊的国产化。

该公司产品已推广应用于宝钢、武钢、鞍钢、包钢、天津钢管公司、华菱钢铁、冶钢、久立钢管、宝鸡石油钢管、黑龙江建龙钢铁、烟宝钢管、安徽天大石油管材、江苏常宝钢管、徐州光环、林州凤宝钢管、聊城中钢联、太原重工、洛阳中信重工、浩中机械、大连三高、洛阳三重、太原通泽等近百家大中型钢管企业和冶金设备制造企业。

该公司积极实施“以自主技术换国际市场”战略，创新产品已出口到美国、德国、俄罗斯、韩国、印度、印尼、泰国、以色列、南非、阿曼、荷兰、乌克兰、白俄罗斯、墨西哥等 20 多个国家，成为德国西马克、美国布朗克斯等公司的定点供应商。

长葛市一鸣机械有限公司是集研发、设计、制造、安装、调试成套设备的科技型小微企业。

该公司是一家从事热轧无缝钢管新工艺技术研发和成套设备制造的专业公司，拥有“豫鸣”注册商标。

该公司自创办以来，围绕我国钢管行业中小口径热轧无缝钢管生产工艺装备的短板，与高校、科研单位和国内知名专家组成研发团队，不断优化设计，创新发展。研发新工艺，新技术及新设备，拥有 22 项国家专利。其中发明专利 5 项，实用新型专利 17 项。

我国每年小口径（≤ϕ114mm）热轧无缝钢管市场需求占比约25%，以冷拔及冷轧工艺为主，该工艺环境污染大、成材率低、生产工艺复杂周期长。特别是不锈钢、合金管钢的薄壁管研究十余年开发出第三代连轧管机组，替代了大部分冷拔冷轧工艺，使小口径热轧无缝钢管以高效、高质、低成本大量生产制造。

该公司研制的三辊/二辊双芯棒联合轧管机，一套机组既能生产中厚壁无缝钢管，又能生产中薄壁无缝钢管，一机多用。使厂家投资一套机组满足常年市场的不同产品的生产，机组满负荷生产，极大地降低生产投资和生产成本。研发的工艺技术与轧管设备得到广大客户的首肯和市场的认可。

该公司三辊热轧机组已开发到“第六代 YM 系列轧机”，连轧机组开发到“第三代 YM 系列限动/浮动连轧管机组”。

该公司研发的第二、第三代三辊双芯棒轧管机远销山东、河北、广西、重庆等全国各地共计40台（套），国内市场占有率达95%以上。

该公司在研发小口径热轧无缝钢管新工艺及装备制造方面为我国钢管好样的高质量发展做出了不可或缺的贡献。

太原磐泓机电设备有限公司是国家高新技术企业、山西省“专精特新”企业。2021年为实现公司战略转型，注册成立了山西磐泓智能装备制造股份有限公司。

近年来，该公司以“提供用户期盼的钢管生产设备及服务”为使命，通过“持续创新、不断迭代”，努力成为值得用户托付终身的设备供应商；发展过程中，充分发挥企业自身的科研实力，并与科研单位建立了良好的合作关系，与竞争对手形成了良性的竞争格局；使企业在自主创新、产学研合作、技术推广及应用等方面取得良好的成绩；开发并产业化了：

ϕ83mm MPM 连轧机组；

ϕ76mm A-R 精密轧管机组（管端削尖工艺技术）；

114CPE 机组；

高精度小锥角穿孔机；

智能化219ASSEL 机组、各种斜轧机组前后台（小循环前台、双芯棒前台、长导辊后台）、三辊机架车床等系列新产品，有利推进了中国钢管行业的高质量发展的步伐。

黄冈市华窑中洲窑炉有限公司是一家以窑炉科研设计、加工制造、工程总承包一体化为主营业务的国家级高新技术企业。

该公司自成立以来，在全国各大设计院、校及有关单位的鼎力支持与合作下，以开发研制适合国情的高质量低能耗的窑炉精品为己任，不断追求与探索，在冶金、耐火材料、陶瓷、化工、有色金属、新型建材等窑炉领域中取得了长足的进步与发展。国家窑炉节能中心、中国硅酸盐学会陶瓷分会窑炉热工专业委员会、中国陶瓷工业协会窑炉及耐火材料委员会、武汉理工大学研究生创新基地等均设在本公司内，大大加强了科研的力量，确保公司科学技术的研发工作保持在国内前沿。

作为窑炉制造的市场经营主体，多年来，该公司不断开发和引进先进的窑炉技术，博采众长、精心打造先进、环保型精品窑炉，并与俄罗斯、德国、意大利、澳大利亚、英国等国家及国内的科研院所、大专院校、知名专业窑炉公司进行广泛的合作交流。公司业务范围辐射全国，产品出口美国、印度、马来西亚、印度尼西亚、俄罗斯、泰国、伊朗、越南等国家和中国台湾地区。该公司自成立以来，先后承建了国内外各种窑炉 1000 余座，合格率 100%，创优率 98%。

六、有关非会员企业的情况说明

汇编中非会员企业总计 25 家，其中，无缝钢管企业 12 家，焊接钢管企业 8 家，非钢管生产企业 5 家。

这些企业都是近年来的中国钢管行业发展起来的后起之秀，其特点是，产品定位具有前瞻性，自主研发能力强，生产工艺先进，企业经营起步高，符合国家低碳、绿色，高质量发展的战略要求。

例如，**浙江德威不锈钢管业股份有限公司**是一家专业加工、制造尺寸规格范围较宽的不锈钢工业焊接钢管及不锈钢管件的国家高新技术企业，该公司能够为工业管道及民用涉水管提供安全可靠和高性能、耐腐蚀、耐高压、耐高低温的解决方案。

该公司自主研发设计国际先进水平的 JCO 大直径厚壁焊管装备及产线正式投产运行后荣获“国家高新技术企业”称号；自主研发设计的 FFXϕ630mm 大直径自动连续直缝不锈钢工业焊管装备及产线正式投产运行后，公司荣获“省级研发技术”称号；自主研发设计的全球最大的 ϕ820mm 大直径不锈钢及双直缝焊管智能化连续焊管机组正式投产运行，极大的推动了公司由“传统制造”向“高端智造”的转型升级；2021 年公司投资建设年产 10000t 不锈钢成套预制件项目荣获“浙江省专精特新”企业称号，“嘉兴市绿色工厂”，“南湖区亩均效益领跑者”荣誉称号；目前，集团公司正在规划建设的 6000t 不锈钢异型管智能化产线项目，开启了集团式“未来工厂”的五年规划，阔步迈向并实现统筹管理，绿色、低碳、智能制造的高质量发展之路。

浙江华丰新材料股份有限公司是一家集新型管材研发、生产、销售于一体的国家级高新技术企业，主导产品为连续缠绕玻璃钢管及各类电力管道，现拥有连续缠绕玻璃钢管道生产线 5 条（3 条运行，2 条在建）。

连续缠绕玻璃钢夹砂管（简称 CWFP），是一种采用 3D 打印技术，通过连续成型工艺制成的具有三维增强结构的新型复合材料管材。

CWFP 管既具有塑料管材的水力学性能和防腐蚀性能，又具有金属管材的机械力学性能，产品广泛应用于市政给排水、海洋工程、石化工程等流体输送领域。

成立于 2009 年的**江苏新澎复合材料有限公司**，主要从事高端复合型流体输送管道及配套管配件的研制、生产和销售。

该公司与国内多家高等院校和科研院所长期合作，现拥有 66 项发明和实用新型专利，其中发明专利技术“一种静水压整体扩径复合双金属管”国内领先、“一种内衬不锈钢整体复合弯头产品”填补了国内复合管行业的空白。且公司具备水压复合、缩径复合、旋压复合和拉拔复合四种双金属复合管的生产工艺。

附　　录

附表 1　2021 年主要无缝钢管生产企业产量及主导产品

序号	企业名称	2020 年产量（万吨）	2021 年产量（万吨）	同比增长率（%）	主导产品
1	天津钢管制造有限公司	223.78	256.14	14.46	油井管
2	宝钢股份钢管条钢事业部	161.6	165.1	2.17	油井管
3	衡阳华菱钢管有限公司	155.8	169.4	8.73	油井管
4	鞍钢股份无缝钢管厂	20.55	7.12	-65.35	油井管
5	内蒙古包钢钢管有限公司	133.32	156.91	17.69	油井管
6	大冶特殊钢有限公司	89	90	1.12	厚壁合金管
7	黑龙江建龙钢铁有限公司	61.78	68.76	11.3	油井管
8	林州凤宝管业有限公司	118.69	121.14	2.06	油井管
9	江阴华润制钢有限公司	33.81	33.71	-0.3	油井管
10	山东磐金钢管制造有限公司	192.5	248	28.83	流体管
11	山东临沂金正阳管业有限公司	103.39	101.28	-2.04	流体管
12	武汉重工铸锻有限责任公司（WHHI）	2.2	2.6	18.18	核电/电站用厚壁管
13	内蒙古北方重工业集团有限公司	3.04	4.18	37.5	核电/电站用厚壁管
14	瓦卢瑞克天大（安徽）股份有限公司	25	24	-4	油井管
15	山东汇通工业制造有限公司	63	66	4.76	机械管/结构管
16	浙江久立特材科技股份有限公司	4.96	5.56	12.1	不锈钢无缝管
17	江苏常宝钢管股份有限公司	43.45	53.04	22.07	油井管高压锅炉管
18	鑫鹏源智能装备集团有限公司	75.67	80.71	6.66	流体/结构用管钛合金管
19	靖江特殊钢有限公司	56	50	-10.71	油井管
20	扬州龙川钢管公司	31	26	-16.13	低中高压锅炉管
21	磐石铸诚无缝钢管有限公司	12.9	12.65	-1.94	低中压锅炉管
22	山东金宝诚管业有限公司	27.28	19.69	-27.82	流体/结构管
23	江苏新长江无缝钢管制造有限公司	25.86	27.14	4.95	流体/结构管
24	江苏立万精密制管有限公司	8（含精密焊管）	9（含精密焊管）	12.5	汽车精密管
25	河北宏润核装备科技股份有限公司	2.2	2.6	18.18	核电/电站用厚壁管
26	邯郸新兴特种管材有限公司	0.7	1.2	71.43	特种合金管合金异型管

续附表 1

序号	企业名称	2020 年产量（万吨）	2021 年产量（万吨）	同比增长率（%）	主导产品
27	河北金奥精工制造股份有限公司	2.22	2.1	-5.41	汽车精密管
28	天长市康弘石油管材有限公司	10.78	11.23	4.17	三化管/船舶管
29	德新钢管（中国）有限公司	13.86	14.31	3.25	大直径高端热扩无缝钢管
30	天津正安无缝钢管股份有限公司	3.2	3.6	12.5	低中高压锅炉管
31	上上德盛集团股份有限公司	1.432	1.9	32.68	承压不锈钢无缝管
32	无锡市东群钢管有限公司	4.5（含焊管）	6.5（含焊管）	44.44	高压锅炉管
33	无锡大金高精度冷拔钢管有限公司	2.69	2.8	4.09	工程机械管
34	浙江伦宝金属管业有限公司	4.7	5.4	14.89	高压锅炉管
35	扬州诚德钢管有限公司	8.42	8.54	1.43	低中高压锅炉管
36	盛德鑫泰新材料股份有限公司	9.11	10.08	10.65	复合管
37	上海天阳钢管有限公司	0.9	1	11.11	不锈钢复合换热管和复合管
38	常熟市无缝钢管有限公司	3.3	3.86	16.97	汽车精密管
39	湖北加恒实业有限公司	5.65	5.78	2.3	工程机械管
40	武汉重工铸锻有限责任公司	2.2	2.6	18.18	核电/电站用厚壁管
41	江苏宏亿钢管有限公司	4.5	6.5	44.44	汽车精密管
42	浙江五洲新春集团股份有限公司	1.6	1.9	18.75	低中高压锅炉管

注：2021 年钢管行业无缝钢管产量估算值 2680 万吨（国家统计局未公布，中国钢结构协会钢管分会秘书处依据当年运行情况的估算值），同比下降 3.86%，表观消费量 2353.53 万吨，同比下降 4.93%。

附表 2　2021 年主要焊接钢管生产企业产量及主导产品

序号	企业名称	2020 年产量（万吨）	2021 年产量（万吨）	同比增长率（%）	主导产品
1	天津友发钢管集团公司	1794.56	1809.57	0.84	热镀锌管
2	天津源泰德润钢管制造集团有限公司	430	442	2.79	方矩管
3	宝鸡石油钢管有限责任公司	117	125	6.84	管线管
4	邯郸市正大制管有限公司	726.2	1035	42.52	方矩管
5	京华日钢管业有限公司	650	680	4.62	热镀锌管
6	河北天创管业有限公司	119	85	-28.57	热镀锌管
7	上海宝钢股份	47.37	60.92	28.60	管线管
8	番禺珠江钢管（珠海）有限公司	18.85	21.43	13.69	海底管线管
9	河北敬业精密制管有限公司	40.76	41.8	2.55	方矩管
10	渤海石油装备制造有限公司	35.79	105.4	194.5	管线管
11	上海宝世威石油钢管制造有限公司	10.03	7.25	-27.72	管线管
12	番禺珠江钢管（连云港）有限公司	15	20	33.33	流体管

续附表 2

序号	企业名称	2020 年产量（万吨）	2021 年产量（万吨）	同比增长率（%）	主导产品
13	浙江金洲管道科技股份有限公司	80.33	90.29	12.4	热镀锌管
14	天津市利达钢管集团有限公司	178	132	-25.84	流体管
15	浙江久立特材科技股份有限公司	5.93	6.28	5.9	油井管
16	浙江德威不锈钢管业股份有限公司	4	5	25	不锈无缝管
17	江苏玉龙钢管科技有限公司	47.2	46.8	-0.85	管线管
18	天津市万里钢管有限公司	22	16	-27.27	流体管
19	天津市宝来工贸有限公司	58.5	57.5	-1.71	流体管
20	徐州光环钢管（集团）有限公司	6.6	6	-9.09	输送托管
21	上上德盛集团股份有限公司	0.42	0.37	-11.91	不锈无缝管
22	辽宁奥通钢管有限公司	13.14	11.6	-11.72	螺旋缝焊管
23	济南迈科管道科技有限公司	10.11	10.31	1.98	热镀锌管
24	天津博爱管道科技集团有限公司	31.28	27.94	-10.68	管线管
25	河北沧州市鑫宜达管道有限公司	29.2	27.4	-6.16	螺旋缝焊管
26	江苏宏亿钢管有限公司	4.5	6.5	44.44	汽车精密管
27	江苏立万精密制管有限公司	8（含无缝管）	9（含无缝管）	12.5	汽车精密管
28	广东荣钢管道科技有限公司	25.5	27	5.88	热镀锌管
29	佛山市三水振鸿钢制品有限公司	44	48	9.09	热镀锌管
30	佛山市松岗南骅钢制品厂	25	23	-8	流体管
31	佛山市汇力联机械制造有限公司	23	25	8.7	流体管
32	佛山市首刚钢铁贸易有限公司	18	21.6	20	流体管
33	宁夏青龙管业集团股份有限公司	3.6	4.2	16.67	涂覆钢管
34	唐山金隅天材管业科技有限责任公司	16	12	-25	流体管
35	江苏新澎复合材料有限公司	2.5	3	20	衬塑复合管
36	江苏迪欧姆股份有限公司	5.3	5.4	1.89	汽车精密管
37	江苏圣珀新材料科技有限公司	0.264	0.61	131.1	不锈无缝管
38	江苏乐家冷弯型钢股份有限公司	28	32	14.29	方矩管
39	山东华舜重工集团有限公司	12	15	25	方矩管

注：国家统计局焊管产量快报值 5883.20 万吨，同比下降 3.70%，表观消费量 5527.62 万吨，同比下降 4.07%。

后　记

《中国钢管行业企业基本情况汇编 2020—2021》较为全面、客观地记载了2020 年、2021 年行业企业生产经营、主要产品品种等方面的发展情况。

《汇编》在组稿、编纂过程中得到了上海钢管行业协会、上海钢联电子商务股份有限公司的鼎立支持并在协会同仁的共同努力下完成，在此一并表示诚挚的感谢！

《汇编》不易，出精更难。所涉及入编企业各单位的填报质量参差不齐，因各种原因，有的企业填报数据认真详细，精确到小数点后二位数，比如衡阳钢管、大冶特殊钢、天津利达、鑫鹏源智能装备、临沂金正阳等单位。

天津钢管、宝钢股份、包头无缝等单位填报内容规范，数据清晰准确。

有的企业只填报单位的装备及主要品种；有的企业填报数包括无缝钢管和焊接钢管，且机组和产品品种较多，为了清晰表述，汇编在无缝钢管企业和焊接钢管企业分别进行了编辑。

需要说明的是，《汇编》所涉及到中国钢管行业 100 多家企业代表了行业的主流，《汇编》中的产量及主要品种产量的排序均以征集会员企业的实际产量数据为依据。

至此，加之《汇编》所记载的内容时间跨度较大，时间较为紧迫，编者水平有限，错漏之处在所难免，若有纰漏、谬误之处，恳请各企业领导、部门专业人员、社会各方人士不吝指教。

中国钢结构协会钢管分会